21世纪高等院校教材

不动产管理

谢献春　吴大放　主编

科学出版社
北京

内 容 简 介

本书是针对不动产管理、土地资源管理、房地产经营管理、城乡规划管理等相关专业编制的 21 世纪高等院校教材。全书结合本学科国内外的发展前沿和科研成果，全面阐述了不动产管理的基本理论、基础知识和基本方法，对不动产管理概述、不动产管理的理论基础、不动产市场分析、不动产产权产籍管理、不动产资源的规划管理、不动产交易市场管理、不动产税收与评估、不动产经营管理、不动产综合服务管理、不动产的资产管理和不动产资源的信息化管理等方面进行了详尽论述和系统介绍。

本书可作为普通高等院校不动产管理、土地资源管理、房地产经营管理、城乡规划管理等专业本科教材，也可以作为政府、企事业单位从事不动产管理人员岗位培训书籍使用。

图书在版编目（CIP）数据

不动产管理 / 谢献春，吴大放主编. —北京：科学出版社，2015.2

21 世纪高等院校教材

ISBN 978-7-03-043478-4

Ⅰ. ①不…　Ⅱ. ①谢…　②吴…　Ⅲ. ①不动产-经济管理-高等院校-教材　Ⅳ. ①F293.3

中国版本图书馆 CIP 数据核字（2015）第 038420 号

责任编辑：文　杨/责任校对：韩　杨

责任印制：张　伟/封面设计：迷底书装

科 学 出 版 社 出版

北京东黄城根北街 16 号

邮政编码：100717

http://www.sciencep.com

北京凌奇印刷有限责任公司 印刷

科学出版社发行 各地新华书店经销

*

2015 年 3 月第　一　版　开本：787×1092　1/16

2023 年11月第八次印刷　印张：14 3/4

字数：323 000

定价：58.00元

（如有印装质量问题，我社负责调换）

前　言

本书结合当今不动产发展的实际和结合科研成果进行编写，适应社会进步和教材改革的需要，注重教材的思想进步性、内容综合性、技术先进性，在书籍的体系和内容上从读者角度出发进行不断调整和完善，力求让读者更好学习和理解不动产管理的相关知识，突出不动产管理的本质和特征。本书的出版对提高不动产管理科学化水平具有重要意义。

参加本书编写的学者们努力钻研业务，辛勤工作，积极投入各章的撰写工作当中。各章节编写人员如下：

谢献春(广州大学地理科学学院)：第一章、第九章；

王枫(华南农业大学公共管理学院)：第二章；

陈燕娥(北京师范大学珠海分校不动产学院)：第三章、第九章；

王斌武(广东省五华县桥江中学)：第四章前三节；

谢正峰(嘉应学院地理科学与旅游学院)：第四章第四节、第十章；

张小军(广州大学松田学院经济学系)：第七章、第八章；

吴大放(广州大学地理科学学院)：第五章、第十一章。

全书由谢献春副教授主持编写，制定撰写大纲，由吴大放讲师负责全书统稿、定稿。

本书的出版，受广州大学教材出版基金资助，受广东省教育厅专业综合改革试点“人文地理与城乡规划专业综合改革试点”项目、广东省教育厅“人文地理与城乡规划专业建设教学团队”项目、广州大学“自然地理与资源环境”专业综合改革试点项目资助；本书部分案例分析材料、数据、技术方法等来源于国家自然科学基金青年科学基金项目(41101078)、广东省教育厅特色创新项目(自然科学类)“耕地生态安全评价模拟与多功能保护研究”、广东省教育科研“十二五”规划2013年度研究项目(2013JK134)、广州市教育科学“十二五”规划(第二批)课题(12A037)、广州市属高校科研计划一般项目(2012A014)的研究成果。在此向多年支持我们教学研究工作的国家自然科学基金委员会、科学出版社、广东省教育厅、广州市教育局、广州大学教务处和地理科学学院的同事表示衷心感谢。

本书在编写中参考了相关内容的文献书籍、课题报告以及国家有关的法规和技术规程，在此深表谢意。本书得到了广州大学地理科学学院近几届师生的大力支持，他们在编写教材和试用教材的过程中提出了许多宝贵的意见，2012级资源环境与城乡规划管理专业姚漪颖、梁达维同学参加了资料收集整理工作，在此一并表示诚挚感谢。由于作者能力有限，书中难免出现疏漏和有待改善的地方，祈盼读者不吝指正，谢谢！

谢献春　吴大放

2015年3月

前言

目　　录

第一章　不动产管理概述

【章节介绍】本章介绍不动产的含义与特征、不动产的类型，不动产业及其特点；不动产管理的含义、职能与管理模式；概述土地管理、房产管理的概念及其他不动产管理的对象与内容。

第一节　不动产概述

一、不动产的含义与分类

不动产是人类赖以生存和生活的基本条件，是一切经济活动的基础和载体，为社会生活提供基本的生产和生活场所。尽管中国的不动产业发展较晚，但不动产作为一种重要的资源和商品，已经日益成为区域社会经济发展的重要财富。不动产不仅是国家财富的重要组成部分，更是居民家庭财富的主要形式之一。发达国家不动产财富占比可达到 40%～50%，不动产因而有世界上最大的生意的说法。据报道，2006 年，英国全国总财富达 652500 亿英镑（1 英镑≈9.4374 元人民币），其中住宅用不动产以 391500 亿英镑的价值，占到了总量的 60%。在我国改革开放的 30 多年中，不动产业也逐步成长为国民经济的支柱产业之一，对我国经济增长作出了令世人瞩目的贡献。伴随着不动产行业的迅猛发展，不动产利用规划（战略规划）、价值评估、市场交易、租赁服务、投融资等活动也日益活跃，规模日益增大，不动产所创造的财富越来越大，对不动产管理与服务的潜在需求巨大。

（一）不动产的含义与特征

1. 不动产的含义

在国外不动产一词常用 real property 和 real estate，我国把不动产译为 immovable property。

不动产一词最早源于英文“不动产”（real estate）。这个词实际上产生于西班牙语“真实的”一词，含义是“皇室的”。El Camino Real 就是指皇室的马路，而不动产是指皇室的资产。公元 1500 年左右，农业时代结束，工业时代开始，权力不再基于土地和农业。君主们认识到必须实行土地改革法案，允许农民拥有土地。为此，皇室创造了对土地所有权的“纳税”和“抵押贷款”两种衍生工具，成为让平民融资并获得土地的一种方式。税收和抵押贷款就是不动产的衍生工具。当皇室认识到，金钱不再产生于土地而是产生于土地的“衍生工具”时，君主们建立了银行，让银行管理新增加的事务，即不动产管理。

关于不动产的定义及其范围，各国较多从民法的角度对不动产进行界定。《法国民法典》第 516 条就规定“一切财产，或为动产，或为不动产。”第 518 条将不动产定义为：“土地及其建筑物依其性质为不动产。”瑞士民法将不动产定义为：“不动产登记簿上已登记的独立且持续的权利、矿山、土地的共有关系的所有部分。”《德国民法典》中并没有使用“不动产”一词，而是使用“不可动之物”，其通行的解释是“地产”，在法典的第 96 条规定：

"土地的主要组成部分，为定着于土地的物，特别是建筑物及与土地尚未分离的出产物。"可见，房屋等建筑物是地产的必要组成部分，与土地不可分割，突出了土地作为不动产核心的观念。《意大利民法典》第812条的规定是："土地、泉水、河流、树木、房屋和其他建筑物，即使是临时附着于土地上的建筑物以及在一般情况下那些或是自然或是人为地与土地结为一体的物品是不动产。固定河岩或者河床之上并且为永久使用而建造的磨坊、浴场以及其他漂浮在水面上的建筑视为不动产。"在英国的法律中，不动产与广义的土地等同，是指包括地面、地下和土地上空的一切财产。这里地面上的财产，除主要指房屋外，还包括定着其上的物，如生长着的植物等任何有意置于地表或埋在地下，认为应永远定着于土地上的东西。有的国家法律规定不动产中包括农作物，有的则不包括。有的对于农作物还区别对待。如在美国法律中，关于植物为动产与不动产的划分标准为：按年计算并以人力生产的各类植物为动产，包括水果、苗圃花卉、短时期内将伐树木及已转卖土地上的已收割或已成熟的农作物。而常年生并立于土壤中的天然植物为不动产，包括乔木和灌木、已转卖土地上的生长的树木和无保留条件转卖土地上生长期中的农作物。所以，对不动产和动产的区别，要依据国家、地方法律的规定而确定。

尽管各国对不动产的表述不同，但都包含了土地、建筑物及土地上之定着物等基本要素。

我国在《物权法》第92条将不动产定义为："不动产是指土地以及房屋、林木等地上定着物。"最高人民法院《关于贯彻执行〈中华人民共和国民法通则〉若干问题的意见》第186条所作的解释认为："土地、附着于土地上的建筑物及其他定着物、建筑物的固定附属设备为不动产。"建设部2003年发布《房地产业基本术语标准》中对不动产术语的定义为：不动产(immovable property)是指依自然性质或法律规定不可移动的土地、土地定着物、与土地尚未脱离的土地生成物、因自然或者人力添附于土地并且不能分离的其他物，包括物质实体和依托于物质实体上的权益。

美国教科书《现代不动产》中对不动产的描述是：不动产是指拥有所有权的事物－所有者可以使用、控制或处置的事物。不动产包括有形土地、建筑物和附属于土地的改良工事，从学术意义上讲，不动产是指内生于不动产所有权的法律权利、权益和利润。也就是说，拥有土地不仅是拥有自然土地，而是拥有在一定限制条件下使用、处置和使用土地的权利。通过立法程序和法庭司法、社会来具体确定这一系列权利，而且随着时间的推移改变这些权利。比如分区规划法令规定作为住宅的用地就限制其土地主人在这块土地上建立工厂的权利。

我国教科书中对不动产也有相似的定义。在任纪军编写的《不动产经营》一书中认为不动产又称房地产(real estate)，是指土地以及土地上的永久性的附着物及其所有者权利。在金俭编著的《中国不动产特权法：原理·规则·适用》一书中认为不动产是指位置不能移动或者移动位置后会引起性质、形状改变或降低其价值的财产。在牛建高主编的《不动产投资分析》一书中认为不动产是相对于动产而言的，它强调的是财产和权利载体在地理位置上的相对固定性(非移动性)，具体是指土地以及建筑物等土地定着物，是实物、权益、区位三者的综合体，具有自然和经济双重属性。

从上述各定义中，我们可以看到，不动产包含以下三层含义：首先，不动产是一种财产。它可能是自然财富如土地、土壤与植物资源，也可能是人力创造的财富如建筑物。其次，这种财产的位置是不能移动的。土地作为不动产的基础总是固定于地球的某一位置。这类财产一旦移动位置就不是原来意义上的财产，因为这类财产一旦移动位置后，就会引起性质、形状的改变或者会降低其价值。房屋移动后，就不可能保持原来的面貌。当然，随着科学技术的发展，这类财产有的位置移动后，仍能保持原有形状，如活动房。但即便如此，该财产的属性可能就此发生了变化。最后，这种财产是以法权形式进行交易，其管理有异于其他的一般动产，是通过系列的衍生物进行经营与管理。

作为特殊商品的不动产具有自然和经济两重属性。

从自然属性的角度来考察不动产时，不动产包括土地、建筑物及其他附着物。土地是包含地面、地上空间和地下空间的三维立体空间。建筑物是一种土地定着物，具体是指人工建筑而成，由建筑材料、建筑构配件和建筑设备等组成的整体物，包括房屋和构筑物两大类。其他附着物是建筑物以外的土地定着物，具体是指固定在土地或建筑物上，与土地、建筑物不可分离的物；或者虽然可以分离，但是分离不经济，或者分离后会破坏土地、建筑物的完整性、使用价值或功能，或者会使土地、建筑物的价值明显受到损害的物。例如，排水管道、电力、热力系统、地上建造的庭院、花园、假山、栅栏等。不动产虽然包括土地和建筑物等部分，但并不意味着只有土地与建筑物合成一体时才被称为不动产，单纯的土地或者单纯的建筑物都属于不动产，是不动产的一种存在形态。在总量上，土地是不动产的主要存在形态。

从经济属性的角度来考察不动产时，不动产是一种重要的资产，它总是在一定的社会关系中存在，作为生产力的组成部分。这时，不动产不仅仅表现为一种物，更表现为一种权益。权益是不动产自然体的衍生物，是无形的、不可触摸的部分，包括权利、利益和收益。权利，即人们拥有的财产权利，在中国目前主要有所有权、使用权、抵押权、租赁权等各种不动产产权。不动产的各种经济活动的实质就是其权属(即产权)的运行过程。利益用益物权是指对他人所有物在一定范围内进行占有、使用、收益、处分的他物权。其特征为：标的物主要是不动产，以占有为前提，是他物权、期限物权、限制物权，是以使用、收益为目的的独立物权。

不动产的整体概念来看，不动产交易的标的是不动的土地、土地上的房屋及不可移动的资源物产，而交易的载体是产权及其属性或权利关系。因此不动产的“产”实质体现的是为一种权利关系，即产权。其中“房产”与“地产”是不动产的两种主要涵盖的内容或形式，所以不动产在国内通常称为房地产，并且以一种产业业态的形式广泛用于经济领域。“地产”一旦作为房地产业开发对象，也必然包括“房产”在内或与房产相联系，任何房地产经济活动最终会形成一定的不动产形式，必然与一定的权利关系或产权关系联系在一起。

从不动产与房地产的关系来看，不同学科是有一定区别的。经济学上认为，不动产与房地产对交易标的及其权属关系的描述是一致的，含义是大致相同的。在法学上，则不动产的含义要比房地产要更为宽泛。因为我国从权属的角度来分，房地产仅是指建立在土地之上的房屋财产，它包括了房产与地产。法律规定，土地所有权归国家所有，地产权只能转让使用权，不能出售所有权。因此房地产是房屋所有权与土地使用权的统一，房地产概念偏重于法律产权的范畴，并且界定清楚，而不动产还包括了非房屋体的土地之上的附着物。从管理学上，不管是纯自然形态的土地不动产还是已属于社会经济形态的商品化房地产，从管理对象的形态、权属、管理目的和管理要求上，不动产和房地产也有很多的共性。在不同国家的体制与法律体系下，所使用的概念有所不同。在我国房地产业中不动产和房地产两个词常可以相互替换使用。本教材所采用是相对更为宽泛的不动产概念，在书中也同时使用房地产、土地、地产、房产、物业等词，如第九章。

2. 不动产的特征

不动产是一种特殊的商品，除具有一般商品的共性外，还具有许多自身的特征。

(1)地理位置的固定性

土地和建筑物是不动产，具有不可移动性。在交易市场中，流动的不是土地和房屋实体，而是其相关的权益(或权利)。不可移动性是不动产与其他商品最大的区别，因而地理位置的交通通达性、用地性质等均对不动产质量、功能和价格的影响比其他商品更为显著。这也就决定了不动产商品的异质性和市场的地域性。

(2)不可替代性

由于不动产地理位置的不可移动以及地形、地势、周边环境的差异性，因此，每一件不动产商品都是唯一的、独特的、异质的产品，具有不可替代性。相比之下，粮食、煤炭、石油等有形商品或者股票这种无形商品，都是可替代商品。对于购买者来说，得到一批同质的商品中的任何一份都是没有任何区别的。因此不动产交易形态多属个别商品议价成交，不像其他商品(如股票、债券或黄金)有一集中交易价格指标，并且这种异质性和一定时期内各个分割市场的小量交易导致信息不畅。

(3)消费品和投资品兼备的双重性

消费品(consumption goods)即购买者以消费、使用为主要目的，如面包、衣服等；资本品(capital goods)则不直接用于消费，它可作为未来生产其他财货的中间投入，如机器、设备等。房地产既可用于居住、生活等消费活动，又可成为投资的工具，随着人口的增长，房地产需求总量在不断地增长，而土地总量却是固定的，因此从宏观来看，房地产的价格会不断上升，使它具有保值、增值的功能，是现代社会防止通货膨胀及货物贬值的重要工具。由于现实中难以区分房地产的消费性和投资性，人们购买房地产的目的往往两者兼而有之。可见，除黄金及珠宝等外，不动产也是少数兼具消费品与资本品双重特性的资产。

(4)使用功能的多样性

土地和房屋就其本身的性质来说，可以有多种不同的功能，而相同功能用途的房地产，利用方式也可以不尽相同，如一块用于盖房的土地，既可以盖平房别墅，也可以盖多层建筑洋房或高层楼房；同样，对于房屋而言，也具有功能的多样性，不过其功能的多样性在一定程度上受到土地位置的限制，如位于市中心区的多层商住楼、住宅小区中的洋房与远郊的别墅等。不动产使用功能的多样性，同时也决定了不动产需求的普遍性。引入市场竞争的不动产市场开发，更有利于不动产资源的优化配置与功能多样化。

(5)使用寿命的长期性与永续性

不动产具有不易损坏、经久耐用的特点，如土地是一种不可毁灭的自然资源。在适当的条件下，通过开发和再开发，具有生产能力的永续性；如房屋与建筑体的寿命在70~100年及更长，随着建筑技术水平的提高，不动产的寿命年限会更长。从理论上讲，在资本的参与下，不动产的权益将可以被无限地交易下去，尤其当房屋的需求与使用过程中的物业管理联系在一起时，不动产的经济寿命将会延长，由此衍生的整个权利体系，特别是所有权与使用权有可能分离并分开运作，从而产生如出售、出租、抵押、典当等不同的交换方式也具有永续性。

(6)市场信息的不对称性

由于不动产的不可移动性，缺乏集中交易市场，信息来源有限，且其透明度及流通度均比其他产品市场低。在价格为少数买卖方决定的情况下，不动产市场可谓是“不完全竞争市场”。由于这一特性，市场上对于不动产的评价一直无法产生基本价值的共识，民间也习惯于在通货膨胀时期视不动产为良好的保值工具。但类似 1997 年东南亚金融危机、2008 年国际金融风暴与不动产市场景气的周期性变动，传统上“有土斯有财”的观念也因此面临前所未有的挑战。

(7)市场开放的不完整性

不动产市场的开放程度是不同。如个人住房不动产市场开放度较高，而国有、集体或企业所有的其他不动产资源的开放性受政策影响大。

(8)短期供给较无弹性

由于土地供给有限，建设周期较长，因此在需求突然增加的情况下，短期的供给变化并不明显，即短期的供给曲线较为陡峭。正因为如此，在需求递增的情况下，不动产市场的涨幅通常也较大。

(9)不动产价值的相关性

不动产的价格除与本身条件有直接关系外。还往往受周围环境的影响，其价格呈现出很大的相关性。例如，一般情况下，坐落于旧宅区中的新住宅，在其他各种条件相同时，其价格往往低于新宅区的房地产，房地产的这种价值的相关性，使相同区域的房地产价格具有一定的可比性。

(10)不动产的可合并性及可分性

土地及房屋可在一定的条件下进行合并或分割，实现功能的扩大或改变，因而在价格上呈现较大的变化。如较小的两块相邻地合并后可提高其利用程度。导致地价上升；闹市区中将较大的商铺分隔，可以提高利用率，增加租金收入。房地产开发企业应充分认识不动产的这一特征，做好不动产资源的规划与布局，充分发挥不动产的功能，实现资源的优化配置。

(二)不动产分类

不动产是指实物形态的土地和附着于土地上的改良物，包括附着于地面或位于地上和地下的附属物。最为核心的就是地产和房产。根据管理的对象、目标与内容等不同，不动产又可以进行不同的分类。

1)按不动产的自然属性不同，不动产可分为土地、林木、草原、河流、湖泊及其他土地附着，并且以土地为基础。

2)按不动产的利用方式分类。根据 2001 年国土资源部制定的《土地利用现状分类》国家标准，按等级序分法将土地的利用方式可分建设用地、农用地和未利用地三大类和 8 个一级类，即，耕地、园地、林地、牧草地、城镇居民点及工矿用地、交通用地、水域和未利用地。

3)按不动产的使用功能划分，不动产可分为住宅用地、工业用地、商业用地、农业用地和综合开发区用地等，具体每一使用功能的不动产还可进行细分。

住宅用不动产是指提供人类居住功能的不动产，也是一般人对土地的最基本需求。良好的住宅用地应兼具“行”的功能，即对外交通能力；除此之外，与生活功能相关的服务设施或环境，如就业机会、学校、医疗设施、商业设施、水电供应设施、怡人的气候及自然环境等，均是构成良好住宅用地的重要因素。住宅用不动产通常分为高档住宅、普通住宅、公寓式住宅、Townhouse、别墅等。

工业用不动产大多位于工业发达区域，随着我国工业园区的大规模兴建和物流园区、自贸区、保税区等功能区建设，具有综合配套功能的工业类不动产的出售与出租等管理业务曾经风光一阵。

农业用不动产是指因城乡二元化结构，除城镇不动产以外的用于大农业生产的土地、林地、草地、水域及其农用设施等。决定土地为农业使用的限制要素为土壤、降雨量、地形、地势及气候等因素，因此适合农业使用的土地之要求条件也较多。一旦农地变更为他项用途土地，经开发后，将难以恢复原来农业用途。为保护农业生态，国家坚持保护 18 亿亩(1 亩≈0.067 公顷)耕地不变的国策。近年，随着农用地流转政策的出台，活跃了农用土地市场。

案例分析 1-1：北京郊区农用地流转 农民当股东土地做股本

2006 年北京首个由政府搭建的农村土地流转信息平台落户通州。经过两年实践，已有超过 4 万亩土地通过该平台成功流转。其中，2008 年通州有 3 万亩土地通过此平台流转。该土地流转信息平台相当于一个网络土地市场，政府除提供平台外，还起监管作用，土地流转须经村、镇、区三级审核；签订合同也要经规划、经管等部门多层把关。信息平台缩短了土地流转的半径。由于信息闭塞，之前的土地流转都集中在农户之间，而通过信息平台则成功实现了跨区、跨省的土地流转。该平台的出现实现了土地增益，土地流转价格 4 年翻 5 倍。目前，通州最大一宗土地流转案例位于半截河村，土地流转面积达到 1000 亩，涉及 300 户农民。该块土地主要用于农业经营，除种植农产品外，也发展观光旅游。流转土地的农民不仅可以拿到 800 元/亩的收益，还优先得到就业机会，通过打工再增加收入。

4)按不动产的权属主体可分为国家所有不动产、集体所有不动产、农民所有不动产、城镇个人所有不动产、企业法人拥有的不动产、社会团体依法所有的不动产(如国外的教会、福利机构拥有的不动产)、企业法人以外拥有的不动产等。

5)按不动产的使用形态，不动产可分为城镇不动产及非城镇不动产。根据我国的规划法，在每一区域的发展规划背景下，不动产的使用形态分为城市与乡镇土地利用。城市规划范围内的土地划分为住宅、商业、工业、农业、保护、行政、文教及风景绿化等使用性质与使用容量的管制；而乡镇土地的管制结构乃由直辖市或县市相关部门编定农业保护区、工业区、居住区、森林、山坡及风景区等区域之建筑容积管制，以及农业、牧业、林业、养殖业、盐矿业及水利等用地规范的制约。

6)特殊用途的不动产。随着不动产市场的发展，以满足社会经济发展需要或不断增长的生活水平的要求，不断产生经济技术开发区、自由贸易区、旅游地产开发区、养老地产开发区等特殊用途的不动产形态。如生态旅游开发区，为满足旅游与生活质量提高的需求，一些分时度假住房、特殊的生态旅游资源开发区等不动产不断涌现，需要新的管理模式。

案例分析 1-2：广东的各类综合开发区

我国自 1984 年开始规划建设经济技术开发区。如广州开发区成立于 1984 年，是首批国家级经济技术开发区之一。2002 年，广州经济技术开发区、广州高新技术产业开发区、广州保税区、广州出口加工区实行合署办公，形成了全国国家级开发区独一无二的“四区合一”新型管理模式，全区总规划面积 78.92 平方公里。2005 年，依托广州开发区设立了萝岗区，面积393.22平方公里。目前广东省有22个国家级开发区，其中2009年批准建设的横琴新区占地106平方公里，实行“比经济特区更加特殊的优惠政策”，明确赋予横琴“创新通关制度和措施”、“特殊的税收优惠”和“支持粤澳合作产业园发展”等具体优惠政策，使横琴成为“特区中的特区”，这是近年来国务院批复的开放程度最高、创新空间最广的区域土地开发政策之一。

二、不动产业及其特点

（一）不动产业的含义

不动产业是以不动产商品作为经营对象，从事不动产开发、经营、管理和服务的产业。不动产业的业务活动，贯穿于不动产商品生命的全过程，其主要经济活动领域包括土地开发，房屋的建设、维修、管理，土地使用权的有偿划拨、转让，房屋所有权的买卖、租赁，不动产抵押贷款，以及由此而形成的不动产市场。不动产业的发展不仅在社会经济系统中起到基本承载体的作用，还在国民经济活动中联结生产和生活活动，直接制约和影响社会生产生活的诸多方面。由于不动产业能够为国民经济带来高额的附加值和为投资者带来丰厚的利润，从而成为整个社会投资的热点，并日益发展成为推动国民经济持续发展的主要支柱产业。

就我国而言，不动产业是一个新兴的行业，发展至今不过30多年的时间，但发展速度很快。1991年我国不动产开发投资只有337亿元，2013年1~10月，不动产开发投资额为68693.2亿元。20年间不动产投资额增长了200多倍。尤其是20世纪90年代以来，不动产投资在我国经济和投资增长中起到了重要作用。据国家有关部门的研究报告，包括住房、城市建设、环境保护、生态资源等门类的不动产产业已成为我国拉动内需的重要突破口。据统计，1998~2006年，我国不动产投资每年以20%以上的幅度增长，2006年不动产产值在我国GDP中比重已接近6%。但是，同期欧洲发达国家不动产产值占GDP比重平均达到10%，美国和日本的不动产业产值占GDP的比重更是接近15%；在美国，不动产与汽车、医药并列成为国民经济的三大支柱产业。不难看出，与经济发达国家相比。我国不动产业在国民经济的比重还有很大的发展空间。

不动产业链条长、环节多、涉及面广，与国民经济的许多产业都有密切的关系且相关性强，其中尤以建筑业为甚，两者的经营过程有一定的相似性，其经营环节基本上是一致的，作用对象都是不动产，其主要经营活动是土地的开发、房屋、建筑物的建设等。特别是随着经济体制改革的深化，许多建筑企业经有关部门批准，扩大了经营范围，具有不动产开发经营权，而一些房地产开发企业，不但具备了自行开发产品的能力，也具备了从事不动产开发以外的施工生产能力，因而两种产业的共性越来越多，联系更加紧密，但二者在经营管理和服务等方面也存在着一定的差别。建筑业是建筑房屋、建筑物和安装机器设备等的一个物质生产部门，属于第二产业；不动产业则是从事不动产开发、经营、管理和服务，是流通领域的经营管理部门，因此属于第三产业。区分不动产业与建筑业，对正确认识不动产业的性质、特征以及研究不动产业发展规律，特别是做好不动产经营与管理是十分有必要的。

(二)不动产业的特点

1. 房产、地产交易的不可分割性

不动产业发展的关键在于不动产商品的生产与流通。在通常情况下，不动产商品由房产和地产组成，两者的交易具有不可分割性。尤其在流通的过程中不可能分别进行交易。因为土地具有稀缺性，土地的价值会随着时间而增加，而在土地上建设的房屋则会随着时间而产生自然破损与经济折旧，对项目的估价与交易必然体现综合体的价值所在。房产、地产交易的不可分割性，并不代表它们具有相同的商品属性。房产商品具有价值，可以自由买卖；地产虽然也具有使用价值，但如果不考虑土地资本，天然土地或未经人工开发的土地没有价值，没有价值的土地却能够在市场流通中实现较高的价格，马克思称之为“虚幻价值”。

2. 不动产投资的高度关联性

不动产业是一个先导性、基础性的支柱产业，其投资乘数效应明显，能有效地拉动经济增长，无论从开发建设过程所需的上游产品来看，还是从其建成后的服务对象来看，都是关联度很高、产业链很长的行业，它涉及建筑、建材、能源、交通、冶金、化工、电子、通信、轻纺等50多个国民经济的产业部门。不动产投资支出的变化不仅引起同量国民收入的变化，而且还带来数倍国民收入的变化，即乘数效应。根据美国、日本等发达国家的有关数据显示，不动产业每增加1单位投资，可带动其他部门的产值增长1.5～2单位。可以说，不动产业作为支柱产业已“承重”国民经济。

3. 投资数额大、回收期长、风险高

不动产是一种资金密集型产品，如一个房地产项目投资，少则数百万，多则数亿、数十亿，因此不动产投资需要巨额资金。同时不动产项目在未完成配套设施之前，不具有使用价值，只有到了全部建成之后，才能交付使用或销售回收资金，因此其回收期长。不动产开发产品单位价值高，建设周期长，负债经营程度高，不确定因素多，一旦决策失误，销路不畅，将造成大量开发产品积压，使企业资金周转不灵，导致企业陷入困境，因此投资风险也大。

4. 易受政策法规的限制和影响

在不动产经营与管理中，无论是土地的出让、转让、抵押，还是房产的买卖、租赁、继承和抵押等，都不像一般商品那样依靠物质实体在当事人之间交付完成，而主要依靠法律法规和契约来完成。不动产作为房产和地产的复合体，本来产权关系就复杂，加上其不可移动性、使用周期的长期性、价格的巨额性以及建筑的密集性、相互之间及与周围环境的高度相关性等使得这种产权关系更加趋于复杂。因此，它要求有完备的法律、法规，以规范、协调各经济主体之间的权利关系，从而保证和促进不动产业的健康发展。目前，我国已经基本形成了一个庞大的法律体系。如《中华人民共和国土地管理法》、《城市私有房屋管理条例》等条文，对不动产投资、开发、管理、交易、使用等环节的程序、手续、权利义务关系作出明确的规定，以保护各方当事人的权利。

5. 开发经营业务的复杂性

在不动产开发中，除了进行土地和房屋开发外，还要建设相应的基础设施和公共配套设施，经营业务囊括了从征地、拆迁、勘察、设计、施工、销售与物业服务、经营与租赁等全过程。另外，不动产开发经营涉及面广，经济往来对象多。房地产开发企业不仅因购销关系与设备、材料物资供应单位等发生经济往来，而且因工程的发包和招标与勘察设计单位、施工单位发生经济往来，还会因受托代建开发产品、出租开发产品等与委托单位和承租单位发生经济往来。目前我国不动产业内各类经营与管理企业的属性、名称与经营对象相当宽泛，差异也较大。

第二节　不动产管理

一、不动产管理的含义

根据现代管理学过程论的观点，不动产管理是组织(包括政府)或个人以不动产为对象进行的计划、组织、控制等，以其达到对不动产资源有效利用目的的过程。从管理的具体内容来看，不动产管理是指对不动产的利用、规划、开发、建设、交易、营销、权属登记、估价、金融融资(证券化)、资产经营与管理(增值)、收益分配(税收)等经济活动，进行计划、组织、监督和控制的一系列活动。在地理学与资源学上，不动产管理注重了研究土地作为生产要素的空间分布特征和分类等级，对土地及其附属物的资源要素市场分析较少。而在经济学上则重点体现在对不动产资源的价值管理，因此，不动产管理可理解为对不可移动的资产的区位管理、资源管理和价值管理的综合管理。正因为如此，现代应用地理学的相关研究领域，已将不动产资源规划与管理作为研究的对象之一，高校的相关专业开设了不动产管理的专业方向。

从文献的分析中可以看到目前有几个主流的不动产管理的概念：

1. 不动产的专业化、市场化管理

《现代不动产》一书中对不动产管理提出：不动产管理(property management)是监管不动产的经营和维护以实现不动产所有者的目标的过程。传统上普遍认为对不动产的日常管理远不如不动产融资管理更具挑战性。然而随着不动产资产总量的不断提高，在一个成本不断上升的年代,不动产所有者得出了良好的不动产管理是控制剩余现金流(或者最后所有者得到的美元)的一个重要的结论。的确，租金率和经营成本在很大程度上是由任何不动产所有人都不能控制的市场因素所决定的。但是也有在相同的区域内，类似的不动产在租金收入和经营费用上存在显著的差异现象。原因何在？仔细分析发现，高于平均水平的经营费用和低于平均水平的租金导致了不恰当的不动产管理。

案例分析 1-3：不动产管理的重要性

进入不动产管理领域的股票和债券投资者的典型错误在低估了管理的重要性。一些投资者认为不动产能自我管理，自管自营。

一位旧金山的不动产经纪人注意到市场上一份要价 1000 万美元的不动产,他知道这份不动产过去是如何管理的,并且也明白这个 1000 万美元的不动产以历史数据的资产化为基础的。他借钱购买了这份不动产，重新协商了特定的租约，并设立了更加有效的管理程序。6 个月后，他以新的、更高的净收入资本化为基础评估出不动产价值，并以 1400 万美元卖出。他的贡献是管理技能。

2. 不动产的企业化管理

由任纪军编著的《不动产经营》一书中描述了相关概念的起源。美国的格里克普是房地产理论界公认的最具有创新精神的思想家，最早提出把不动产视为一个企业，并建立了积极的管理模式。长期以来，格里克普一直致力于将砖头和水泥的不动产概念转变为一个经营实体的概念，也就是将不动产视为与其经营企业相类似、同样具有现金流的一个活生生的企业。将不动产资产看成是企业的概念是理性的，因为企业必须不断地变化才能生存。尽管房地产项目的生命周期很长，而且所处的地段是固定的，但必须意识到对房地产项目的需求是随着时间而变化的。如果房地产开发意识到他们正在创造一个可持续运营的企业，而不是的砖头和水泥，他们就更可能在建筑设计中加入灵活性，这样才能满足在一个变化的环境中能够长期成功运营的要求。成功的关键是将不动产作为一个经营的企业来看待。要让市场满意就需要广泛的管理。因此，以质量为基础的服务和创造性管理可以使不动产成为一个成功的企业，因此也就成为一个成功的开发项目。

3. 不动产日常化管理

金俭在《中国不动产特权法：原理 · 规则 · 适用》一书中认为不动产管理是指传统的不动产日常化管理。通常称为物业管理或物业服务。“物业管理”一词自香港舶来，逐渐被大陆所接受，渐成日常用语。所谓“物业”，是指已建成并投入使用的各类房屋、配套设施及相关场地。而物业服务是指业主通过选聘物业服务企业，由业主和物业服务企业按照物业服务合同约定，对房屋及配套的设施设备和相关场地进行维修、养护、管理，维护物业管理区域内的环境和相关秩序的活动，以达到物业保值与升值的目的。

4. 不动产的资产管理

我国的不动产市场真正起步阶段是在 20 世纪 90 年代。经过 20 多年的发展与积累，不动产开发与投资市场发展迅猛，在为国家经济贡献了大量 GDP（约 1/10）的同时，也造就了空前繁荣和庞大不动产存量资产市场。所谓的不动产的资产管理是指不动产管理者接受资产委托人的委托，依照委托人的意愿或请求，对委托不动产资产进行管理与运作，以实现特定目标的行为。这一特定的目标就是对不动产资产的升值与保值。不动产资产管理包括多个不同层次的管理，如物业管理、设施管理、资产管理和组合投资管理等。然而传统的不动产管理的职能主要是物业管理，目前资产管理和投资组合管理已经扩展了广义的不动产管理职能的范围，以迎接更大范围的挑战，来适应经济的变化和社会对建筑空间需求的变化。

对于大型的不动产组合投资而言，物业管理者、资产管理者和组合投资管理者彼此之间是有关联的，物业管理关注的是资产的日常管理，资产管理通常需要按照不动产的类型、区位位置等分类组合原则来管理不动产。资产管理者往往通过监控物业的市场表现来确定聘用、解聘或调配物业管理者。如位于广州市越秀区的中华广场原由开发企业自我管理，为更好发挥老城区商业 Mall 的优势，最后选聘全球四大资产管理企业的仲量联行进行资产管理。资产管理者通常进行不动产的经营并监控物业管理者的行为，指导物业管理者的投入来实现不动产的战略规划。

5. 不动产的资源管理

不动产的资源管理重点是土地资源的管理，包括地籍管理、地权管理、地价管理和用地管理等，并且主要体现在政府行政管理的层面。可见，凡是以拥有不动产资源为主的公共事业机构、公司，如国家级公园、文物、大型中心等，如果重视管理，则可增加其价值乃至收益。目前关于不动产资源管理的提法并不普遍。1998 年国家体制改革，由地质矿产部、国家土地管理局、国家海洋局和国家测绘局共同组建国土资源部。保留国家海洋局和国家测绘局

(后更名为“国家测绘地理信息局”)作为国土资源部的部管国家局。各省、市、区县均建立国土资源管理行政部门，以及不动产资源管理机构。

6. 不动产的信息化管理

不动产的信息化管理是指采用先进的地理信息系统技术和网络管理信息系统技术，建立一套完整的土地房产预售、登记、交易、查询、房地产市场分析、统计信息系统，重点通过“以图管房”的核心理念，实现房地产各项业务的内部联动，以及房管部门和开发单位、广大市民的内外联动，提高不动产管理的效率，实现良好的经济和社会效益。目前利用现代遥感技术、GPS技术和土地信息系统技术，提高不动产利用动态监测的效率和适时性。

从以上的分析可以概括出不动产管理的概念为：不动产管理是指对不动产资源的规划与开发利用、不动产的占有、权属登记、交易营销、估价、金融融资(证券化)、资产经营与管理(增值)、收益分配(税收)等经济活动，进行计划、组织、监督、和控制，目的是为了获取不动产价值的最大化的一系列企业化(组织化)的管理活动。包括对不动产的日常管理、资产管理、企业化和信息化管理等现代管理。

二、不动产管理职能与管理模式

(一)不动产管理职能

根据管理的对象和内容，不动产管理包括不动产规划、产权产籍管理、交易市场管理、投融资管理、经营管理、服务管理、信息管理等管理内容，在管理层次上有日常维护管理、资产管理和组合投资等多个不同的层面。不管哪一层次的管理，都是为了一个共同的目标——为提升物业的价值而协同工作。因此，不动产管理的基本职能包括制定管理计划、编制预算、整合营销、出租与租户组合的优化、反馈客户信息、保存会计和运营记录、实施建筑物的预防性和补救性的维护、进行风险管理相关工作、购置保险、不动产税费管理、不动产评估以及日常管理以保持项目价值。因此，不动产管理的职能有以下四个方面：

1)不动产的规划职能：土地资源的普查、评估、分类与利用规划；土地整理规划、土地复垦规划、旧城改造规划等。

2)不动产的价值管理职能：建立企业不动产战略规划、持有或销售分析、物业翻新改造及其费用支出的决策、监控物业绩效、与子市场其他同类物业的绩效比较，管理和评价物业管理者、协调客户关系。

3)不动产的综合服务职能：在不动产管理中的物业管理中，需要联系租户、收取租金、运营成本控制、财务报告和记录的保存、物业维护、资本性支出计划、危机管理、安全问题、公共关系(租户关系)。

4)不动产管理中的组合投资管理职能：与投资者沟通，制定组合投资的目标和投资准则；确定和执行组织投资战略；监督获取、处置、资产管理的再投资管理；对组合投资的绩效负责；客户报告与现金管理。

(二)不动产管理模式

1. 行政管理模式

行政管理是运用国家权力对社会事务的一种管理活动。也可以泛指一切企业、事业单位的行政事务管理工作。行政管理系统是一类组织系统，它是社会系统的一个重要分系统。现代行政管理多应用系统工程思想和方法，以减少人力、物力、财力和时间的支出和浪费，提高行政管理的效能和效率。不动产管理中部分由政府职能部门行使职责的，如土地规划利用管理、产权产籍管理等均需要政府的行政管理全面推行。

2. 资本营运模式

所谓资本运营是指以利润最大化和资本增值为目的，以价值管理为特征，将本企业的各类资本，不断地与其他企业、部门的资本进行流动与重组，实现生产要素的优化配置和产业结构的动态重组，以达到本企业自有资本不断增加这一最终目的的运作行为。目前一些大型企业为实现不动产资产增值和利润最大化，成立资源部或物业部门，甚至将该业务剥离，由市场专业化的不动产企业进行管理。如跨国化企业宝洁公司选择仲量联行为其全球不动产服务商。在 2008 年签订的为期三年的合约包括针对宝洁(P&G)在北美、南美、亚太、欧洲、中东和非洲地区的 80 多个国家，超过 1.5 亿平方英尺(1 平方英尺≈0.092903 平方米)的不动产，包括工厂、仓库、办公室、技术中心和其他财产，进行投资组合管理、交易管理、不动产经纪，租赁管理和策略组合规划服务。此外，仲量联行继续为其全球办公室和技术中心大楼提供设施物业管理和项目管理服务，物业面积将近 1600 万平方英尺。

3. 服务经营管理模式

如不动产行业中的物业管理企业和房地产经纪企业等行业均以提供市场服务，满足消费者服务需求为目的。如广州怡城物业管理有限公司成立于 1997 年，是越秀城建地产旗下从事写字楼、商业广场(购物中心)、城市广场等经营管理的专业公司。怡城物业目前受在香港上市的越秀房地产信托基金委托，为其在广州的上市房地产项目城建大厦、财富广场、维多利广场等物业提供经营管理服务，同时受越秀城建地产委托，经营管理其属下的宏城商业广场、越秀新都会等 15 个项目，直接经营管理面积达 80 多万平方米，并先后为锦汉大厦等物业提供物业管理顾问服务，为目前广州市高端商业物业管理规模最大企业。

4. 企业化营运管理模式

企业化不动产管理是指企事业单位因为主营业务而涉及的不动产经营与管理，并以不动产保值、增值为目的的经营活动，主要包括不动产选址、不动产投资、不动产取得方式、不动产处置、不动产证券化、不动产服务等相关活动的解决方案。如以满足物流业发展需要的物流园区，为了真正达到物流园区开发建设的预期目标，避免出现建起后无人进驻、有场无市的现象而造成资源浪费，就必须运用不动产企业化营运的运营管理模式，优化物流园区的布局，设计不动产管理营运方案，以吸引广大的物流企业或企业物流入驻园区，如全球工业物流地产开发商，美国普洛斯(ProLogis)自 2003 年进入中国市场，2009 年底已在多个大城市建设并管理营运 329 万平方米的物流园。又如深圳市体育场馆从事业化管理进行改制，成为市投资控股公司直属企业，逐步实行企业化营运管理。

三、不动产管理的特征

改革开放30 多年来，不动产管理从非市场化向市场化逐步转变，从政策缺位到逐步健全，随着相关制度的不断完善，不动产管理的特征也日益突显。

1. 不动产的权属特征决定了管理的基本特征

不动产管理的基本特征是受权属特征影响较大。在国内土地是国有的，土地的使用受制于国家对土地使用的规划，而不是土地的使用价值的高低。在城市中的土地利用方式的改变需要进行行政审批过程。而在美国土地是私有的，对一个地块用途的定位遵从最高最好的原则，即一块20公顷的地块一直都种大豆。以这种用途每公顷值3750美元，从农耕的角度来说，这就是最好的用途，因为这块地离城镇有数里之远，没人愿意多付高过农业产值的价钱。不过，如果这个城镇开始向外扩张，由于加工业的繁荣；人口增加了，道路也修建了，自来水、废水管道也延伸过来，以致土地的用途改变了。其中一位开发商认为可开发成低密度的独立住宅，愿付7500美元/公顷。另一地产商认为可建集合住宅(公寓)，愿付25000美元/公顷。而第三位开发商认为可建购物中心，因此愿出价62500美元/公顷成交。由此清楚地看出，购物中心实为最好的用途。至于土地能否实行功能的变化，其所遵循的流程可能是通过听证过程。

2. 不动产管理实现价值链发展

随着经济的不断成长，不动产业的价值链正在发生变化，根据不动产管理的层次与定位，以价值实现为最终目标的政府服务或不动产营运商的市场选择贯穿不动产生命的全过程。最上游是不动产战略规划，中游是不动产开发与经营，下游是不动产的综合服务，其中投融资服务可贯穿不动产生命的全过程。政府的功能主要体现在规范市场、监控市场，提供政策与咨询服务，且贯穿不动产营运与价值链实现的全过程。

3. 不动产管理主体的多方性

与土地有关的权利和利益主体主要有：中央政府、地方政府、农民、开发商、城市居民，工商企业。在目前的制度下，工业与城市住宅用地等建设用地由地方政府，通常是县市级政府独家供应。地方政府获得土地的途径有两个：拆迁旧城区或向农民征用农地。中央政府主要监管地方政府征用土地、出让土地的活动。

4. 不动产管理属于第三产业

从不动产产业本身来看，严格来说是一个特殊的产业链。不动产之房屋生产过程的建筑业是属于第二产业，而目前房地产业主要从事开发与经营管理，与其本身而言，主要归属于第三产业的服务业。在不动产从自然形态向经济形态的转变过程中，往往处于该产业链的两端。前端是不动产资源市场的管理，主要是不动产资源的调查、利用规划与评估、服务咨询等职能。后端则是不动产开发建设后进入使用周期的交易、评估、权属、税费、投融资等的不动产服务管理。

5. 不动产管理的政府介入

纵观各国的城市管理与不动产管理，政府在一定程度上比较深入地介入不动产活动。一方面，不动产的资源性、稀缺性和不可移动性，决定了所有政府均在一定程度上对部分或特定的不动产资源进行统一管控；另一方面，不动产中的住宅房屋是影响民生的重要资源，房地产资源与供求价格的宏观调控是政府作为的一只有形之手，再者不动产的发展与一些当今社会关注的住房、环境及有害废物等问题相关。政府的介入是必要的。

6. 不动产管理需要跨学科的人才

不动产涉及的产业链较长，管理范畴较广，各管理环节中的规划、开发、营销、投融资、服务、企业经营等活动，必然涉及金融、营销、行政管理、人际关系、政府政策、财税、信息化管理等多方面的问题。不动产管理是要求包括资源管理、行政管理、企业管理、经济管理等各种理论与综合知识体系的一个应用领域，需要跨学科的复合型人才。

四、不动产管理的发展

1. 古代的不动产交易服务

我国不动产管理最早可以追溯到古代的“房牙”业务。据元《通制条格》卷十八《关市》记载，“凡买卖人口、马匹、房屋及一切货物，须要牙保人等与卖主明白书写籍贯住坐去处，仍召知买卖主人或正牙保人保管画完押字，许令成交，然后赴务投税。”这说明早在元代时从事经纪活动的人已是大量存在了，包括房屋等不动产。当时从事房屋买卖混合的中介经纪活动即被称之为“房牙”。

2. 旧中国的不动产管理

以始于 1845 年的上海租界为例。租界的形成与发展在促进上海人口增长、贸易和商业繁荣之外，还促进了都市空间的拓展，以及道路、公园、自来水、排水、电力、电信等都市市政基础设施的建设和不动产市场的发展。

因 19 世纪 50～60 年代的战事导致租界人口剧增，华人大批涌入带来大量的资金，大兴土木，租界土地价格大涨。大涨更是吸引了更多的人与资金投入到土地与不动产的投机活动中。到公元 1930 年，租界面积已达 5584 英亩(1 英亩≈0.4047 公顷)。人口超过了 100 万人。

在租界，外侨通过土地的永租制度取得界内土地的实际所有权，推行了资本主义营运模式。当时租界土地的市场化运营方式带来地价的增长，1854 年成立了工部局，实行“以捐税养市政”，收取各类赋税。在各项税种中，地税和房捐均与地价直接挂钩。其中，地税按土地的价格的一定比例征收，每年工部局根据其财务状况制定不同的地税标准。如 1866 年为 0.25%，1874 年改为 0.3%。1933 年征收土地的面积达到 23330 亩。而房捐按房租的一定比率收取。

地价的增长大大提高了市政机构进行基础设施建设的经济实力。与土地相关的市政建设支出主要用于道路的新建、拓宽以及人行道等道路附属设施建设和市政服务设施，如自来水厂、煤气厂、电厂等用地的购买。租界内私有土地转化为市政用地必须通过市政机构与土地拥有者谈判购买的方式完成征收。

随着不动产市场的兴旺，经纪活动便随之产生，最先出现在中国房地产经纪人历史舞台的是“二房东”们。所谓“二房东”，就是一些房地产投资商主要从事大宗不动产经营业务而将房产的出租业务委托给一个可信赖的人经营，这个专门为房地产业主经营和转手出租房屋的人就是“二房东”。1907 年，著名的外国房地产投资商——沙逊洋行在上海同沈志贤和马小眉签约，规定每月月底，由马将这个月其所监管的全部房屋的房租汇总交给沙逊洋行。其后，上海乃至全国的各大房地产主相继采取转手出租的方式经营零散承租业务，“二房东”作为一个社会阶层也由此逐渐形成，并一直延续至解放初期。

3. 改革开放前的不动产管理

新中国成立后，实行土地改革，土地全部归为国有。不动产产业处于停滞状态，土地管理处于多头分散管理状态。1953 年将城市地政和房产合并为地政房产管理委员会，以后改为房地产管理局。实际上，各部门用地由各部门自行管理，各自为政。从中央到地方没有一个统一的土地管理机构和制度。改革开放前为非市场化的不动产管理。

4. 改革开放初期的不动产管理萌芽期

随着改革开放大潮的来临，农村实行联产承包责任制度，城镇房地产业兴起。为适应经济的发展，我国制定一系列的相关制度与政策：如1986年《中华人民共和国土地管理法》、1994年的《中华人民共和国城市房地产管理法》等，逐步规范和促进了不动产市场的发展。不动产业作为一个新兴的行业，最早以外资引入房地产项目开始，以开展住宅小区的建设为起点。如1979年在广州东湖边建设的东华小区是国内首个由港资与东山区房地产管理局联合开发的住宅小区。不动产管理中的物业管理的概念也同时由香港引入。我国于1994年颁布了第一部有关物业管理的法规《城市新建小区管理办法》，在此推动下，所有新建住宅小区均实行市场化的物业管理与服务。物业服务、不动产买卖、租赁等交易市场与其他的服务市场逐步复苏。

5. 《物权法》颁布以来不动产管理的全面规范发展

2007年《物权法》颁布实施以来，不动产法律制度不断完善，不动产权登记逐渐成为事关人民群众切身利益和公共行政有效管理的一项重要制度。各地规范不动产市场行为的管理办法，如《郑州市房地产抵押管理办法》相继出台，促进了不动产行业的健康有序发展。

第三节 土地、房产与其他不动产管理

一、土地管理

土地是地球表面由土壤、岩石、气候、水文、地貌、植被等组成的自然综合体，它包括人类过去和现在的活动结果。因此，从土地管理角度，土地是一个综合体，是自然的产物，是人类过去和现在活动的结果。土地具有资源和资产两种特性。土地的资源特性是指土地作为生产资料，与其他生产资料如人力、机器设备、科技等相比的特性，主要表现为客观性、生产性、面积有限性、位置固定性、地域分异性、可持续利用性、多功能性；土地的资产特性是建立在资源特性基础之上，土地资产在经济方面区别于其他资产(如机器、厂房、设备、原料等)的特性主要表现在三个方面：包括土地资产的可垄断性、土地价格的二元性和土地资产的增值性。

(一)土地管理的含义

土地管理是国家为维护土地制度，调整土地关系、合理组织土地利用所采取的行政、经济、法律和技术的综合措施。一般而言，国家把土地管理权授予政府及其土地管理部门。因此，土地管理也是政府及其土地管理部门依据法律和运用法定职权，对社会组织、单位和个人占有、使用、利用土地的过程或者行为所进行的组织和管理活动。土地管理是一项古老的政府职能，对土地资源的统一管理和调配，其对基础设施建设，城市规划以及经济活动有重大影响。

(二)土地管理的内容

传统的土地管理职能较为简单，主要限于土地财产制度的管理。随着工业化和城市化进程的加快，土地规划与利用管理日益深化，并随着环境和生态保护问题的提出，土地利用管理又融入了环境和生态保护的内容。目前，我国土地管理的内容主要有以下几个方面：

1)土地的产权产籍管理：包括地籍管理和产权管理。其中地籍管理包括地籍调查、土地

利用动态监测、土地登记、土地统计、土地定级、土地估价以及地籍档案管理；产权管理包括产权的确立与变更、产权监督管理、土地征用与征收、土地划拨、土地出让、转让、抵押的管理。产权产籍管理是土地管理的基础。

2）土地利用管理，包括土地利用规划和土地利用计划管理；土地开发、 复垦、整治和保护管理。其根本任务是合理组织土地利用，实施土地用途管制和建设用地总量控制，保证耕地面积总量平衡，实现土地宏观控制和微观管理。土地利用管理是土地管理的核心和目标。

3）建设用地管理，包括农地转用审批和各类建设用地审批管理，各类建设临时用地管理、征用土地管理，建设用地指标管理等。

4）土地市场管理，包括基准地价、标定地价评测、土地估价机构和土地估价人员从业资格审核和确认。土地价格评估和确认，土地分等定级，土地使用权出让、出租、抵押、作价出资和土地收购管理，农村集体非农土地使用权流转管理，国有土地划拨使用目录的制定与实施管理等。

5）耕地保护管理，包括基本农田保护区管理，耕地总量控制管理， 耕地占补平衡管理、闲置、荒芜耕地管理，建设占用耕地管理，耕地质量和环境保护管理、农地整理等。

6）土地法制管理，包括土地法规的制定与实施管理，土地执法监察， 土地违法案件的查处，土地法规贯彻执行情况的 监督检查等。

7）土地科技教育管理，包括运用现代科学技术和教育手段促进土地管理事业发展，以及进行土地方面的国际交流与合作等。

8）土地信息化技术管理。

（三）土地管理的目的

《土地管理法》明确了土地管理的目的是：加强土地管理，维护土地的社会主义公有制，保护、开发土地资源，合理利用土地，切实保护耕地，促进社会经济的可持续发展。土地管理的具体目的主要包括以下三方面。

1. 维护土地公有制

我国实行土地的社会主义公有制，即全民所有制和劳动群众集体所有制。土地公有制是我国土地制度的基础，体现出社会主义制度的基本特征。

2. 调整土地关系，提高土地利用的经济效益、生态效益和社会效益

随着经济社会的发展，土地所有权和土地使用权处于经常变动之中。国家必须依照土地管理的目标，采取必要的措施，对客观需要的土地所有权和使用权的变动进行管理、监督和调控，避免盲目性，防止权属混乱及土地纠纷。调整土地关系，增加土地可利用面积，提高土地利用率和产出率，提高土地的集约化利用，促进土地利用的社会效益，经济效益，生态效益三者协调统一。

3. 实现土地资源的可持续利用

走可持续发展道路是当今世界各国的共同选择。土地作为一种自然资源，它的存在是非人力所能创造的，土地本身的不可移动性、地域性、整体性、有限性是固有的，人类对其依赖和持续利用程度的增加也是不可逆转的。因此，通过立法强化土地管理，保证对土地的永续利用，以促进社会经济的可持续发展。

案例分析 1-4：美俄的土地管理比较

美国没有专门的土地管理与规划管理机构，土地与规划管理基本上是通过交通与规划管理、房屋管理、社会保障管理、园林生态管理、道路交通管理等部门的综合化协调管理，充分利用了土地管理的综合调控作用。

美国拥有一整套比较健全的有极强约束力的土地管理法律法规体系。从联邦政府到州、郡、市都有相配套的土地管理法律法规，且下级不得与上级法律相冲突。土地资源的权益、地籍管理、保护、规划、开发利用、复垦、征用、地役权、执法力量及地产交易、捐赠、继承和管理、仲裁等均有法可依。美国有发达的房地产交易市场，这有利于提高城市土地的利用效率；拥有高素质的土地管理专业人才，实行的是高科技信息化实时管理；建立了周密完善的房地产价格管理体系，随着地价的变化，定期(一般为两年)调整每一处房地产的价格；实行切实有效的分区制管理；严格执行各项法律，且法律面前无特权；建立了完善的申诉裁决机制和审判机制，可有效地化解各地的纠纷和矛盾；建立了有效的强制执行机制。

俄罗斯联邦的土地管理可分为国家管理、社会管理、自治地方管理和农场内部管理这四种类型。其中国家管理是主要的管理形式。国家在土地资源的管理中发挥着重要的作用。国家管理土地资源是国家管理职能的一部分内容。这是保证土地作为最基本的生产资料得到合理利用的客观需要。土地自治地方管理是俄罗斯联邦独立后出现的一种土地管理形式。它使俄罗斯联邦土地管理形式改变了原有过分集中的模式。使土地管理与区域经济条件结合更为合理。新的土地立法为土地使用人提供了更宽泛的从事自主经营活动的条件。

(四)土地管理制度

土地制度有广义和狭义的概念之分。广义的土地制度是指包括一切土地问题的制度，是人们在一定社会经济条件下，因土地的归属和利用而产生的所有土地关系的总称。广义的土地制度包括土地所有制度、土地使用制度、土地规划制度、土地保护制度、土地征用制度、土地税收制度和土地管理制度等。狭义的土地制度仅仅指土地的所有制度、土地的使用制度和土地的国家管理制度。土地制度是反映人与人、人与地之间关系的重要制度，它既是一种经济制度，又是一种法权制度，是土地经济关系在法律上的体现，是构成上层建筑的有机组成部分。

(五)我国土地管理的基本政策

我国的土地政策是继计划生育后的基本国策之一。我国土地管理的基本政策主要有：土地宏观调控政策、土地集约利用政策、土地有偿使用政策、节约用地政策、保护耕地政策、保护土地环境政策、保护土地权利人合法权益政策和从严管理土地政策等。

二、房产管理

(一)房产的概念和分类

所谓房产是指房屋财产，是人们从事一切社会、经济、文化活动的最基本的物质前提之一。人类生活、生产离不开房屋。随着人类社会生产力的发展，房屋在其形态、建筑材料、建筑质量、构造技巧，用途等方面有了很大的变化，房屋已成为现代人类居住的必要场所和人们从事生产、交换、分配、消费的重要的物质条件。就其现实形态来看，房屋是地上建筑物与土地的统一体，房依地建，地为房载，房地不可分离，房与地共处于房屋这个统一体中。

我国城市房产按所有制形式分类，可分为全民所有制房产、集体所有制房产、公民个人所有房产和中外合资以及外国人所有的房产四大类。

城市房屋就其使用性质来看，可以分为住宅、生产用房、经营用房、行政办公用房、教育医疗科研用房、体育及娱乐用房和其他用房共七大类。

综合以上各种分类，第一类称“住宅用房”，后六类称叫“非住宅用房”。其中第二、三类合称生产经营用房。在现代城市中，住宅房屋和生产经营房屋在城市房屋总量中占极大比重。

(二)房产与地产之间的关系

房屋财产和土地财产总是固定在一个地域之内，不能移动，不可分割。任何房屋必然依地而建，都包含于一定的土地面积之内。从财产关系上讲，要在某一地块上构建房屋，必须要取得该建筑地块的财产价值和使用权。同时，一旦房屋建立在特定的地块上，人们就不可能随意移动它。而且，对某一地块来说，要建造房屋，就得改变其原来的使用状况。房屋的建造过程是一个生产过程，不仅是房屋价值从无到有或从小到大的价值增值过程，也是对建筑用地块的开发与再开发的过程，是不断提高土地集约化水平和使用效率的过程，从同一土地的垂直剖面来看，随着土地开发的深入，无论是土地本身的财产价值，还是土地与房屋结合在一起的总价值，都会有不同程度的增长。房产实质是房产与地产的统一体。

(三)房地产管理

城市房地产管理，包括土地开发管理、房屋建设管理、房地产经营管理、房地产服务管理、房地产行政管理。严格的城市房地产管理是城市政府房地产管理职能部门以国家的名义、运用立法监督手段，对城市房屋和土地的占用、使用、开发、建设、经营所进行的政权活动，是国家行政管理的一部分。广义的房地产管理还包括公民或法人以房屋或土地为对象、依据商品经济原则和国家法律规定所进行的经营活动。

三、其他不动产管理

除上述分析的土地和房产外，不动产还包括一些地上建筑物和构筑物，自然资源如森林、草场、湖区，自然风景如安徽黄山的迎客松，人文景观如秦代建造的万里长城、历史文物古迹北京故宫等，以及大量的公共建筑配套建设的不动产项目。

(一)建筑物及构筑物不动产

根据《现代汉语词典(第6版)》的解释，建筑物是指建筑而成的东西，如房屋、桥梁、隧道、水坝；构筑物一般指不在内进行生产和生活活动的建筑物，如水塔、烟囱。我国法律上规定的“房屋等建筑物和构筑物”，包括房屋(除了用于居住的房屋外，还应包括地下室、仓库、立体停车场、空中走廊等)、桥梁、水坝、水塔、烟囱等。值得注意的是，建筑物的组成，不仅包括其主体，而且还应包括为了实现建筑物的设计功能所必需的附属的或配套的各种设备(包括电梯、锅炉、各种灯具、冷却塔、水泵、消防设施、监控设施等)、管线等；还包括大型不动产开发项目中的配套建筑体，如博物馆、展览馆、学校、运动场所、社区医院等建筑物或构筑物不动产。

(二)公共不动产

公共不动产是由各级政府所拥有的写字楼、学校、消防站、军营和类似的物业组成。公共不动产(工程)最大的组成部分是基础设施投资，如路、桥梁和机场等。具体可划分为以下几类：

1)道路、桥梁、机场、港湾、水库、消防站等基础设施；

2)学校、图书馆、体育场馆、展览馆、影院、寺庙、文物古迹等文体设施；

3)政府与事业单位大楼、会议中心、医院、疗养院、养老不动产等公共服务不动产。

一些特殊用途的公共不动产管理逐渐被人们重视，如高校不动产。从 1999 年开始，江苏省在全国率先扩大高校招生规模，拉开了大学城的建设热潮。目前全国已有近 60 个已建或在建大学城。始于 2000 年的河北廊坊东方大学城后，长沙岳麓山大学城规划用地 44 平方公里，郑州大学城 50 平方公里，武汉大学城 50 平方公里，广州大学城 43.3 平方公里。南京更是宣布投入 50 亿元巨资，打造全国最大的仙林大学城，占地约 70 平方公里。目前总建筑面积已为 2000 多万平方公里。大学城不动产因其集中的供水、电、煤气、供暖或供冷以及其他的配套设施管理的特殊性，因此也成为值得关注的新市场。

(三)自然保护区与旅游景区的不动产

自然保护区是指对有代表性的自然生态系统、珍稀濒危野生动植物物种的天然集中分布、有特殊意义的自然遗迹等保护对象所在的陆地、陆地水域或海域，依法划出一定面积予以特殊保护和管理的区域。自然保护区可以分为生态系统类型保护区、生物物种保护区和自然遗迹保护区 3 类;按照保护区的性质来划分,自然保护区可以分为科研保护区、国家公园(即风景名胜区)、管理区和资源管理保护区 4 类。

随着中国经济的快速发展和人们收入水平的提高，旅游消费在中国家庭的总消费中所占比例快速提升，旅游产品从观光向度假休闲时代过渡，尤其是近来旅游地产所带来的片区综合开发，大型综合旅游景区建设一片欣欣向荣。如华侨城和港中旅集团在深圳建设和管理的锦绣中华、世界之窗、欢乐谷、东部华侨城等景区，经过 20 多年的发展，旅游不动产的专业化管理水平越来越高。

(四)林木、草场及水域的不动产

林木指因人力也包括因自然力而生长的、根植于土壤的树木、竹等。我国法律认定林木为不动产。但对于林木的果实是动产还是不动产，我国法律没有规定。对此，可以根据该果实是否与林木结合在一起，即没有脱离林木的果实为不动产，而脱离林木，即使还没有被运走也同样认定其为动产。

草场是农业用地的一种，指用于畜牧业生产的土地。牧地和草场是发展畜牧业不可缺少、不可代替的生产资料。包括天然牧场、割草场、人工草场、半人工草场、草库伦及饲料轮作区。

水域是指有一定含义或用途的水体所占有的区域，如江河、湖泊、运河、渠道、水库、水塘及其管理范围。如国家沿海有属于它的水域或海域，又如港口管辖的水体范围等。通常讲的陆地水域和水利设施用地，不包括泄洪区和垦殖 3 年以上的滩地、海涂中的耕地、林地、居民点、道路等。

其他不动产的管理因其自身的特殊性，除一般所述的管理内容与方法外，应有其管理的不同要求。如公共不动产管理在现今的体制下，更多带有行政管理的性质，并有向市场化管理的发展趋势。

案例分析 1-5：我国城镇人均住房建筑面积、住房自有化率、家庭财富

来自中国社会科学网的报道：2014 年两会召开期间，全国人大代表、中国社科院数量经济研究所研究员郑玉歆认为，2012 年中国城镇住房建筑面积为 128.11 亿平方米，实际城镇人均住房建筑面积为 18 平方米，较 1985 年前人均住房建筑面积(低于 7 平方米)增长了 2.4 倍。这个数字是以中国统计年鉴 1985 年为基数，通过对每年城镇住房新增建筑面积逐年累加，并减去逐年约 2%的折旧推算而得出的结果。与其他国家相比，2010 年东欧国家人均住房面积多在 24～29 平方米，新加坡为 27 平方米，韩国为 33 平方米。

2007 年我国城市居民的住房自有化率为 82.3%，高于发达国家的住房自有化水平，而同期美国的住房自有化率仅为 69%。

据中国之声《全球华语广播网》报道，瑞信研究院发布《全球财富报告 2013》。报告称，中国家庭财富总值世界第三。自 2000 年以来，中国人均财富几乎翻了两番，从 5700 美元上升到 2013 年的 2.223 万美元。目前，中国的家庭财富总额名列世界第三，比排名第二的日本低 2%，比排名第四的法国高出 56%。报告指出，由于中国储蓄率较高，且拥有相对完善的金融体系，中国家庭资产中的金融资产比重高达 46%，高于其他主要的发展中国家或者转型国家。同时，私有住房、新建筑和农村土地在中国也是非常重要的财富形式，人均持有房产价值为 1.29 万美元，占总财富价值的 58.2%。

思　考　题

1. 不动产的含义。
2. 何谓不动产的衍生工具？
3. 不动产有哪些特征？
4. 简述不动产的分类？
5. 为什么说不动产业是一个新兴的产业？
6. 何谓不动产管理？
7. 不动产管理有哪些基本职能？
8. 不动产管理有哪些基本模式？
9. 土地管理的含义与基本内容？
10. 房产管理的含义与基本内容。
11. 何谓建筑物及构筑物？
12. 公共不动产有哪些类型？

第二章　不动产管理的理论基础

【章节介绍】不动产管理是在经济资源数量不断增加的基础上对存量资产进行市场化经营而产生的一种新需求。结合目前不动产管理业务的蓬勃发展，需要对不动产管理的理论基础进行探讨和挖掘，有助于形成科学合理的、有中国特色的不动产管理理论和方法。本章主要介绍不动产管理中的区位理论、地租理论、资源配置理论、服务理论以及不动产管理的制度与政策。

第一节　区 位 理 论

一、区位与区位理论的概念

区位是指人类行为活动的空间。具体而言，区位除了解释为地球上某一事物的空间几何位置，还强调自然界的各种地理要素和人类经济社会活动之间的相互联系和相互作用在空间位置上的反映。区位就是自然地理区位、经济地理区位和交通地理区位在空间地域上有机结合的具体表现。

区位理论是关于人类活动空间分布及空间相互关系的学说。具体地讲，是研究人类经济行为的空间区位选择及空间区内经济活动优化组合的理论。

二、区位理论产生的背景

人类从事生产，需将资本、劳动力带到土地上，并将产品运到市场，而土地位置是固定的，为了方便生产和流通，降低产品成本，增加利润，就要按一定的标准选择适宜的空间位置，使比较利益最大，于是就产生了区位理论。

三、区位理论概述

区位理论是区域经济理论的基石，是区域经济学的核心基础理论之一。根据其研究内容的差别，可分为古典区位理论和现代区位理论。

（一）古典区位理论

古典区位理论主要是运用新古典经济学的抽象方法，分析影响微观区位或厂址选择的各种因素，其研究对象一般是以成本最小或利润最大化为目标，处于完全竞争市场机制下的抽象的、理想化的单个小厂商及其聚集体——城市。

1. 农业区位论

德国农业经济学家杜能是西方区位理论的先驱者，他于 1826 年出版了《孤立国同农业和国民经济的关系》，提出农业区位论。杜能认为，城市周围土地的利用类型及农业集约化程度都随其与城市距离的远近而呈带状变化的、由内向外的一系列同心圆，这些同心圆被称为“杜能圈”，每个圈内都有自己的主要产品和耕作制度，并因其与中心城市的距离不同而引起生产基础和利润收入的地区差异。杜能农业区位论所要解决的主要问题就是如何通过合理布局使农业生产节约运费，从而最大限度地增加利润。

2. 工业区位论

德国经济学家韦伯第一个完整地提出了工业区位论，被公认为工业区位论的奠基者。韦伯首先引入“区位因素”的概念，其理论的核心就是通过对运输、劳力及聚集因素的相互作用的分析和计算，找出工业产品的生产成本最低的地点，尤其要把运输费用降到最低限度，作为配置工业企业的理想区位，以实现产品的最终销售。韦伯认为，影响生产费用的主要区位因素是运费、工资和聚集三者，其中，运费起着决定性作用。他利用运费指向论、劳动费指向论和聚集指向论在运费、工资和集聚三者关系中寻求最佳区位，并以此为基础，联系其他因素对区位的影响。

3. 中心地理论

中心地理论是由德国著名的地理学家克里斯泰勒提出的，是近代区位论的核心部分。该理论主要涉及市场和城市的布局，即城市区位，因而又被称为城市区位论，从区位选择的角度阐述了城市和其他级别的中心地等级系统的空间结构理论。中心地理论的核心思想是：城市是中心地腹地的服务中心，根据所提供的服务的档次不同，各城市之间形成一种有规则的等级均匀地分布关系。

4. 市场区位论

廖什的市场区位论是以最大利润原则代替韦伯的最低费用原则为特点，第一个把需求作为空间变量，引入成本和需求两个空间变量。同时，发现最佳区位问题不能只考虑单个厂商，还要考虑厂商之间相互依存的关系。廖什认为，市场网络的分异和排列受多个因素影响并取决于利润最大化的经济原则。这种由市场网络按经济原则排列所形成的经济分布空间的等级序列，被廖什称为“经济景观”。廖什的市场区位论是通过对整个企业体系的考察，从总体均衡的角度揭示整个系统的建立问题。他把生产区位与市场结合起来，以利润来判明企业配置，并且把利润同产品的销售范围联系起来。他还从市场区的概念出发，提出了区域集聚、点集聚等问题，从理论上剖析了经济区形成的内部机制。

（二）现代区位理论

现代区位理论是在古典区位理论上发展起来的，其研究内容从单个厂商的区位决策发展到对地区总体经济结构及其模型的研究；从抽象的纯理论模型的推导变为力求接近区域实际的、可应用的区域模型；并考虑了人及其行为因素对区位的影响。

现代区位理论的形成以埃萨德的《区位与空间经济》和贝克曼的《区位理论》的发表为标志。从研究内容来看，现代区位理论大致包括五大学派：以胡佛、埃萨德为代表的成本-市场学派；以普莱德为代表的行为学派；以拉克、摩尔为代表的社会学派；以达恩、奥特伦巴为代表的历史学派；以加里森、哈格特为代表的计量学派。

现代区位理论几大学派的共同核心论点如下所述。

1. 规模经济

现代区位理论重点描述产业集聚现象，指出“规模经济”是其最大的竞争力来源。数量客观的企业集聚在一起形成了产业链条，造成了很大的规模经济，这种规模经济能最大限度地降低成本、提高效率，并形成相关产业的核心竞争优势。

2. 外部性

外部性，就是最先进入集聚地点的少数企业给后来的企业创造了基础设施、劳动力市场、中间产品、原材料的供应渠道、专业知识的扩散等正面的外部效益。

3. 向心力或离心力

上述外部性使产业集聚地点能吸引更多相关企业进入，进入的企业越多，规模经济就越大，效率就越高。这种对相关企业的吸引力就形成了向心力，但事物的发展都要有“度”，若企业过多、过密，就会使投资环境恶化，产生交通拥挤、污染、噪声等问题，使产业集群的规模经济效益下降。于是吸引力变成了离心力，使相关企业向产业集聚地点的外围边缘扩散，直到两种力量相对平衡为止。

4. 区位竞争

与向心力、离心力的二力模型相似，区位竞争也是现代区位理论的核心内容之一。以往的区位理论大多局限于研究投资企业如何根据现有条件选择投资建厂的地点，而忽略了地区主体(即有意吸引投资的土地所有人，包括政府机构)如何改善投资环境，与潜在对手展开积极的区位竞争，力争使本地区成为集聚性投资行为的首选地点，以造福当地人民。

除此之外，现代区位理论在延伸产业的支撑作用、自然资源、运输成本、跨国公司投资、社会文化(企业家精神、历史文化传统)及政策因素、体制架构、政府政策对区位的影响方面也开拓出了相当丰富的研究成果。

四、区位理论在不动产管理中的作用

(一)区位理论在土地利用和管理中的作用

1. 确保土地资源合理配置

城镇和交通道路沿线的土地，由于区位条件的不同，其土地利用的运输成本、劳动力成本和商品需求量有较大差异。利用比较利益原则，确定不同地段的适宜用途，从而实现土地资源在各部门之间的合理分配。

2. 优化土地利用结构

不同位置的土地，其地租地价有较大差异。利用地租地价杠杆，能有效调整土地利用结构，优化土地利用。

3. 制定合理用地的政策和规划

依据区位理论制定合理用地的政策和规划，指导各种用地的区位选择，对土地利用进行宏观调控。

4. 确定土地的质量等级

影响土地质量差异的因素主要是土地的位置和肥力，所以，位置因素在确定土地等级，特别是城镇土地等级方面有着重要作用。

5. 确定不同位置地段的差额税率

相同经营管理水平的同一行业，处在较优位置会比处在劣等地位置获得更多利润，形成级差地租，据此制定土地差额税率。

（二）区位理论在房地产管理中的作用

1. 区位理论与房地产价格

区位是决定房地产价格的主要因素。在城市，由于土地区位不同，产生不同的使用价值和价值，使得同一位置上经济收益也相差很大。不同区位之所以影响房地产价格，可以归纳为两个方面的原因：一个原因是由于区位是影响企业生产成本的重要因素，如区位不同，就会导致交通成本和土地开发成本的差异，从而影响企业的生产成本；另一个原因是区位也影响到土地使用者的方便程度，如基础设施和公共设施的完备状况均会影响土地的利用。

2. 区位理论与房地产业区位选择

区位理论为房地产业的发展提供了理论指导，房地产业的发展必须遵循土地区位规律。一般而言，房地产企业为了获得最大限度利润，必然要寻找最佳的城市土地区位，用地用房的企业也要购买能够取得最大效益的区位土地，而事业单位、机关和居民也将寻找经济上能承受又适合自己活动的最佳位置的房地产。

3. 区位理论与房地产开发

区位理论是制定房地产开发规划的重要理论依据，不论是房地产项目的区位选择，还是房地产项目的具体实施，都应该遵循区位理论及房地产开发规划的具体要求，以保障房地产开发项目取得合理的社会经济效益，也可以促进房地产开发规划以及城市规划的实施。

案例分析 2-1：肯德基的选址策略

肯德基对快餐店选址是非常重视的，选址决策一般是两级审批制，通过两个委员会的同意，一个是地方公司，另一个是总部。其选址成功率接近 100%，是肯德基的核心竞争力之一。

通常肯德基选址按以下几步骤进行。

1. 商圈的划分与选择

1) 划分商圈。肯德基计划进入某城市，就先通过有关部门或专业调查公司收集这个地区的资料。有些资料是免费的，有些资料需要花钱去买。把资料买齐了，就开始规划商圈。

商圈规划采取记分的方法，例如，这个地区有一个大型商场，商场月营业额在 1000 万元算一分，5000 万元算 5 分，有一条公交线路加多少分，有一条地铁线路加多少分。这些分值标准是多年平均下来的一个较准确经验值。

通过打分把商圈分成好几大类，以北京为例，有市级商业型（西单、王府井等）、区级商业型、定点（目标）消费型、还有社区型、社区-商务两用型、旅游型等。

2) 选择商圈。即确定目前重点在哪个商圈开店，主要目标是哪些。在商圈选择的标准上，一方面要考虑餐馆自身的市场定位，另一方面要考虑商圈的稳定度和成熟度。餐馆的市场定位不同，吸引的顾客群不一样，商圈的选择也就不同。

例如马兰拉面和肯德基的市场定位不同，顾客群不一样，是两个“相交”的圆，有人吃肯德基也吃马兰拉面，有人可能从来不吃肯德基专吃马兰拉面，也有反之。马兰拉面的选址当然与肯德基不同。

商圈的成熟度和稳定度也非常重要。比如规划局说某条路要开，在什么地方设立地址，将来这里有可能成为成熟商圈，但肯德基一定要等到商圈成熟稳定后才进入。

2. 聚客点的测算与选择

1)要确定这个商圈内，最主要的聚客点在哪。例如，北京西单是很成熟的商圈，但不可能西单任何位置都是聚客点，肯定有最主要的聚集客人的位置。肯德基开店的原则是：努力争取在最聚客的地方和其附近开店。

比如，在店门前人流量的测定，是在计划开店的地点掐表记录经过的人流，测算单位时间内多少人经过该位置。除了该位置所在人行道上的人流外，还要测马路中间的和马路对面的人流量。马路中间的只算骑自行车的，开车的不算。肯德基选址人员将采集来的人流数据输入专用的计算机软件，就可以测算出，在此地投资额不能超过多少，超过多少这家店就不能开。

2)选址时一定要考虑人流的主要动线会不会被竞争对手截住。如果竞争对手的聚客点比肯德基选址更好的情况下那就有影响。如果是两个一样，就无所谓。例如北京北太平庄十字路口有一家肯德基店，如果往西100米，竞争业者再开一家西式快餐店就不妥当了，因为主要客流是从东边过来的，再在那边开，大量客流就被肯德基截住了，开店效益就不会好。

3)聚客点选择影响商圈选择。聚客点的选择也影响到商圈的选择。因为一个商圈有没有主要聚客点是这个商圈成熟度的重要标志。比如北京某新兴的居民小区，居民非常多，人口素质也很高，但据调查显示，找不到该小区哪里是主要聚客点，这时就可能先不去开店，当什么时候这个社区成熟了或比较成熟了，知道其中某个地方确实是主要聚客点才开。

为了规划好商圈，肯德基开发部门投入了巨大的努力。以北京肯德基公司而言，其开发部人员常年跑遍北京各个角落，在北京，肯德基已经根据自己的调查划分出的商圈，成功开出了56家餐厅。

肯德基与麦当劳市场定位相似，顾客群基本上重合，所以我们经常看到一条街道一边是麦当劳，一边是肯德基，这就是肯德基采取的跟进策略。因为麦当劳在选择店址前已做过大量细致的市场调查，挨着它开店不仅可省去考察场地时间和精力，还可以节省许多选址成本。当然KFC除了跟进策略外，它自己对店址的选择也很有优秀之处可以值得借鉴。

第二节 地租理论

一、古典经济学的地租理论

古典经济学时期流行的地租理论，是地租剩余理论。地租剩余理论起源于威廉·配第的《赋税论》和亚当·斯密的《国民财富的性质和原因的研究》之间的时期。该时期的地租论点是，地租是从土地收益中减去包括工资在内的成本后的剩余，剩余额的大小取决于农产品的需求和供给成本，农产品的成本又取决于土地的位置和肥沃程度。较完整的地租剩余理论，产生于詹姆斯·安德森的《地租性质的研究》和李嘉图的《政治经济学及赋税原理》之间的时期。这一时期对地租问题“颇有研究”的学者还有马尔萨斯(代表作为《地租的性质与发展》)、爱德华·维斯特(代表作为《论资本用于土地》)。

二、新古典经济学的地租理论

新古典经济学时期流行的地租理论，是地租的边际生产力理论。一般认为，杜能是这一理论的先驱，他在《孤立国》一书中应用边际生产力概念分析了地租理论，并建立了区位地租理论。对于边际生产力理论及其在地租中的运用做出重要贡献的经济学家有门格尔、杰文斯、克拉克、威克塞尔、威克斯蒂德、马歇尔等，其中威克斯蒂德和马歇尔是两位最重要的代表人物。该理论否定了古典经济学中把生产要素三分为土地、劳动和资本的方法，认为各生产要素的价值由它的边际生产力决定，从而否认地租是一种剩余。莱昂·瓦尔拉斯质问："为什么英国学派要用劳动和资本服务的使用量来确定地租，而不愿用土地服务的使用量来确定工资和利息？"瓦尔拉斯认为，"地租、工资、利息、产品价格和生产系数都是在同一问题以内的未知量；它们始终必须共同地被确定，不能单独地被确定"。迄今为止，这一地租理论仍然表述于现代西方经济学教科书中。

三、马克思的地租理论

马克思的地租理论，是马克思和恩格斯在对古典政治经济学家的地租理论批判性地继承基础上建立和发展起来的。马克思的地租理论主要包括资本主义地租的实质、级差地租、绝对地租、垄断地租和建筑地段地租等内容。

(一)资本主义地租的实质

资本主义地租，是租地农场主为了得到使用自己资本的生产经营场所(土地)，在一定时期内按契约规定，支付给他所使用土地的所有者的一个货币额。不管这个货币额是为耕地、建筑地段，还是为矿山、渔场、森林等支付，通称为地租。租地农场主要支付地租，但并不因此而减少他的平均利润，也就是说，租地农场主取得平均利润，而土地所有者取得超额利润——地租。土地所有权垄断是资本主义生产方式的历史前提，因而土地所有权是地租的前提，地租是土地所有权得以实现的经济形式。

(二)级差地租

级差地租是租种较优土地所获得的、归土地所有者所有的超额利润，是相对于最劣等土地而言的超额利润，又称为相对地租。

根据级差地租产生的条件和原因不同，马克思将其分为级差地租Ⅰ和级差地租Ⅱ两种形式。级差地租Ⅰ是由于土地肥沃程度和地理位置不同而产生的级差地租。土地肥沃程度的差别导致不同的劳动生产率，不同地块地理位置的差别会形成运输费用的差异。级差地租Ⅱ是由于在同一块土地上连续追加投资的资本生产率不同而产生的级差地租。级差地租Ⅰ是基础，是粗放经营扩大面积带来的超额利润，级差地租Ⅱ是在不断集约化的过程中产生的超额利润。

级差地租产生的原因是土地面积有限和土地的经营垄断。一方面，优等地面积有限，只有少部分人才能占用、经营；另一方面，优等地的农产品不能满足社会需求，必须要利用中低等地，为了保证劣等地的经营者获得平均利润，必须以劣等地农产品的生产价格来确定农产品的价格。

级差地租产生的条件是土地优劣程度(肥沃程度和地理位置)的不同。级差地租的来源是耕种优等地和中等地的农民生产的剩余价值。而租种劣等土地是不缴纳级差地租的。

(三)绝对地租

绝对地租是指土地所有者凭借土地所有权的垄断所得到的地租。

绝对地租产生的原因是土地所有权的垄断及所有权与使用权的相互分离。绝对地租是所有权的体现，是普遍存在的。土地所有者无论出租的土地质量优劣，都要收取地租，否则就意味着土地所有权的废除。

绝对地租产生的条件是农业资本的有机构成低于工业或社会平均资本的有机构成。农业资本有机构成较低，同量资本在农业中可推动更多的劳动，在剩余价值率相同的情况下，农业部门所创造的剩余价值就高于工业部门，从而农产品的价值会高于其社会生产价格。绝对地租来源于产品价值与其社会生产价格的差额，因为农业比较特殊，它不参与社会平均利润的产生，也就不转化为生产价格，所以农产品是以价值出售而不是以生产价格出售。

(四)垄断地租

垄断地租是由产品的垄断价格带来的超额利润转化成的地租。

垄断地租的产生以土地所有权的存在为前提。同时，还因为某些土地具有特殊的自然条件，能够生产某些特别名贵又非常稀缺的产品，对这些产品的垄断经营产生的垄断价格便形成了垄断地租。可见，垄断地租不是农民生产的剩余价值，而是社会其他部门工人创造的价值，其大小由购买者的需要和支付能力决定。

(五)矿山地租

矿山地租是指工业资本家为取得采掘地下矿藏财富的权利而向土地所有者支付的地租。马克思指出，“真正的矿山地租的决定方法，和农业地租完全一样，也要缴纳级差地租和绝对地租”，是因为各矿山的蕴藏丰度不同、开采条件不同、距离消费市场的远近和运输条件不同，各矿山开采的矿产品的个别生产价格不同；采矿业存在的垄断经营，使矿产品的社会生产价格由劣等生产条件的矿山的个别生产价格决定；矿山采掘业的资本有机构成低于社会平均资本有机构成，矿产品的价值高于其生产价格，同时还存在矿山所有权的垄断，使矿产品可以按其价值出售。

(六)建筑地段地租

建筑地段地租是指工商业资本家和房地产业资本家为获得建造各种建筑物所需土地而支付给土地所有者的地租。在当代条件下，建筑地段地租已经转换为城市地租。对于建筑用地来说，“不仅人口的增加，而且随之而来的住宅需求的增大、固定资本的发展(如所有工业建筑物、铁路、货栈、厂房等)，都必然会提高建筑地段的地租”。

四、城市地租理论

城市地租是指住宅经营者或工商企业为建筑住宅、工厂、商店、银行、娱乐场所，租用城市土地而交付给土地所有者的地租。与农业地租相比，城市地租存在一定的特殊性，本部分主要分析包括城市级差地租、城市绝对地租和城市垄断地租在内的地租问题。

（一）城市级差地租

城市级差地租产生的条件也是因为土地等级的不同。这种等级的不同表现在土地位置距市场中心的远近，交通是否方便，人口流量是否足够大，配套设施是否齐全等方面。

城市土地位置的优劣不同必然产生不同的级差生产力。较优位置土地的级差生产力必然转化为超额利润。在市场经济条件下，土地所有权和使用权的垄断及其分离，使这种超额利润转化为城市级差地租Ⅰ。

城市土地和农村土地一样也可以进行集约经营，即在同一块土地上进行连续追加投资，由于各次追加投资生产率的不同，形成了级差生产力，这种级差生产力也必然转化为级差超额利润，进而转化为城市级差地租Ⅱ。

城市土地周围基础设施的建设，会改变该土地的经济地理位置，提高该土地上的城市级差地租Ⅰ，同时也会扩大该土地上的投资规模，提高土地（在经济上允许）的可利用强度，从而提高城市级差地租Ⅱ。

（二）城市绝对地租

城市绝对地租是在土地使用权和土地所有权分离的条件下，所有土地使用者都必须缴纳的地租，即城市土地使用者所必须缴纳的最低限度的地租。绝对地租量是使用一个城市最边缘的土地或位置、地基等方面最差的土地所必须缴纳的地租。在对土地利用完全不作限制的情况下，土地用途的选择取决于不同用途下的地租支付能力，因而城市最边缘土地做非农业利用时，所缴纳的地租额不得低于农业利用时的地租额，也就是说，城市绝对地租量至少等于与最边缘城市土地相邻农地上的农业地租。

（三）城市垄断地租

城市垄断地租是指城市中由某些特殊地块的稀有功能带来的生产经营商品的垄断价格所形成的垄断超额利润转化来的地租。马克思称垄断地租是一种以真正的垄断价格为基础的地租，这种垄断价格既不是由商品的生产价格决定，也不是由商品的价值决定，而是由购买者的需要和支付能力决定。因而，具有这种购买欲望和支付能力的人越多，其价格也就越高，垄断地租就越多。这种垄断地租在城市某些特别繁华的中心地段、特别著名的旅游景点也在一定程度上存在着。

五、地租理论在不动产管理中的应用

（一）地租与房地产价格

1. 地租决定土地价格

任何物品要具有价值，就必须是用来交换的劳动产品。自然状态的土地，未经人类的开发，没有投入人类劳动，因而不存在价值，也没有以这种价值为基础的用货币表现出来的价格。但是，土地具有特殊的使用价值，在一定的条件下，土地能为人类持久地提供产品和劳务，即产生地租，所以，自然状态的土地价格不是什么土地商品价值的货币表现，而只是土地所有权或使用权转让时获得这种所有权或使用权的人所支付的一定代价，出卖土地就是出卖土地的所有权或使用权，其实质就是出卖在未来一定时期内源源不断地取得地租的权利。因此，土地价格就是指能带来同地租等量的利息的货币额，即地租的资本化。

2. 地租对房地产价格的影响

通常情况下，理论上可以将房地产价格分解为两部分，即土地价格和不包含土地价格在内的建筑物价格。但在实践中建筑物价格和土地价格是相互包含在一起的，很难将之分离开来。日常生活中所称的房价事实上已将地价包含在内了。由此，根据上述地租和土地价格关系的基本理论可知，地租对房地产价格有着非常重大的影响。可以说地租变动直接影响着房地产价格，引起房地产价格上下波动。在其他条件不变时，地租水平提高，将使房地产价格上涨，反之，地租水平降低，将使房地产价格下降。

(二)地租与城市房地产开发

开发一般意指以各种自然资源为对象，通过人力加以改造，以达到人类目的、满足人类生产生活需要的一种活动，简言之，房地产开发主要是指以土地与房屋建筑为对象的人类生产活动。

在市场经济条件下，城市房地产开发的目标就是追求经济效益、社会效益和生态效益的综合平衡和优化。从房地产开发企业的角度而言，主要是追求经济效益即利润的最大化。而地租水平的高低，进而土地价格的高低是影响房地产开发成本的重要因素。从政府的角度而言，地租是城市土地使用者选择用地的信号和指标，土地使用者将根据地租水平的高低和变化调节自己的用地行为和方向，因而地租可以作为政府调节城市土地利用的有力杠杆，可以促使城市土地资源的合理配置。

第三节　资源配置理论

一、资源与资源配置的含义

在经济学中，资源有狭义和广义之分。狭义资源是指自然资源；广义资源是指经济资源或生产要素，包括自然资源、劳动力和资本等。可以说，资源是指社会经济活动中人力、物力和财力的总和，是社会经济发展的基本物质条件。在任何社会，人的需求作为一种欲望都是无止境的，而用来满足人们需求的资源却是有限的，因此，资源具有稀缺性。

资源配置是指对相对稀缺的资源在各种不同用途上加以比较作出的选择。在社会经济发展的一定阶段上，相对于人们的需求而言，资源总是表现出相对的稀缺性，从而要求人们对有限的、相对稀缺的资源进行合理配置，以便用最少的资源耗费，生产出最适用的商品和劳务，获取最佳的效益。资源配置合理与否，对一个国家经济发展的成败有着极其重要的影响。一般来说，资源如果能够得到相对合理的配置，经济效益就显著提高，经济就能充满活力；否则，经济效益就明显低下，经济发展就会受到阻碍。

二、资源配置理论的发展

资源配置理论是相当古老的经济学命题，西方古典经济学家(以亚当·斯密和李嘉图为代表)在他们的经济理论中，以各种严格的分析假设为前提，将社会资源有效配置作为分析的核心内容，资源的稀缺性成为西方主流经济学分析问题的出发点，由此而引出的三个基本的和相互相关的问题，即生产什么、如何生产和为谁生产等，成为西方主流经济学的核心内容。

资源配置一般指社会稀有资源在不同经济活动中的投向，这一点是大多数经济学家的基本共识，但对于资源配置的具体内涵和外延，对如何进行有效的资源配置，各流派经济学家的认识则不尽相同，归纳起来大致如下。

(一)新古典主义经济学家的观点

资源配置是一种纯交换经济中的现象，这里的经济活动可由交换经济中的个体来表示，而资源配置是一种交换活动，它不仅包括生产要素的交换，而且还包括商品交换和劳务交换。因此，资源配置实际上是社会资源(生产要素、商品和劳务)在市场经济中个体之间的流动，资源配置效率是一种微观效率，当然，随着新古典主义经济学家视野扩大，国际贸易也纳入他们的分析范围，这样，资源配置的外延也扩大到国际交易上。

(二)发展经济学中的结构主义学派观点

在经济发展过程中，资源配置和资源积累是经济增长的两个独立因素。资源配置是提高收入的需求效应，以及要素比例变动和技术变动的供求效应共同作用的结果。资源配置的结果是随着收入水平的不断提高而使国内需求结构、国际贸易结构和生产结构不断发生变化，而资源积累则可以解释为旨在增加经济生产能力的资源使用。其相应的经济理论为平衡增长理论、双元经济模式和双缺口模型等。

(三)持新古典主义思路的发展经济学家观点

主张用社会项目评估方法来指导和评价资源配置，以代替传统发展经济学中的经济计划和投入产出计划，从单一项目来看，资源配置是一个“微观效率”问题，但从整个社会范围的角度来看，这一“微观效率”问题必须宏观化以便克服市场机制的缺陷。微观资源配置的宏观化就是发展经济学中所说的社会项目评估。

(四)持结构主义思路的发展经济学家观点

新古典经济学是静态的，只适用于静态资源的配置，而经济发展问题是动态问题，它涉及的是通过逐渐增长的储蓄率和投资率而得到的供给逐渐增长的可投资资源。资源投资实际是一种广义的经济发展政策选择，它包括工业和农业的发展，现在或未来的消费选择，技术选择、平衡或不平衡增长，进口代替或出口鼓励战略等。

三、资源配置理论在不动产管理中的应用

（一）资源配置理论对土地资源配置的指导意义

土地资源优化配置是指为了达到一定的社会、经济和生态目标，根据土地特性，利用一定的科学技术和管理手段，对一定数量的土地资源进行合理分配，实现土地资源可持续利用。通过对资源配置理论的研究，我们可以把土地资源优化配置看做一个动态的、连续的、相对的不断合理化的过程。任何合理化配置都不可能是绝对的，它只能是逐步逼近理想状态的极限，却永远达不到这个极限。即使土地资源配置开始阶段所设立的合理化配置具体目标实现了，也会因人们对土地的需求、土地资源条件状况和土地资源配置效益构成等因素的变化，而产生新的需要进一步解决的合理化配置问题。为了解决新的土地资源非合理化配置问题，又需要制定新的合理化配置具体目标和方案。因此，土地资源优化配置是一个连续不断的过程，对这一动态连续过程的有效控制，可以加快每一轮优化配置具体目标实现的步伐，从而使配置过程不断向理想状态靠近。

（二）资源配置理论是商品住宅产业发展的理论依据

既然商品住宅产业的本质是经济建设活动，而经济学是研究资源配置理论的科学，那么商品住宅产业的发展应该遵循资源配置理论。从宏观上说，商品住宅产业实际上是完成把社会的各种资源（包括交通、绿化、景观、商业服务配套、市政条件、人文环境等）在时间上和空间上进行有效的合理地分配给各商品住宅项目，从而更好地满足人们居住、休闲和享受需求，从微观上说，各商品住宅项目的建设，实际上是完成通过对社会各种资源的最优化分配来达到其产出的最大化，这里产出的最大化包含两重含义，一是使用者居住满意程度的最大化，二是社会产出经济效益的最大化。

第四节　服务理论

一、服务的概念与特征

（一）服务的概念

对服务的专门系统化研究是从20世纪30年代开始的。1935年英国经济学家阿·费希尔的《安全与进步的冲突》一书出版，他在书中提出三种产业划分的新概念，即第一产业以农业、畜牧业为主；第二产业以工业制造业为主；第三产业以服务业为主。1968年美国经济学家维·富克斯的《服务经济学》一书出版，标志着服务经济学学科诞生。“服务”从一般意义上是指为满足他人的某种需要而提供服务劳动，并收取报酬的经济性活动。

（二）服务的特征

1. 服务的无形性

实物产品是一种有某种具体特征和用途的物品，是由某种材料制成的，具有一定的重量、体积、颜色和形状的实物。服务不是实物产品，服务是无形的。顾客在购买服务之前，看不

见、尝不到、摸不着、听不见、嗅不到。

2. 服务的生产与消费的同步性

一般物质产品总是先经过生产过程的生产，然后再进入流通领域进行消费，生产与消费是先后出现的两个环节，消费产生于生产环节之后，生产与消费的过程具有一定的时间间隔。然而，服务则与之不同，服务的生产过程与消费过程同时进行，也就是说，服务企业人员为需求者提供服务生产时，也正是需求者消费服务的时刻，二者在时间上不可分离，是同步进行的。

3. 服务的不可储存性

服务是一种在特定时间内的需要，厂家可以先生产产品(如热水瓶、彩电、皮鞋、衣服等)，然后储藏在仓库里等待销售和消费，但服务却不可能把它储存起来等待消费。当消费者购买服务时，服务即产生，而当没有消费者购买服务时，服务的提供者只好坐等顾客。这种服务的不可储存性并非表示它不产生储存成本，只是服务业的储存成本与制造业的储存成本不同而已。制造业的储存成本发生在储藏产品的花费上，而服务业的储存成本发生在无顾客上。

4. 服务的差异性

差异性是指服务的构成成分及其质量水平经常发生变化而产生的差别、高低、优劣。一方面由于服务人员的自身因素(如心理状态、技能等)的影响，另一方面，由于顾客直接参与服务的生产和消费过程，因而顾客本身的因素(如知识水平、兴趣与爱好等)也直接影响服务的质量与效果。

二、服务的性质及其分类

服务具有不同性质，反言之，也就是说不同性质的服务规定各种不同类型的服务。服务性质包含两个侧面：“机能性”和“情绪性”。两个侧面在比例上的差异使得各种服务呈现出性质上的不同，并由此表现出服务的多样性。服务“机能性”是指服务可以得到公众客观认可的侧面特性。他是以“有”或“没有”来表现的存在型服务。服务“情绪性”，是关于服务的感觉因人而异，赋予情绪波动的侧面特性。他是以“好”或“不好”来表现的评价型服务。为此，我们将服务分为三类。

(1)机能服务类

机能性比重大的服务内容，具有一定客观标准，以物为中心。如：自动电话，水、电、煤气供应等公共服务。机能性服务能满足顾客对商品效用及附带利益的要求。

(2)情绪服务类

情绪性比重大的服务内容，包括动作、表情、言语等。情绪性能满足顾客对购买商品的精神需求。其产品就是服务个性。

(3)复合服务类

复合服务类是机能性服务和情绪性服务的综合，大部分服务活动属于此类，但各持比例成分不同。

三、服务质量的构成

服务质量是指服务的效用及其对顾客需要的满足程度的综合表现，服务质量的特点是由服务产品生产的特点决定的。由于服务产品的生产有消费者介入，所以服务质量不仅与服务结果有关，也与服务过程有关。它包含两方面内容。

(1)技术性质量

技术性质量是指服务结果的质量，即服务本身的质量标准，环境条件、服务项目、服务时间、服务设备等是否适应和方便顾客的需要。

(2)功能性质量

功能性质量是指服务过程的质量。即指服务人员的仪态、仪表、服务态度、服务程序、服务行为是否满足顾客需求。

第五节　不动产管理制度

一、建设用地制度与政策

(一)集体土地征收

集体土地征收是指国家为了社会公共利益的需要，依据法律规定的程序和批准权限，并依法给予农村集体经济组织及农民补偿后，强制将农民集体所有土地变为国有土地的行为。

征收土地具有三个明显的特点：一是具有一定的强制性，征地是国家的特有行为，被征地单位必须服从国家的需要；二是要妥善安置被征地单位人员的生产和生活，用地单位向被征地单位给予经济补偿；三是被征收后的土地所有权发生转移，即集体所有的土地变为国家所有的土地。

(二)国有土地使用权出让

国有土地使用权出让，是指国家将国有土地使用权在一定年限内出让给土地使用者，由土地使用者向国家支付土地使用权出让金的行为。

《城镇国有土地使用权出让和转让暂行条例》规定的出让最高年限如下：居住用地 70 年；工业用地 50 年；教育、科技、文化卫生、体育用地 50 年；商业、旅游、娱乐用地 40 年；综合或其他用地 50 年。

(三)国有土地使用权划拨

土地使用权划拨是指县级以上人民政府依法批准，在用地者缴纳补偿、安置费用后，将该幅土地交付其使用，或者将土地使用权无偿交给土地使用者使用的行为。

根据《土地管理法》规定，下列建设用地可由县级以上人民政府依法批准，划拨土地使用权：国家机关用地和军事用地；城市基础设施用地和公益事业用地；国家重点扶持的能源、交通、水利等项目用地；法律、行政法规规定的其他用地。

案例分析 2-2：未经审批转让划拨国有土地使用权，具有法律效力吗？

案情介绍：2000 年 12 月 26 日，A 物资流通中心（以下简称“物流中心”）与 B 国家粮食储备库（以下简称“粮库”）签订了土地使用权转让合同，约定物流中心向粮库转让国有划拨土地 100 亩，总价款 1850 万元。合同签订后，粮库向其所在市土地管理局递交请示，请求批准。土地管理局于 2001 年 1 月 19 日作出批复：收回物流中心 100 亩国有土地使用权；同意粮库按划拨方式办理该土地使用权登记手续。随后粮库依批复办理了登记手续，并先后向物流中心支付 1520 万元，拖欠 330 万元未付。物流中心遂起诉追索 330 万元拖欠款。

审理结果：一审法院判决粮库清还欠款，但二审法院以双方所签土地转让合同未经批准、合同未生效为由撤销了一审判决，物流中心 330 万元诉求未获支持。随后粮库根据终审判决，又向法院提起诉讼，以物流中心收取的 1520 万元构成不当得利为由，要求返还。2005 年 5 月，法院判决物流中心将 1520 万元返还粮库。

问题：根据相关法理和法律法规，分析物流中心的转让行为是否合法？法院对该案的判决是否正确？为什么？

（四）闲置土地的处理

依据国土资源部《闲置土地处置办法》，闲置土地是指国有建设用地使用权人超过国有建设用地使用权有偿使用合同或者划拨决定书约定、规定的动工开发日期满一年未动工开发的国有建设用地。

闲置土地按照下列方式处理：①未动工开发满一年的，由市、县国土资源主管部门报经本级人民政府批准后，向国有建设用地使用权人下达《征缴土地闲置费决定书》，按照土地出让或者划拨价款的 20%征缴土地闲置费；②未动工开发满两年的，由市、县国土资源主管部门按照《中华人民共和国土地管理法》第三十七条和《中华人民共和国城市房地产管理法》第二十六条的规定，报经有批准权的人民政府批准后，向国有建设用地使用权人下达《收回国有建设用地使用权决定书》，无偿收回国有建设用地使用权。

二、房地产开发经营管理制度与政策

（一）房地产开发企业的管理

1. 房地产开发企业的设立条件

房地产开发企业是依法设立，具有企业法人资格的经济实体。设立房地产开发企业应具备下列条件：有符合公司法人登记的名称和组织机构；有适应房地产开发经营需要的固定的办公用房；注册资本 100 万元以上；有 4 名以上持有资格证书的房地产专业、建筑工程专业的专职技术人员，2 名以上持有资格证书的专职会计人员；法律、法规规定的其他条件。

2. 房地产开发企业资质等级

房地产开发企业资质按照企业条件分为一、二、三、四等四个资质等级。有关资质等级企业的条件见表 2-1。

表 2-1　房地产开发企业资质等级条件

资质等级		一级	二级	三级	四级
注册资本(万元)		≥5000	≥2000	≥800	≥100
从事房地产开发经营时间(年)		≥5	≥3	≥2	≥1
近 3 年房屋建筑面积累计竣工(万平方米)		≥30	≥15	≥5	
连续几年建筑工程质量合格率达到 100%		5	3	2	已竣工的
上一年房屋建筑施工面积(万平方米)		≥15	≥10		
		≥40	≥20	≥10	≥5
专业管理人员(人数)	中级以上职称管理人员	≥20	≥10	≥5	
	持有资格证书的专职会计人员	≥4	≥3	≥2	≥2

3. 房地产开发企业设立的程序

新设立的房地产开发企业，应当自领取营业执照之日起 30 日内，持下列文件到登记机关所在地的房地产开发主管部门备案：营业执照复印件；企业章程；验资证明；企业法定代表人的身份证明；专业技术人员的资格证书和聘用合同。

房地产开发主管部门应当在收到备案申请后 30 日内向符合条件的企业核发《暂定资质证书》。

4. 房地产开发企业资质管理

房地产开发企业资质登记实行分级审批：一级资质由省、自治区、直辖市建设行政主管部门初审，报国务院建设行政主管部门审批；二级及二级以下资质的审批办法由省、自治区、直辖市人民政府建设行政主管部门制定。

房地产开发企业资质实行年检制度。对于不符合原定资质条件或者有不良经营行为的企业，由原资质审批部门予以降级或注销资质证书。企业有下列行为之一的，由原资质审批部门公告资质证书作废，收回证书，并可处以 1 万元以上 3 万元以下的罚款：隐瞒真实情况，弄虚作假骗取资质证书的；无正当理由不参加资质年检的，视为年检不合格；工程质量低劣，发生重大工程质量事故的；超越资质等级从事房地产开发经营的；涂改、出租、出借、转让、出卖资质证书的。

(二)房地产开发项目管理

房地产开发用地应当以出让的方式取得。但国家和国务院规定可以采用划拨方式的除外。

房地产开发项目应当建立资本金制度，资本金占项目总投资的比例不得低于 20%”。2004 年 4 月，为宏观调控，调整和优化经济结构，国发〔2004〕13 号通知，将房地产开发项目(不含经济适用房项目)资本金比例由 20%提高到 35%。2009 年 5 月，国发〔2009〕27 号通知，规定保障性住房和普通商品住房项目的最低资本金比例为 20%，其他房地产开发项目的最低资本金比例为 30%。

房地产开发企业开发建设的房地产开发项目，应当符合有关法律、法规的规定和建筑工程质量、安全标准、建筑工程勘察、设计、施工的技术规范以及合同的约定。房地产开发企业应当对其开发建设的房地产开发项目的质量承担责任。勘察、设计、施工、监理等单位应当依照有关法律、法规的规定或者合同的约定，承担相应的责任。

(三)房地产经营管理

1. 房地产项目转让

以出让方式取得的土地使用权，转让房地产开发项目时的条件：①按照出让合同约定已经支付全部土地使用权出让金，并取得土地使用权证书，这是出让合同成立的必要条件，也只有出让合同成立，才允许转让。②按照出让合同约定进行投资开发，完成一定开发规模后才允许转让。这里又分为两种情形：一是属于房屋建设的，开发单位除土地使用权出让金外，实际投入房屋建设工程的资金额应占全部开发投资总额的25%以上；二是属于成片开发土地的，应形成工业或其他建设的用地条件，方可转让。

对于以划拨方式取得土地使用权的房地产项目，要转让的前提是必须经有批准权的人民政府审批。经审查除不允许转让外，对准予转让的有两种处理方式：①由受让方先补办土地使用权出让手续，并依照国家有关规定缴纳土地使用权出让金后，才能进行转让；②可以不办理土地使用权出让手续而转让房地产，但转让方应将转让房地产所获收益中的土地收益上缴国家或作其他处理。

转让房地产开发项目，转让人和受让人应当自土地使用权变更登记手续办理完毕之日起30日内，持房地产开发项目转让合同到房地产开发主管部门备案。

2. 商品房交付使用

房地产开发企业应当按照合同的约定，将符合交付使用条件的商品房按期交付给买受人。未能按期交付的，房地产开发企业应当承担违约责任。因不可抗力或者当事人在合同约定的其他原因，需延期交付的，房地产开发企业应当及时告知买受人。房地产开发企业销售商品住宅时，应当向买受人提供《住宅质量保证书》和《住宅使用说明书》。

3. 房地产广告

1998年《城市房地产开发经营管理条例》规定，房地产开发企业不得进行虚假广告宣传。1996年《房地产广告发布暂行规定》规定：发布房地产广告，应当遵守《中华人民共和国广告法》、《中华人民共和国城市房地产管理法》、《中华人民共和国土地管理法》及国家有关广告监督管理和房地产管理的规定。房地产广告必须真实、合法、科学、准确，符合社会主义精神文明建设要求，不得欺骗和误导公众。房地产广告不得含有风水、占卜等封建迷信内容，对项目情况进行的说明、渲染，不得有悖社会良好风尚。

禁止发布房地产广告的几种情形：在未经依法取得国有土地使用权的土地上开发建设的；在未经国家征收的集体所有的土地上建设的；司法机关和行政机关依法规定、决定查封或者以其他形式限制房地产权利的；预售房地产，但未取得该项目预售许可证的；权属有争议的；违反国家有关规定建设的；不符合工程质量标准，经验收不合格的；法律、行政法规规定禁止的其他情形。

三、房地产交易管理制度与政策

(一)房地产转让管理

《中华人民共和国城市房地产管理法》规定：“房地产转让是指房地产权利人通过买卖、

赠与或者其他合法方式将其房地产转让给他人的行为。”

房地产转让分为出让建设用地使用权的转让和划拨建设用地使用权的转让，其转让条件在前述”房地产项目转让”部分已作介绍。

以下房地产禁止转让：不符合房地产转让法定条件的以出让方式取得的建设用地使用权；司法机关和行政机关依法裁定、决定查封或以其他形式限制房地产权利的；依法收回建设用地使用权的；共有房地产，未经其他共有人书面同意的；权属有争议的；未依法登记领取权属证书的；法律和行政法规规定禁止转让的其他情况。

房地产转让遵循如下程序：房地产转让当事人签订书面转让合同；房地产转让当事人在房地产转让合同签订后 90 日内持房地产权属证书、当事人的合法证明、转让合同等有关文件向房地产所在地的房地产管理部门提出申请，并申报成交价格；房地产管理部门对提供的有关文件进行审查，并在 7 日内做出是否受理申请的书面答复，7 日内未作书面答复的，视为同意受理；房地产管理部门核实申报的成交价格，并根据需要对转让的房地产进行现场查勘和评估；房地产转让当事人按照规定缴纳有关税费；房地产管理部门办理房屋权属登记手续，核发房地产权属证书。

(二)商品房预售管理

商品房预售是指房地产开发企业将正在建设中的房屋预先出售给承购人，由承购人预付定金或房价款的行为。

房地产开发企业预售商品房，应当符合下列条件：已交付全部土地使用权出让金，取得土地使用权证书；持有建设工程规划许可证和施工许可证；按提供预售的商品房计算，投入开发建设的资金达到工程建设总投资的25%以上，并已经确定施工进度和竣工交付日期；开发企业向城市、县人民政府房产管理部门办理预售登记，取得《商品房预售许可证》。

房地产开发企业申请商品房预售许可，应当向城市、县人民政府房地产管理部门提交下列证件及资料：商品房预售许可申请书；开发企业的《营业执照》和资质证书；土地使用权证、建设工程规划许可证、施工许可证；投入开发建设的资金占工程建设总投资的比例符合规定条件的证明；工程施工合同及关于施工进度的说明；商品房预售方案。预售方案应当说明商品房的位置、面积、竣工交付日期等内容，并应当附商品房预售分层平面图。

房地产开发企业取得《商品房预售许可证》的，可以向社会预售其商品房，开发企业应当与承购人签订书面预售合同。商品房预售人应当在签约之日起 30 日内持商品房预售合同到县级以上人民政府房产管理部门和土地管理部门办理登记备案手续。

(三)房屋租赁

房屋租赁是指房屋所有权人作为出租人将其房屋出租给承租人使用，由承租人向出租人支付租金的行为。

公民、法人或其他组织对享有所有权的房屋和国家授权管理和经营的房屋可以依法出租。但有下列情形之一的房屋不得出租：未依法取得《房屋所有权证》的；司法机关和行政机关依法裁定、决定查封或者以其他形式限制房地产权利的；共有房屋未取得共有人同意的；权属有争议的；属于违章建筑的；不符合安全标准的；抵押，未经抵押权人同意的；不符合公安、环保、卫生等主管部门有关规定的。

房屋出租，出租人和承租人应当签订书面租赁合同，约定租赁期限、租赁用途、租赁价格、修缮责任等条款，以及双方的其他权利和义务，并向房产管理部门登记备案。

(四) 房地产抵押

房地产抵押是指抵押人以其合法的房地产以不转移占有的方式向抵押权人提供债务履行担保的行为。债务人不履行债务时，抵押权人有权依法以抵押的房地产拍卖所得的价款优先受偿。

下列房地产不得设定抵押权：权属有争议的房地产；用于教育、医疗、市政等公共福利事业的房地产；列入文物保护的建筑物和有重要纪念意义的其他建筑物；已依法公告列入拆迁范围的房地产；被依法查封、扣押、监管或者以其他形式限制的房地产；依法不得抵押的其他房地产。

房地产抵押，抵押当事人应当签订书面抵押合同。房地产抵押合同自签订之日起 30 日内，抵押当事人应当到房地产所在地的房地产管理部门办理房地产抵押登记。抵押合同发生变更或者抵押关系终止时，抵押当事人应当在变更或者终止之日起 15 日内，到原登记机关办理变更或者注销抵押登记。

四、房地产权属登记制度与政策

(一) 土地登记制度

土地登记是指将国有土地使用权、集体土地所有权、集体土地使用权和土地抵押权、地役权以及依照法律法规规定需要登记的其他土地权利记载于土地登记簿公示的行为。

土地登记分为土地总登记、初始土地登记、变更土地登记、注销登记及其他登记。土地总登记是指在一定时间内对辖区内全部土地或者特定区域内的土地进行的全面登记；初始土地登记是指土地总登记之外对设立的土地权利进行的登记；变更土地登记是指因土地权利人发生改变或者因权利人姓名或名称、地址和土地用途等内容发生变更而进行的登记；注销土地登记是指因土地权利的消灭等而进行的登记；其他登记包括更正登记、异议登记、预告登记和查封登记。

土地登记依照下列程序进行：①土地登记申请。土地登记申请是土地登记申请者向政府请求土地登记的行为；②地籍调查。地籍调查是土地登记机关按规定要求，对申请登记的土地采取实地调查、核实、定界、测量、成图等的措施；③权属审核。土地登记机关根据申请者所提交的申请书、权属证明材料和地籍调查成果，对申请登记的土地使用权、所有权及他项权利进行确认的过程；④注册登记。申请登记的土地权属公告期满，申请人和有利益关系的人对申请登记审核结果未提出异议，即由登记机关报人民政府批准后，进行注册登记，将土地权属状况等登录于土地登记卡上，组装土地登记簿；⑤颁发或者更换土地证书。登记机关按照人民政府对土地登记申请的批准意见，对土地注册登记后，向土地权利人颁发证书。

(二) 房屋登记制度

房屋登记是指房屋登记机构依法将房屋权利和其他应当记载的事项在房屋登记簿上予以记载的行为。房屋登记，由房屋所在地的房屋登记机构办理，具体是指直辖市、市、县人民政府建设（房地产）主管部门或者其设置的负责房屋登记工作的机构。

根据《房屋登记办法》，房屋登记包括：

1）房屋所有权登记。房屋所有权登记是指房屋登记机构根据申请人的申请，将房屋所有权或所有权变动等事项，在登记簿上予以记载的行为。房屋所有权登记分为：房屋所有权初始登记、房屋所有权变更登记、房屋所有权转移登记、房屋所有权注销登记。

2）房屋抵押权登记。房屋抵押权登记是指房屋登记机构根据抵押当事人申请，依法将抵押权设立、转移、变动等的事项在登记簿上予以记载的行为。房屋抵押权登记分为一般抵押登记和最高额抵押登记。

3）地役权登记。地役权登记是指房屋登记机构根据抵押当事人申请，依法将地役权设立、转移、变动等有关事项在需役地和供役地登记簿上予以记载的行为。

4）房屋预告登记。房屋预告登记是指申请人为保障将来的物权实现，按照约定向房屋登记机构申请，房屋登记机构依法将申请事项在登记簿上予以记载的预先登记行为。

5）房屋其他登记。其他登记是指上述房屋登记类型以外的，更正登记、异议登记、撤销登记、查封登记等房屋登记。

办理房屋登记，一般依照下列程序进行：

1）申请。申请房屋登记，申请人应当向房屋所在地的房屋登记机构提出申请，并提交申请登记材料。

2）受理。申请人提交的申请登记材料齐全且符合法定形式的，应当予以受理，并出具书面凭证。申请人提交的申请登记材料不齐全或者不符合法定形式的，应当不予受理，并告知申请人需要补正的内容。

3）审核。房屋登记机构应当查验申请登记材料，并根据不同登记申请就申请登记事项是否是申请人的真实意思表示、申请登记房屋是否为共有房屋、房屋登记簿记载的权利人是否同意更正，以及申请登记材料中需进一步明确的其他有关事项询问申请人。询问结果应当经申请人签字确认，并归档保留。

4）记载于登记簿。登记申请符合下列条件的，房屋登记机构应当予以登记，将申请登记事项记载于房屋登记簿。自受理登记申请之日起，房屋登记机构应当于下列时限内，将申请登记事项记载于房屋登记簿或者作出不予登记的决定：国有土地范围内房屋所有权登记，30个工作日，集体土地范围内房屋所有权登记，60个工作日；抵押权、地役权登记，10个工作日；预告登记、更正登记，10个工作日；异议登记，1个工作日。

5）发证。房屋登记机构应当根据房屋登记簿的记载，缮写并向权利人发放房屋权属证书。房屋权属证书包括《房屋所有权证》、《房屋他项权证》等。申请登记房屋为共有房屋的，房屋登记机构应当在房屋所有权证上注明“共有”字样。预告登记、在建工程抵押权登记以及法律、法规规定的其他事项在房屋登记簿上予以记载后，由房屋登记机构发放登记证明。

（三）不动产登记制度

不动产登记是指不动产登记机构依法将不动产权利归属和其他法定事项记载于不动产登记簿的行为。此处不动产是指土地、海域以及房屋、林木等定着物。

不动产登记由不动产所在地的县级人民政府不动产登记机构办理。跨县级行政区域的不动产的登记，由所跨县级行政区域的不动产登记机构分别办理。不能分别办理的，由所跨县级行政区域的不动产登记机构协商办理；协商不成的，由共同的上一级人民政府不动产登记主管部门指定办理。国务院确定的重点国有林区的森林、林木和林地，国务院批准项目的用海、用岛等不动产的登记，由国务院国土资源主管部门会同有关部门规定。

根据《不动产登记暂行条例(征求意见稿)》，不动产登记包括：①集体土地所有权；②房屋等建筑物、构筑物所有权；③森林、林木所有权；④耕地、林地、草地等土地承包经营权；⑤建设用地使用权；⑥宅基地使用权；⑦海域使用权；⑧地役权；⑨抵押权；⑩法律规定需要登记的其他不动产权利。

因买卖、设定抵押权等申请不动产登记的，应当由当事人双方共同申请。属于下列情形之一的，可以由当事人单方申请：①尚未登记的不动产首次申请登记的；②继承、接受遗赠取得不动产权利的；③人民法院、仲裁委员会生效的法律文书或者人民政府生效的决定等设立、变更、转让、消灭不动产权利的；④权利人姓名、名称或者自然状况变化，申请变更登记的；⑤不动产灭失或者权利人放弃不动产权利，申请注销登记的；⑥申请更正登记和异议登记的；⑦法律、行政法规规定可以由当事人单方申请的情形。当事人或者其代理人应当到不动产登记机构现场申请不动产登记。无民事行为能力人、限制民事行为能力人申请不动产登记的，应当由监护人代为申请。不动产登记机构将申请登记事项记载于不动产登记簿前，申请人可以撤回登记申请。

不动产登记机构应当自收到不动产登记申请材料之日起5个工作日内进行初步审查，并分别按照下列情况办理：①属于登记职责范围，申请材料齐全、符合法定形式，或者申请人按照要求提交全部补正申请材料的，应当受理；②申请材料存在可以当场更正的错误的，应当告知申请人当场更正，申请人当场更正后，应当受理；③申请材料不齐全或者不符合法定形式的，应当场一次性告知申请人需要补正的全部内容；未告知的，视为符合受理条件；④申请登记的不动产不属于本机构登记范围的，应当场告知申请人向有登记权的机构申请。不动产登记机构不予受理的，应当书面通知申请人。

五、房地产税收制度与政策

(1)房地产税收制度的概念

房地产税收制度是指国家以法律的形式规定的税种设置及征税办法的总和，由各种不同的房地产赋税配合而组成的一个系统的税收体系，用以完成该国家或地区的房地产政策、特别是土地政策目标。

(2)我国房地产税收制度的发展

20世纪50年代中期，我国实行生产资料所有制的社会主义改造以后，绝大部分房地产属于国家和集体所有，土地的买卖和转让被禁止，房屋产权变动的征税范围也日益缩小，房屋的出租也被严格限制，因而房地产市场和相关的税收制度在以后的近30年时间内几乎名存实亡。党的十一届三中全会以后，我国开始实行经济体制改革和对外开放，房地产税收制度也逐步进行了改革，20世纪80年代初恢复了征收契税；80年代后期开征了耕地占用税；90年代前期开征了土地增值税，其他相关税种也实行了改革。

(3)我国房地产税收制度的现状

新中国成立以来，我国的房地产税制经过了多次改革和完善，尤其是1994年的税制改革，在构建适应社会主义市场经济体制要求的新型房地产税制体系方面进行了积极有益的尝试与探索。到目前为止，我国并没形成一套专门的房地产税制，现行税制中，涉及房地产的税收主要有12种，即营业税、房产税、城镇土地使用税、土地增值税、契税、耕地占用税、印花税、企业所得税、个人所得税、城市房地产税、城市维护建设税、外商投资企业和外国企业所得税。以上税种的征收总的来说处在两个大的环节：一是房地产开发、转让即流转环节，主要有耕地占用税、营业税、企业所得税、个人所得税、城市维护建设税、外商投资企业和外国企业所得税、土地增值税、印花税、契税等；二是房地产使用即保有环节，主要有城镇土地使用税、房产税和城市房地产税。

思考题

1. 什么是区位？区位理论包括哪些内容？
2. 区位理论如何应用在房地产管理中？
3. 什么是资源配置？资源配置理论对土地资源配置有何指导意义？
4. 简述国有土地使用权划拨的范围。
5. 简述办理房屋登记的一般程序。

第三章 不动产市场分析

【章节介绍】本章首先介绍不动产市场的定义和特点。而市场调查是我们了解不动产市场、认识不动产市场的一种有效途径和手段，掌握科学的调查方法，掌握有系统、有步骤地收集、记录、整理分析市场资料的调查步骤是不动产市场调查的重要保障。不动产市场是不动产供给法则与不动产需求法则相互作用形成的，并使其得以健康发展，同时，由于不动产所特有的不可移动性，使得不动产区位对不动产价值具有决定性作用，要正确把握好不动产市场，就必须掌握不动产市场运行的市场机制及区位等重要影响因素。

第一节 不动产市场概述

一、市场、不动产市场的定义

要准确分析不动产市场现状，把握不动产市场未来发展趋势，首先要了解不动产市场的含义。

1. 市场的定义

市场起源于古时人类对于固定时段或地点进行交易的场所的称呼。最初，人们视市场为商品交换的场所，仅仅把市场看作有形市场。但是，随着经济的发展和社会的进步，市场也在不断地发展，特别是无形市场的诞生，使得商品交易已不再需要固定交易场所，交易甚至可以运用虚拟的网络来进行，例如现代金融市场、商品网络交易市场等。

既然无形市场不再有固定交易场所，关于市场是商品交易场所的定义自然显得狭窄，于是就有了狭义和广义的市场之分。狭义的市场是指商品交换的具体场所，广义的市场是指商品交换关系的总和。

2. 不动产市场的定义

不动产是一种特殊的商品，不可移动性是其与劳动力、资本以及其他类型商品的最大区别。虽然不动产不可移动，但可以被某个人或单位拥有，并且能给拥有者带来利益，因此产生了不动产买卖、租赁、抵押等交易行为。

基于市场的定义，同样，不动产市场也包括狭义和广义两种内涵。从狭义上讲，不动产市场是指以不动产作为交易对象进行交易的场所；从广义上讲，不动产市场是指不动产这种特殊商品在流通过程中发生交换关系的总和。

二、不动产市场的特征

不动产市场作为市场体系的基本组成部分，具有市场的一般规律性，也会受价值规律、竞争规律、供求规律等的制约。但由于不动产本身具有区别于其他商品的特性，使得不动产市场体现出一系列区别于一般商品市场的特性。

1. 不动产交易实质上是不动产权属的交易

一般物品是动产，其物权的设立和转让是依照法律规定交付，而不动产物权设立、变更、转让和灭失是依照法律规定进行登记，因此不动产在交易中可以转移的不是其实物，而是其权属。不动产的权属变更是不动产市场流通的根本形式，其交易以一定的契据等法律文件为依据，权利的取得必须以法律为依据方为有效，并按不动产管理及其市场管理的需要进行变更登记，使其权属变更得到法律确认。

2. 不动产市场供给的异质性

不动产不像工厂生产出来的电脑、汽车等产品那样整齐划一，每宗不动产都有其独特之处，不存在两宗完全相同的不动产。即使不动产上的建筑物、树木等定着物或附着物可能一模一样，但由于其位置、地形、地势、周围环境和景观等的不同，这两宗不动产实质上也是不相同的。不动产市场客体的异质性，使得不动产市场上没有大量相同的不动产供给，加上不动产的不可移动性，使得不动产价格与不动产所处区位条件密切相关。西方认为的投资不动产最重要的三点，即“第一是区位，第二是区位，第三还是区位”。因此，区位对不动产价值的决定作用几乎是不动产所特有的。

3. 不动产市场需求的广泛性和多样性

不动产是人类生存、享受、发展的基本物质条件，为人类的生产、生活提供物质平台，是一种基本需求，其市场的需求首先具有广泛性；与市场供给的非同质性相吻合，需求者购置不动产时通常有不同的目的和设想，因而需求具有多样性。

4. 不动产市场的高度垄断性

由于土地的有限性、不可再生性、位置固定性，以及不动产投资规模巨大，使不动产市场具有高度的垄断性，从而导致不动产市场供给主体间的竞争不充分；不动产产品的位置、环境、数量、档次的差异，使不动产市场供给具有非同质性；不动产开发周期较长，不动产商品的供给在短期内很难有较大的增减，使不动产市场供给缺乏弹性。

5. 不动产市场的地域性

不动产的不可移动性，决定了任何一宗不动产只能就地开发、利用或消费，并且要受制于其所在的空间环境(当地的制度政策、社会经济发展状况及相邻关系等)。由于人们无法把价格较低地区的不动产搬到价格较高的地区去，所以不动产市场不是一个全国性市场，而是一个地区性市场，不动产的供求状况、价格水平及价格走势等都是地区性的。

以上五个方面是不动产市场的主要特征，但对于某一国家或地区的不动产市场，还要受其社会经济环境的影响，尤其是受到社会体制的制约。如不同的社会体制形成了不同的土地所有制，我国的土地出让制度导致了我国不动产市场的一些独特性。

第二节　不动产市场调查

一、不动产市场调查

(一)市场调查、不动产市场调查的定义

1. 市场调查

市场调查，是指运用科学的方法，有目的、系统地收集、记录和整理有关市场信息资料，

并就所获得的市场信息资料进行分析、评估和报告的过程。其目的是为了提高产品的销售决策质量、解决存在于产品销售中的问题或寻找机会等提供客观依据。

2. 不动产市场调查

不动产市场调查就是以不动产等不动产为特点的商品对象，对相关的市场信息进行系统的收集，整理，记录和分析，进而对不动产市场进行研究和预测，并最终为营销决策服务的专业方法。

（二）不动产市场调查的作用

在现代市场经济条件下，企业的运营环境是不断变化的，环境的变化既给企业带来了发展的机遇，也带来生存的威胁。不动产市场调查的重要性主要体现在以下两个方面：

1）通过市场调查，使不动产开发企业对现有市场充分了解，对产品及营销策略进行评估，不断发现新的市场机会，解决面临的问题，规避市场风险。

2）消费者的需求是不断变化的，通过及时的不动产市场调查，可以掌握消费者的意向和动态。

（三）不动产市场调查的原则

1）准确定原则。资料的准确定与可靠性，是不动产市场调查的核心。因为只有掌握客观真实的情况，才能做出正确有效的决策。

2）及时性原则。由于不动产市场状况如同其他商品市场一样是瞬息万变的，如不及时调查发现问题，并作出适当决策，就会坐失良机，导致企业失去市场，甚至使企业亏损或破产。

3）计划性原则。不动产市场调查不仅是一项复杂而细致的工作，而且面广量大，所以在进行不动产市场调查时，必须要有周密的计划，围绕主题、分清主次、突出重点、统筹安排、严密组织。

4）系统性原则。不动产市场调查所取得的信息资料要认真整理、合并分类，做到条理化、系统化和经常化，这样才能对市场情况做出比较正确全面的判断，克服片面性。

5）针对性原则。不动产市场调查是为经营决策服务的，这就要求一定要从实际需要出发做好调查，并且确保有的放矢，有针对性地进行。

6）经济效益合理性原则。即用最少的费用取得最佳的调查效果。因为调查的目的就是为了减少消耗，提高效益，避免经营的盲目性。

二、不动产市场调查的内容

不动产市场调查的内容非常广泛，涉及不动产市场需求和供给的各个方面。但由于调查目的不同，调查时间的限制，不动产调查的内容也并非完全相同。通常，不动产市场调查主要包括不动产市场环境调查、不动产市场需求调查、不动产市场供给调查和不动产市场营销活动调查四个方面的内容。

（一）不动产市场环境调查

不动产企业的生存发展是以适应不动产市场环境为前提的，对不动产企业来说，市场环境大多是不可控制因素，不动产企业的生产与营销活动必须与之相协调和适应。

1. 政治法律环境调查

政治法律环境调查主要是了解对不动产市场起影响和制约作用的政治形势、国家对不动产行业管理的有关方针政策、有关法律法规，包括：①各级政府有关不动产开发经营的方针政策。如房改政策、开发区政策、不动产价格政策、不动产税收政策、不动产金融政策、土地定级及地价政策、人口政策和产业发展政策等；②各级政府有关国民经济社会发展计划、发展规划、土地利用规划、城市规划和区域规划等；③政府有关法律法规，如环境保护法、土地管理法、城市不动产管理法、广告法、反不正当竞争法等；④政府有关方针和政策，如产业政策、金融政策、税收政策、财政政策、物价政策、就业政策等；⑤政局的变化，包括国际和国内政治形势、政府的重大人事变动等。

2. 经济环境调查

经济环境调查主要是了解财政、金融、经济发展状况和趋势等因素，这些因素影响的是市场大气候。具体包括：①国家、地区或城市的经济特性，包括经济发展规模，趋势、速度和效益；②项目所在地区的经济结构、人口及其就业状况、就学条件、基础设施情况、地区内的重点开发区域、同类竞争物业的供给情况；③一般利率水平、获取贷款的可能性以及预期的通货膨胀率；④国民经济产业结构和主导产业；⑤居民收入水平、消费结构和消费水平；⑥物价水平及通货膨胀率；⑦项目所在地区的对外开放程度和国际经济合作的情况，对外贸易和外商投资的发展情况；⑧与特定不动产开发类型和开发地点相关因素的调查。

3. 社会文化环境调查

社会文化环境主要是居民的生活习惯、生活方式、消费观念、消费心理及对生活的态度、对人生的价值取向等。社会文化环境在很大程度上决定着人们的价值观念和购买行为，因此它影响着不动产消费者购买不动产产品的动机、种类、方式。文化环境调查的内容主要包括：①居民职业构成、教育程度、文化水平等；②家庭人口规模及构成；③居民家庭生活习惯、审美观念及价值取向等；④消费者民族与宗教信仰、社会风俗等。

4. 社区环境调查

社区环境直接影响不动产产品的价格，这是不动产商品特有的属性。优良的社区环境，对发挥不动产商品的效能，提高其使用价值和经济效益具有重要作用。社区环境调查内容包括社区繁荣程度、购物条件、文化氛围、居民素质、交通和教育的便利、安全保障程度、卫生、空气和水源质量及景观等方面。

(二)不动产需求调查

不动产市场需求既可以是特定不动产市场需求的总和，也可以是专指对某一不动产企业不动产产品的需求数量。市场需求由购买者、购买欲望、购买能力组成，三者共同构成了需求的总体，不动产市场需求调查主要包括如下三个方面。

1. 不动产消费者调查

不动产消费者调查，主要是调查不动产消费者的数量及其构成。主要包括：①消费者对某类不动产的总需求量及其饱和点、不动产市场需求发展趋势；②调查不动产现实与潜在消费者数量与结构，如地区、年龄、民族特征、性别、文化背景、职业、宗教信仰等；③消费者的经济来源和经济收入水平；④消费者的实际支付能力；⑤消费者对不动产产品质量、价格、服务等方面的要求和意见等。

2. 不动产消费动机调查

不动产消费动机就是为满足一定的需要，而引起人们购买不动产产品的愿望和意念。不动产消费动机是激励不动产消费者产生消费行为的内在原因。主要包括消费者的购买意向，影响消费者购买动机的因素，消费者购买动机的类型等。

3. 不动产消费行为调查

不动产消费行为调查是不动产消费者在实际不动产消费者购买模式和习惯的调查，主要是要调查：①消费者购买不动产商品的数量及种类；②消费者对房屋设计、价格、质量及位置的要求；③消费者对本企业不动产商品的信赖程度和印象；④不动产商品购买行为的主要决策者和影响者情况等。

（三）不动产市场供给调查

不动产市场的供给是指在某一时期内为不动产市场提供不动产产品的总量。它主要调查以下几个方面：

1）行情调查。即整个地区，不动产市场现有产品的供给总量、供给变化趋势、市场占有率；不动产市场的销售状况与销售潜力；不动产市场产品的市场生命周期；不动产产品供给的充足程度、不动产企业的种类和数量、是否存在着市场空隙；有关同类产品价格水平的现状和趋势，最适合于客户接受的价格策略；新产品定价及价格变动幅度等。

2）现有不动产租售客户和业主对不动产的环境、功能、格局和售后服务的意见及对某种不动产产品的接受程度。

3）新技术、新产品、新工艺、新材料的出现及其在不动产产品上的应用情况。

4）建筑设计及施工企业的有关情况。

（四）不动产市场营销活动调查

不动产市场营销活动是一系列活动的组合，包括不动产产品价格策略制定、促销、广告等活动。因此不动产市场营销活动调查应围绕这些营销组合要素展开。

1. 不动产市场竞争情况调查

市场竞争对于不动产企业主要包括竞争企业和竞争产品两方面内容。对竞争企业的调查主要包括：①竞争企业的数量、规模、实力状况；②竞争企业的生产能力、技术装备水平和社会信誉；③竞争企业所采用的市场营销策略以及新产品的开发情况；④对不动产企业未来市场竞争情况的分析、预测等。对竞争产品的调查主要包括：①竞争产品的设计、结构、质量、服务状况；②竞争产品的市场定价及反应状况；③竞争产品的市场占有率；④消费者对竞争产品的态度和接受情况等。

2. 不动产价格调查

对不动产价格的调查的内容包括：①影响不动产价格变化的因素，特别是国家价格政策对不动产企业定价的影响；②不动产市场供求情况的变化趋势；③不动产商品价格需求弹性和供给弹性的大小；④开发商各种不同的价格策略和定价方法对不动产租售量的影响；⑤国际、国内相关不动产市场的价格；⑥开发个案所在城市及街区不动产市场价格。

3. 不动产促销调查

广告是促进不动产商品市场销售的一种重要手段，广告促销的效果是不动产企业所关注的一个问题。促销调查的主要内容包括：①不动产企业促销方式，广告媒介的比较、选择；②不动产广告的时空分布及广告效果测定；③不动产广告媒体使用情况的调查；③不动产商品广告计划和预算的拟定；⑤不动产广告代理公司的选择；⑥人员促销的配备状况；⑦各种营业推广活动的租售绩效。

4. 不动产营销渠道调查

主要包括：①不动产营销渠道的选择、控制与调整情况；②不动产市场营销方式的采用情况、发展趋势及其原因；③租售代理商的数量、素质及其租售代理的情况；⑤不动产租售客户对租售代理商的评价。

三、不动产市场调查的步骤

为了使市场调查工作顺利进行，保证质量，在进行不动产市场调查时，应按一定程序进行。不动产市场调查的程序包括确定问题和调查目标、制订调查计划、收集数据、分析数据、报告结果(图 3-1)。

图 3-1　不动产市场调查的步骤

(一)确定问题和调查目标

俗话说：“对一个问题作出恰当定义等于解决了问题的一半”，如果对该问题不作出清晰的定义，那收集信息的成本可能会超过调查提出的结果价值。例如某公司发现其销售量已连续下降达 6 个月之久，管理者想知道真正原因究竟是什么？是经济衰退？广告支出减少？消费者偏爱转变？还是代理商推销不力？市场调查者应先分析有关资料，然后找出研究问题并进一步作出假设、提出研究目标。

(二)制订调查计划

市场调查的第二个阶段是制订出有效的收集所需数据的计划。制订的调查计划一般要包括资料来源、调查方法、抽样设计等三个方面。

1. 资料来源

确定调查计划中资料的来源是二手资料、一手资料，或是两者都有。二手资料是指其他特定的调查者按照原来的目的收集、整理的各种现成的资料，如年鉴、报告、文件、期刊、文集、数据库、报表等。而一手资料则是指为了当前特定目的而收集的原始信息，如原始文件、档案、信函、日记、回忆录、照片、文物古迹和其他实物等。市场调查人员开始时总是先收集二手资料，以判断问题是否能部分或全部解决了，是否不再需要去收集成本很高的一手资料。二手资料是调查的起点，其优点是成本低及可以立即适用。但由于种种原因，资料不够准确、不可靠、不完整或者已经过时，市场调查人员就需要时间和金钱去收集更切题和准确的一手资料。

2. 调查方法

收集一手资料常用的方法有以下三种。

1）观察法，是指直接到调查现场进行观察的一种收集资料的方法，也可安装照相机、摄影机、录音机等进行收录和拍摄。这种方法不直接向被调查者提出问题，而是从旁观察并记录所发生的事实及被调查者的购买习惯和行为。例如调查人员亲自站柜台、参加展销会或到竞争对手店铺，观察并记录不动产产品的实际销售情况以及顾客的活动情况。

2）询问法，是指以询问的方式作为收集资料的手段，将所要调查的事项，以当面、电话或书面的方式向被调查者提出询问，以获得所需要的资料。询问法主要包括个人访问法、小组访问法、电话访问法、邮寄访问法和网络访问法五种类型。①个人访问法是调查者面对面地向被调查者询问有关问题，可当场记录被调查者的回答的方法。调查者可根据事先拟订的访问表或调查提纲提问，也可采用自由交谈的方式进行。②小组访问法是通过集体座谈的方式了解被访问者的想法、收集信息资料的方法。通常同时邀请多人，在调查人员引导下，就一种产品、一项服务、一个组织或其他话题展开讨论，对于调查面广、较复杂的问题，使用这种方法效果较好。③电话访问法是根据抽样设计的要求，用电话向调查对象询问收集资料的一种方法。该方法的优点是资料收集快、成本相对低，而缺点是不易深入交谈和取得被调查者的合作。④邮寄访问法是将设计好的询问调查表、信函、订货单、征订单等通过邮寄寄给被调查者，请对方填好后寄回的方法。该方法是在被访者不愿面访或担心调查者会曲解其回答时可采取的最好方法，但邮寄调查回收率低、回收速度也慢。⑤网络询问法，是指调查人员可以根据调查问题的特点，选用通过电子邮件发送调查问卷或提纲，或将其直接上载到网络主页等方式，获取被调查者的反馈信息的方法。网络调研是随着互联网技术应用的普及而发展起来的获取信息的新方法，而且由于其成本低、反馈快等优点被越来越广泛的使用。

3）问卷调查法，是通过设计调查问卷，让被调查者填写调查问卷的方式获得所调查对象信息的方法。该方法适用于描述性调查，目的是了解人们的认识、看法、喜好和满意度等，以便在总体上衡量这些量值。采用问卷调查法的关键是设计一套有效的调查问卷，将需要调查的问题简洁明了地向被调查者解释清楚，以便获得明确的答案。

3. 抽样设计

在设计抽样方案时，必须确定的问题是：①抽样单位，解决向什么人调查的问题。调查者必须定义抽样的总体目标，一旦确定了抽样单位，必须确定出抽样范围，使得目标总体中所有样本被抽中的机会是均等的或已知的。②样本规模，主要确定调查多少人的问题。大规模样本比小规模样本的结果更可靠，但是没有必要为了得到完全可靠的结果而调查整个或部分目标总体。如果抽样程序正确的话，不到 1%的样本就能够提供比较准确的结果。③抽样程序，解决如何选择答卷人的问题。为了得到有代表性的样本，应该采用概率抽样的方法。概率抽样可以计算抽样误差的置信度。但由于概率抽样成本过高，时间过长，调查者可以采用非概率抽样。表 3-1 是概率抽样与非概率抽样的类型。

表 3-1　概率抽样与非概率抽样的类型

项目	类型	区别
概率抽样	简单随机抽样	总体的每个成员都要已知的或均等的被抽中的机会
	分层随机抽样	将总体分成不重叠的组（如年龄组），在每组内随机抽样
	整群抽样	将总体分成不重叠的组（如街区组），随机抽取若干组进行普查
非概率抽样	随意抽样	调查者选择总体中最易接触的成员来获取信息
	估计抽样	调查者按照自己的估计选择总体中可能提供准确信息的成员
	定额抽样	调查者按若干分类标准确定每类规模，然后按比例在每类中选择特定数量的成员进行调查

(三)收集数据

收集数据是市场调查中成本最高，也最容易出错的阶段。例如在采用问卷调查时，可能会出现某些被调查者拒绝合作、某些人的回答或者某些问题上有偏见或不诚实等情况。另外，调查员的素质也会影响到调查结果的正确性，调查员以大学的市场学、心理学或社会学的学生最为理想，因为他们已受过调查技术与理论的训练，可降低调查误差。

(四)分析数据

该阶段的主要任务是从收集的数据中提炼出与调查目标相关的信息。资料分析应将分析结果编成统计表或统计图，方便读者了解分析结果，并帮助读者从统计资料中发现结果与确定的问题之间的关系。同时，分析资料还可运用相关分析、回归分析等一些统计技术和决策模型进行分析。

(五)报告结果

市场调查的最后一步是编写一份书面报告，调查人员不能把大量的调查资料和分析方法直接提供给客户或相关决策者，必须对数据进行分析和提炼，总结归纳出主要的调查结果并报告决策人员，减少决策者在决策时的不确定因素，只有这样的报告才是有价值的。

第三节　不动产市场需求与供给分析

一、不动产市场需求分析

(一)不动产需求的相关概念

1. 市场规模

市场规模就是指特定商品的潜在购买者数量。潜在购买者具有3个特点：兴趣、收入与途径。因此，在估计某种产品的消费者市场时，我们首先需要判断对该产品有潜在兴趣的消费者数量。

潜在市场是由对某种特定商品有某种程度兴趣的消费者构成。消费者只有兴趣还不足以成为市场，必须有足够的收入购买这种商品。价格越高，愿意支付的人数就越少，这也说明，市场规模是兴趣与收入的函数。市场规模还会因为途径的限制而缩小。如果政府或团体对特定消费群体消费某种商品进行了限制，如某城市政府规定非本地户籍人士不得购买限价商品住房，那么本地户籍者就构成了该城市限价商品住房合格的有效市场。有效市场是对某种特定商品有兴趣、收入与途径的消费者的集合。

2. 不动产潜在需求与有效需求

所谓不动产的潜在需求，是指居民对不动产商品消费欲望按目前社会一般生活水平计算的不动产商品应有需求量。即是指过去和现在尚未转变为实际的不动产购买力但在未来可能转变为不动产购买力的需求。潜在不动产需求是一定时期内该地区不动产需求的最大可能值，也称为不动产的边界需求。潜在需求虽然不能作为提供现实供给的根据，但对规划未来不动产开发规模和投资决策有重要参考作用。

从微观经济的角度看，不动产需求是指不动产消费者(包括生产经营性消费主体和个人消费者)，在特定的时期内、一定的价格水平上，愿意购买而且能够购买的不动产商品量。这里所说的需求不同于通常意义的需要，而是指有支付能力的需求，即有效需求。

从宏观经济的角度看，不动产需求是指社会对不动产市场的总需求。在某一时期内全社会或某一地区内不动产需求总量，包括实物总量和价值总量。

因此，分析不动产市场的有效需求，必须从微观上把握有支付能力的需求，在宏观上把握总供给与总需求的均衡。

(二)不动产需求的特点

由于不动产商品是与土地密切联系的特殊商品，因此，与一般商品的需求相比较，不动产需求具有显著的特点，主要包括以下三个方面。

1. 不动产需求的整体性

这是由地产和房产需求的不可分割性所决定的。由于不动产是地产和房产的结合体和统一物，土地是房屋的物质载体，而房屋是地基的上层建筑，二者不可分割，因而不动产需求既包含了对房产的需求，也包含了对地产的需求，是对不动产统一体的需求，决不可以也不可能把二者分离开来。

2. 不动产需求的区域性

不动产空间的固定性决定了不动产需求的地区性特别强。主要表现在两方面：一方面，一定地域或一个城市不动产市场需求绝大部分来自本地区或本区域内的工商企业和居民的需求，即使外地居民或海外居民有购房需求也必须迁移到该地区才能形成实际需求。不像彩电、冰箱等一般商品可以运输到有需求的全国各地甚至海外销售。另一方面，在同一城市的不同地段，不动产市场需求也可以有很大差异，如在市中心地区、次中心地区和城市郊区，人口密集度、地区级差和房价等不同，都会形成不同的不动产需求。

3. 不动产需求的层次性

这里所说的需求的层次性主要是针对住宅不动产而言的，包括两层含义：第一层，是指住宅的功能性需求层次。住宅作为生活资料，可以满足人们生存性需求、享受性需求和发展性需求，随社会经济增长和收入增加，在满足基本生存需要的基础上，享受性需求和发展性需求会越来越上升到主要地位，因此，为了适应这种需求的变化趋势，住宅的设计、房型、设施、科技含量、环境与品位也要不断提高。第二层，是指住房消费需求的结构性层次。由于居民的收入结构和购房承受能力是区分为不同层次的，所以相应的住宅消费需求结构也划分为不同层次，从档次结构看可以分为高档住房、中档住房和低档住房；从价位结构看可以分为高价位房、中价位住房和低价位住房等等。

(三)不动产需求的类型

不动产需求是多种多样的，根据其需求的性质大致可分为三种类型。

1. 生产性需求

指物质生产部门和服务部门为满足生产经营需要而形成的对不动产商品的需求，其需求的主体是各类企事业单位和个体工商业者。如工厂的厂房、商店的商铺、办公用房、服务行业用房以及其他生产经营性用房等产生的需求。

2. 消费性需求

由人们的居住需要而形成的不动产需求，主要是住宅不动产需求，其需求的主体是居民家庭。这类需求具有广泛性和普遍性，居住消费需求占整个不动产市场需求的绝大部分，一般占总需求的 70%～80%。按住宅的分类，居住消费需求又可以分为：花园别墅需求、高层住房需求、多层住房需求、大中小各类房型的需求和各种不同档次的住房需求等。

3. 投资性需求

指人们购置不动产不是为了直接生产和消费，而是作为一种价值形式储存，在合适的时候再出售或出租，以达到保值增值的目的。它本质上属于获利性的投资行为，房屋转售是为了获取差价收入，房屋出租是为了获得租金收入。不动产投资性需求可分为两种：一种是长期性投资，购房后长期出租，等待房价上涨时再转售；另一种是短期性投机炒作，在购买期房后炒高房价再在较短时间内转手出售获利。

(四)不动产需求的主要影响因素

在市场经济条件下，影响不动产市场需求有多种主客观因素，分析这些因素，对于扩大市场需求，正确进行投资决策，积极引导市场供求平衡有重要意义。

1. 国民经济发展水平

国家和地区经济发展水平是影响不动产需求的决定性因素。一般来说，不动产需求水平与国民经济发展水平呈现出一种正相关的关系，即国家或地区经济发展水平高，相应促使其不动产需求的水平也比较高，反之则需求较低；国家或地区某一时期国民经济发展速度快，这个时期不动产需求增长也比较快，反之则需求增长慢。

国民经济发展水平对不动产需求的影响作用主要来自两个方面：一是投资规模。投资规模的扩大，拉动生产经营性用房需求增加，从而扩大了对工业厂房、商铺、办公用房等需求；二是国民收入水平。随经济发展国民收入增加，企业的扩大再生产能力提高，个人的可支配收入增长，必然会增大对不动产的生产性需求和消费性需求。

2. 居民收入水平和消费结构

居民收入水平与不动产需求呈正方向变动的关系。从住宅消费需求的角度分析，在住房价格既定的前提下，居民的收入水平和消费结构对住房需求具有决定性作用。首先，居民收入水平的提高直接拉动居住消费需求的增加。中国城镇居民长期来受收入水平低的制约，居住水平和居住质量都比较低，改革开放以后随收入较大幅度增加，改善住房条件的愿望十分迫切，促使住宅的需求数量和质量急速提高，从而成为不动产市场发展的强大推动力量。其次，居民收入水平的提高，还促使居民的消费结构发生重大质的变化，主要表现在恩格尔系数下降，即花费在食品方面的比重减少，而花费在“住”和“行”上的比重增加。在住房制度改革以前，由于实行实物福利分房制度，房租极低，房屋租金只占居民生活消费的 2%～3%；住房分配货币化后，多数居民购买商品房，同时房租也逐渐上升到商品房租金水平，居住消费在家庭生活消费支出中的比例也相应上升到 10%以上。国际上发达国家住房消费支出一般占家庭年收入的 1/3 左右。随经济发展和收入提高中国城镇居民的消费结构也将进一步优化。目前中国城市的恩格尔系数已降到 37.7%，按国际经验，当居民消费结构的恩格尔系数处在 40%～50%时，正是住房需求旺盛、不动产业大发展的时期。近几年来中国城市不动产业的兴旺发达，印证了这一点。

3. 不动产价格

不动产商品与其他商品一样，价格和需求量之间存在着反方向变动的关系，即在其他条件不变的情况下，不动产价格提高，会限制消费者对不动产的需求量；反之，不动产价格下降，会促使消费者对不动产商品的需求量上升。可见，不动产价格的高低对其需求量的多少，有着重要的调节作用。但由于不动产是与土地相联系的一种特殊商品，其价格和需求都有一定的特点，因而房价对需求的影响必然呈现出极为复杂的情况。

4. 城市化水平

城市化是社会经济发展的必然趋势。城市化包括城市数量的增加、规模的扩大和城市人口的增多等。城市化水平的高低也是影响不动产需求的重要因素，主要体现在：一是伴随城市数量的增加和规模的扩大，必然要加快城市建设，例如，盖更多的工厂，开更多的商店、银行、学校、医院以及基础设施建设，从而对各类不动产提出更多更大的需求；二是城市人口的增多，既增加了对城市住宅的需求，也增加了由于就业而产生的生产经营性的不动产需求；三是城市发展伴随着旧区改造和更新，而旧城区的动拆迁也会造成大量的拆迁户住房需求世界各国城市化平均水平为60%，发达国家高达80%。目前中国的城市化率在50%以上，预计到2020年将提高到60%，大量农村人口进城就业和生活，不动产市场的潜在需求很多，必将成为中国经济的长期发展动力。

5. 国家有关经济政策

不动产需求还受到国家有关经济政策的制约。国家的土地政策、财政政策、货币政策和住房政策，对不动产的生产性需求和消费性需求都会产生相当大的影响。

国家的土地政策和财政政策的调整，会影响不动产的价格，进而影响不动产的需求。同时不动产税收政策的变动还会增加或减少购房者的负担，影响居民购买不动产的意向。例如，在不动产市场需求不振时，降低契税税率，减少购房负担，可以鼓励居民买房。

国家利率政策的调整，也会对不动产生产性需求、投资性需求和消费性需求产生重大影响。首先是贷款利率的变化会影响投资成本和收益率，从而抑制或促进生产性需求和投资性需求。其次是贷款利率的升高或降低会从两方面影响不动产消费性需求：一是对开发商贷款利率的高低，会直接影响不动产商品的价格变化，从而影响消费性不动产需求；二是对居民的住房贷款利率的变化，会影响居民的购房支出，从而影响消费性不动产需求。

国家的住房政策也是影响住房需求的重要因素。中国原有的实物福利分房制度，抑制对商品住房的需求；而改革以后实施住房分配货币化政策，则促使居民购买商品房，扩大了对商品住房的需求。

6. 消费者对未来的预期

这是一种消费心理对不动产需求的影响，带有主观的色彩，但在一定程度上也反映了对不动产价格和需求的科学预测。其中，主要是对未来经济发展形势的预测，若预测乐观，对不动产需求就会增加，反之，需求减少。

同时，也取决于对未来房价变化的预测，一般消费者都存在“买涨不买跌”的心理，当房价上升时，若消费者预期房价还会上涨，即使目前价格偏高，但今后存在上升空间，未来收益会促使消费者需求提前释放，形成现实需求增长。这种情况在投资性需求方面表现得尤为明显，因为投资性购房者的目的是投资获利，预期房价上涨吸引其投资买房。而当房价下跌时，若消费者预期还会下跌，则他们往往会持币待购，迟迟不肯入市，导致延期消费。

此外，还有一种消费心理即“负债消费”观念也会影响不动产需求。例如长期来的“即期消费”观念，不接受住房消费信贷，会因购房支付能力的不足而影响住房需求；而当树立起“负债消费”的现代消费观念，在未来收入预期的基础上，敢于“用明天的钱圆今天的住房梦”，就会借助住房抵押贷款进入房市，从而扩大了住宅市场需求。

二、不动产市场供给分析

（一）不动产供给相关概念

从微观经济角度来看，不动产供给是指生产者在某一特定时期内，在每一价格水平上愿意而且能够租售的不动产商品量。在生产者的供给中既包括了新生产的不动产商品（俗称增量房），也包括过去生产的存货（俗称存量房）。

从宏观经济角度来看，不动产供给是指不动产总供给，即在某一时期内全社会或某一地区内不动产供给的总量，包括实物总量和价值总量。

与不动产需求类似，不动产供给要具备两个条件：一是出售或出租的愿望，这主要取决于价格为主的交易条件；二是供给能力，这主要取决于不动产开发商的经济实力和经营管理水平，两者缺一不可，但在市场经济条件下，以价格为主的交易条件是主要的。

（二）不动产供给的特点

不动产商品是一种特殊商品，所以不动产供给具有其自身的一些显著特点。

1. 城市土地供应的刚性和一级市场的垄断性

城市土地是指作为城市不动产基础的土地，它的供给分自然供给和经济供给两类，自然供给是指自然界提供的天然可利用的土地，它是有限的，因此是刚性的。经济供给是指在自然供给基础上的多种土地用途的互相转换。土地的经济供给，由于受自然供给刚性的制约，其弹性不大。因此，从总体上说，城市土地的供给是有限的。中国城市土地属于国家所有，国家是城市土地所有权市场的唯一供给主体，因此城市土地一级市场是一种垄断性市场。

不动产供给的供应方式和供应结构限制了土地供应量。国家通过调节土地供应量来控制不动产供给总量。因此控制土地供应也成了政府实施宏观调控的重要手段。

2. 不动产供给的层次性

不动产供给一般分为三个层次，现实供给层次、储备供给层次和潜在供给层次，这三个供给层次是动态变化的。

现实供给层次是指不动产产品已经进入流通领域，可以随时出售和出租的不动产。通常也称其为不动产上市量，其主要部分是现房，也包括已经具备预售条件的期房。不动产的现实供给是不动产供给的主导供给层次和基本层级，它是不动产供给方行为状态，并不等于不动产商品价值的实现。不动产商品价值的实现取决于供给和需求的统一。

储备供给层次是指不动产生产者出于一定的考虑将一部分可以进入市场的不动产商品暂时储备起来不上市。这是生产者的主动商业行为，与人们说的空置房是有区别的，空置房主要是指生产者想出售而一时出售不了的不动产商品。

潜在供给层次是指已经开工和正在建造，以及竣工但未交付使用等尚未上市的不动产产品，还包括一部分过去属于非商品不动产，但在未来可能改变其属性而进入不动产市场的不动产产品。

3. 不动产供给的滞后性

不动产商品的生产周期长，一般要二三年，甚至数年。较长的生产周期决定了不动产供给的滞后性，这种滞后性又导致了不动产供给的投资的风险性。即使不动产开发计划在目前是可行的，但在数年后房屋建成投入市场时，也可能因市场发生变化，而造成积压和滞销。

4. 不动产供给的时期性

不动产供给的时期一般可分为特短期、短期和长期三种。

所谓特短期又称市场期，是指市场上不动产生产资源固定不变，从而不动产供给量固定不变的一段时期。所谓短期是指在此期间，土地等不动产生产的固定要素不变，但可变要素是可以变动的时期。因此所谓短期是指生产要素改变而对不动产供给产生较小幅度变化的一段时间。所谓长期是指在此期间，不但不动产行业内所有的生产要素可以变动，而且可以与社会其他行业的资本互相流动，从而是对不动产供给产生较大幅度影响的一段时期。在长期内，房屋供应量变动较大。

(三)不动产供给的类型

不动产供给既包括新生产的不动产商品(俗称增量房)，也包括过去生产的存货(俗称存量房)：①增量房，一般是指不动产开发商投资新建造的商品房；②存量房，相对于增量房而言，存量房是指已被购买或自建并取得所有权证书的不动产。

(四)影响不动产供给的主要因素

影响和决定不动产供给的因素是多方面的，主要有以下因素。

1. 不动产市场价格

不动产市场价格是影响不动产供给的首要因素，因为在成本既定的情况下，市场价格的高低将决定不动产开发企业有否盈利和盈利多少。一般而言，当价格低于某一特定水平，则不会有不动产供给，高于这一水平，才会产生不动产供给，而且不动产供应量随着价格的上升而增加，随价格的降低而减少。

2. 土地价格和城市土地的数量

土地价格是不动产成本的重要组成部分，中国城市中目前土地费用约占商品房总成本的30%左右。土地价格的提高，将提高不动产的开发成本，对此不动产开发商一般会采用两种可选对策：一是增加容积率，使单位建筑面积所含的地价比重下降，消化地价成本的上升，从而有利于增加不动产供应。二是缩小生产规模和放慢开发进度，从而会引起不动产供给的减少。

城市不动产的供给能力，在很大程度上取决于能够供给城市使用的土地数量。一般来说，一个国家经济发展水平越高，特别是农业生产力越高，则可提供给城市使用的土地就越多。换言之，城市土地的供给水平必须与经济发展，特别是农业发展水平相适应。

3. 资金供应量和利率

由于不动产的价值量大，开发建设需投入大量资金，除自有资本金投入外、还需银行等金融机构开发贷款的支持，据统计不动产开发资金中直接和间接来自银行贷款的约占60%，依存度很高。因此，国家的货币政策对不动产供给的影响极大。若货币供应量紧缩，对企业的开发贷款减少，建设资金紧缺，必然导致不动产供给量下降；反之，当货币供应量扩张，对企业的开发贷款增加，建设资金充裕，则不动产供给量上升。同时，不动产开发贷款利率的高低也会对不动产供给带来重大影响，若银行的贷款利率提高，会增加利息成本，在销售价格不变的情况下势必减少利润，影响其开发积极性，导致供给量减少，反之，供应量提高。所以，银行的信贷政策是调节不动产供给的重要因素。

4. 税收政策

税收是构成不动产开发成本的重要因素，我国目前各种税费约占不动产价格的 10%～15%。如果实行优惠税收政策，减免税收和税收递延，就会降低不动产开发成本，使同量资金的不动产实物量的供给增加，会提高开发商盈利水平，从而吸引更多的社会资本从事不动产开发，最终会增加不动产的供给量。反之，若增加税费，则会直接增加不动产开发成本，使同量资金的不动产实物量的供给减少，会降低开发商盈利水平，使开发商缩小其投资规模，甚至将资本转移到其他行业中去，从而会导致不动产的供给量的减少。

5. 建筑材料供应能力和建筑能力

建筑材料如钢材、木材、水泥、平板玻璃以及建筑陶瓷等，其供应能力是制约不动产开发规模和水平的物质基础。建筑能力包括建筑技术水平、装备水平、管理水平以及建筑队伍的规模等因素，是决定不动产供应水平的直接因素。

6. 不动产开发商对未来的预期

这种预期包括对国民经济发展形势、通货膨胀率、不动产价格、不动产需求的预期，以及对国家不动产信贷政策、税收政策和产业政策的预期等，其核心问题是不动产开发商对盈利水平即投资回报率的预期。若预期的投资回报率高，开发商一般会增加不动产投资，从而增加不动产供给；若预期的投资回报率低，开发商一般会缩小不动产投资规模或放慢开发速度，从而会减少不动产供给。

第四节 不动产市场区位分析

一、区位理论概述

区位是人类活动实体占有的场所，既指事物所处的具体位置，更指该事物与其他事物之间的一种空间联系。区位不仅从点、线、面等角度界定了物体的空间位置，而且从空间联系角度提示了人们社会经济活动中位置选择以及空间分布的规律。

人类在地理空间上的每一个行为都可以视为是一次区位选择活动。例如：农业生产中农作物种的选择与农业用地的选择，工厂的区位选择，公路、铁路、航道等路线的选线与规划，城市功能区(商业区、工业区、生活区、文化区等)的设置与划分，城市绿化位置的规划以及绿化树种的选择，不动产开发的位置选择，国家各项设施的选址等。

综上所述，不动产区位是指一宗不动产与其他不动产或者事物在空间方位和距离上的关系，包括位置、交通条件、外部配套设施、周围环境和景观等。

二、区位的特点

区位是人类活动所选择的或占据的空间位置，反映了与环境及其他主体之间的相对关系。概括起来，区位的特点如下。

1）空间性。空间是事物存在的基本形式之一，因为区位的基本内涵就是实物占有的空间位置，所以区位的本质就是其空间性。

2）唯一性。就空间利用而言，因土地的不可移动性而导致的区位之间的差异是空间差异的最突出表现。两宗土地即使其他环境特征完全相同，也会因区位的不同而不同。同一区位因承载的人类活动的差异而产生不同的区位效益，因而其区位的优劣质是相对意义上的，不存在的绝对好的区位或绝对差的区位。

3）动态性。区位虽是固定不变的，但由于其他各种因素总是处于不断变化的过程之中，因而区位具有动态性特征。区位可以通过人们有意识的干预行为而改变，人们可以根据自身需要，在不违背自然规律的前提下改善区位质量，提高区位效益。

4）相依性。各空间之间彼此依存，各空间之间也存在高度相依性，每一空间的区位条件都受到周边环境的影响，反过来也对周边环境产生影响，这种相互影响形成外部经济或外部不经济。

5）稀缺性。相对于大量不同类型的人类活动而言，适宜的区位一方面由自然条件决定，另一方面由长期人类活动所形成，其供给往往小于相应的需求，因而区位具有稀缺性。

6）综合性。区位是一个综合的概念，既是以自然地理区域为依托的地理学概念，也是经济学概念。经济学意义上，区位是以人的选择活动、相互的经济联以及人与客观环境的相互作用为内容。

7）等级性。对某一类经济活动来说，譬如农业开发、不动产开发等，区位因为自身土地质量、相互方位关系以及地点的不同而表现出的差异性即体现为区位的等级性。尤其是不动产价格与区位之间的密切联系就反映出这一点。

三、区位状况分析

（一）位置状况分析

对不动产位置状况的分析主要包括以下几个方面：

1）坐落：不动产的具体地点，例如：不动产位于××市××区××路××号，还可附上位置示意图。

2）方位：不动产在某个较大区域（如所在城市）中的方向和位置以及在某个较小区域（如所在住宅小区、十字路口）中的方向和位置。分析一宗不动产的方位，首先应该先看该不动产在某个大区域中的位置，例如，由于风向、水流等原因，该不动产是位于城市的上风、上游地区或是下风、下游地区；

3）距离：不动产与重要场所的远近。例如，不动产离市中心××公里，离火车站××公里，离机场××公里。距离可进一步分为空间直线距离、交通路线距离、交通时间距离、经济距离来认识。

4）朝向：不动产建筑物的正门或房间的窗户等正对着的方向，例如，不动产上建筑物坐北朝南；坐东朝西。朝向对住宅类型不动产价值的影响最为显著。

5）楼层：某不动产为某幢房屋中的某层、某套时，说明其所在的楼层，例如，某宗不动产位于××大厦地上××层；××商场地上（地下）××层。对于某一层商业类型不动产而言，楼层是极其重要的位置因素，例如，商业用房的地下一层、地上一层、二层、三层等之间的价格或租金水平差异很大，一般地说，地上一层的价格或租金最高，其他层的价格或租金较低，一般不到地上一层价格或租金的60%。

(二)交通状况分析

对不动产的交通状况的分析主要包括以下几个方面：

1)道路状况：不动产附近有几条道路，到达这些道路的距离，各条道路的路况(如道路等级、路面状况、交通流量大小)，有无过路费、过桥费及收费标准。

2)出入可利用的交通工具：不动产附近经过的公共汽车、电车、地铁、轻轨、轮渡等公交线路的数量，到达公交站点(如公共汽车站、地铁站等)的距离，公交班次的疏密等。

3)交通管制情况：不动产受步行街、单行道的影响以及限制某些车辆通行、限制通行时间和限制行车速度等条例的影响。

4)停车方便程度和收费标准：不动产有无停车场、车位数量、到停车场的距离等。

(三)外部配套设施状况分析

对外部配套设施的分析，包括外部基础设施和外部公共服务设施两大方面：

1)外部基础设施：不动产所具备的道路、供水、排水(雨水、污水)、供电、供气、供热、通信、有线电视等设施的完备程度。

2)外部公共服务设施：不动产周围一定距离内教育(如幼儿园、中小学)、医疗卫生(如医院)、文化、体育、商业服务、金融邮电、社区服务、市政公用和行政管理等设施的完备程度。

一般来说，外部配套设施完备程度对住宅类型不动产的影响尤为明显，例如，周边有教育质量高的中小学的住宅，即所谓的学区房，其价格就高，反之，其价格就低，这是中国所特有的。

(四)周围环境和景观描述

对周围环境和景观的分析，通常用文字并附照片说明下列方面：

1)自然环境：自然因素包括地块的面积、形状、四至范围，水文地质特征，气候资源情况，环境是否优美、整洁，有无空气污染、噪声、水污染、辐射、固体废物等。对于住宅类型不动产，特别需要分析周边有无高压输电线路、无线电发射塔、垃圾站、公共厕所等。

2)人文环境：不动产所在地区的声誉、居民特征(如职业、素质)、治安状况(如犯罪率)、相邻房地产的利用状况(如用途)等。

3)景观：例如，有无水景(如海景、江景、河景、湖景等)、山景。

此外，不动产所在区域的绿地率、容积率、建筑密度、建筑间距等也反映了其环境和景观状况。

需要注意的是，不同使用性质的不动产，影响其价值的区位因素是不尽相同的，同一个区位因素对不同性质不动产的影响程度也是不尽相同的。例如，商业类型不动产主要受繁华程度、人流量和交通条件等区位因素影响；居住类型不动产则讲求周围环境宁静、安全、舒适和景观优美、配套设施齐全等；工业类型不动产强调对外交通运输和基础设施条件等；农业类型不动产重视土壤、距离水源远近等。因此，应针对不同类型不动产的使用性质，具体分析各种区位条件对不动产价值的影响。

第五节　不同类型不动产市场分析

从宏观上看，不管何种类型不动产都要受到宏观因素的影响，因此，对不动产市场进行分析首先就要对影响整个不动产市场的宏观因素进行分析；其次，不动产供给与需求分析是介于宏观和微观的分析；最后，从不动产开发的角度来看，不动产市场分析最终要落实到对某一具体的不动产类型和开发项目所处的区位及项目相关状况进行分析。应该注意的是，由于不同类型和规模的不动产开发项目所面对的市场范围存在差异，导致了市场分析的方式和内容也存在很大的差别，特别是区位及项目相关状况等方面。

一、宏观因素分析

如前面第三节介绍，影响不动产市场的宏观因素主要包括经济因素、政治因素、人口因素、政策法规和利税因素。各种类型不动产都需要进行宏观因素分析。

二、供给与需求分析

(一)供给分析

各种类型不动产在市场供给方面都需要进行不动产市场走势、城市规划、当前开发建设的不动产状况等方面的分析。

1)调查不动产当前的存量、过去的走势和未来可能的供给。具体内容包括：相关不动产类型的存量、在建数量、计划开工数量、已获规划许可数量、改变用途数量和拆除量等；短期新增供给数量的估计。

2)分析当前城市规划及其可能的变化和土地利用、交通、基本建设投资等计划。

3)分析规划和建设中的主要不动产开发项目。规划中的项目需分析其投资者、所在区县名称、位置、占地面积、容积率、建筑面积和项目当前状态等；正在开发建设中的不动产项目需分析其项目名称、位置、预计完工日期、建筑面积、售价和开发商名称等。

4)分析不动产市场的商业周期和建造周期循环运动情况，分析未来相关市场区域内供求之间的数量差异。

(二)需求分析

影响不动产需求的因素随不动产类型的不同而不同。

1)住宅不动产主要需分析新住户的生成、收入水平、贷款的可获得性、替代品的价格、拥有成本和对未来的预期等因素的影响。

2)商业不动产主要分析人口或就业增长、家庭和家庭规模、平均家庭收入和可支配收入、贸易区域可支配收入等因素的影响。

3)写字楼不动产主要分析使用写字楼的行业，如金融、保险、房地产、代理咨询和服务业、高新技术和销售业等的发展状况和就业人口等因素的影响。

4)工业不动产主要分析国家和区域经济增长状况及在制造业、批发、商业、运输、交通和公共设施行业的就业人口等因素的影响。

三、区位分析

(一)住宅项目区位分析

住宅是保障人们生存的必需品，它为人们提供一个工作劳动之余的安静舒适并且相对私密的空间。从不动产投资的角度来看，居住用地的投资目标与其他用地类型无异，即追求利润最大化。但住宅项目必须最大限度地满足购买者的需求，才能获取最大利润。

对住宅类型不动产的区位需进行如下几个方面的分析：①基础设施完备程度分析，基础设施不仅包括居民的生活提供用水、电、煤气、电信、宽带网络等的市政公用设施，而且包括托儿所、幼儿园、中小学、医院、邮局、商业零售网点、康体及文化娱乐设施等公建配套基础设施。②公共交通便捷程度分析，从经济角度来评价居住用地区位的好坏，主要是从出行时间和出行支出这两方面考虑。住宅是人们长期稳定的居留地，出行成本便成为人们普遍会加以考虑的居住选择因素。例如，年轻人主要选择接近工作场所的地点，而老年人则可能选择接近游乐场所的地点。③环境分析，随着城市居民生活水平的提高，越来越多的人开始追求高环境品质的住宅。环境包括自然环境和人文环境。自然环境包括绿化、视觉效果、空气、水土这几个方面。人文环境主要包括附近人口文化层次构成、职业构成等。④人口分析，人口因素与住宅项目的市场前景有很大关系。人口因素主要包括人口数量、人口素质、家庭规模和结构、家庭收入水平、人口流动性、当前居住状况等方面的影响。住宅项目投资如果选择在人口素质高、支付能力强的地区进行，就意味着成功可能性的提高。

(二)商业项目区位分析

商业经营活动的目的是为了追求最大的利润，而商业利润是通过销售产品取得的，因此，产品销量是决定商业经营活动利润的关键。

商业项目的区位选择应该以最大限度地增加产品销售量、提高销售额为目标，重点考虑的因素有以下几个方面：①交通便捷性，商业地产生存的动力核心是人气的聚集，因此商业地产应当分布于交通便捷、易达性好的位置，为商家及消费者的进出提供方便，以最大限度地吸引商家及消费者。交通的便利性主要体现在道路交通工具的发达情况。第一，交通网络的发达程度，商品运输是否方便，商品运输经济成本和时间成本的高低。第二，是否有密集、发达的交通路线，道路设施建设是否完善，交通路线的停靠点是否都均匀便利和全面覆盖整个区域，是否有轨道交通经过以及距离轨道交通站点的远近，这些都紧密地关系着消费者购物的便利程度。第三，消费者进出商业设施的便利性，门外的台阶尽可能少，外面台阶要防滑，要有手推车通道、无障碍通道等，还要有足够的停车位以方便开车来购物的消费者。②标识性，标识性是商业地产被往来行人或者乘车者所能看到的程度。一般情况下，场所的标识性越高，越容易引起客流的重视，消费者前来的可能性越大，因此能够更多地吸引即兴消费。商业地产具有较高的标志性，可以让消费者便利地找到商业地产的消费者便利地找到商业地产所在地。③适应性，适应性表现在获得土地是要考虑土地面积、周围环境、基础设置条件等，建筑时要考虑建筑的构造、材料、立面造型及可塑性与不动产定位的类型需要是否符合等。商业地产的建设要与周围的建筑环境相融合，不同的环境要求不同的建筑风格。同时要符合有关城市建设发展规划要求，该地点的交通、市政、绿化、公共设施、住宅建设或改造项目的近远期规划等。④购买力，商业地产的成功运营必然要求有稳定的目标消费群体，不同的项目在不同的区域，或者同一项目在不同的区域，都会影响预期的消费者数量。商业地产的投资规模也必须与区域购买力能力相适应。因此，商业地产选址时必须把购买力作为选址原则之一。这就要求投资者要仔细研究商圈内维持商业设施存在的最低服务人口数量及一定的消费能力，调查不同区域内人口的数量、密度、年龄分布、文化水平、人均可支配收入等多项指标，尽量选址于购买力强的区域。

(三)写字楼项目区位分析

写字楼是专业商业办公用楼的别称，指公司或企事业单位从事各种业务经营活动的建筑物及其附属设施和相关的场地。目前，写字楼市场依照写字楼所处的位置、自然或无理状况及收益能力，通常分为甲、乙、丙三个等级。

写字楼项目区位选择所包含的特殊因素主要由以下几个方面：①办公集聚度，办公集聚度直接影响着商务活动的生产要素、资讯的集聚和便捷度、资源的优化配置，而城市的中央商务区是办公集聚度最高的区域，选择写字楼项目区位时，应尽量选择在中央商务区范围内。②配套服务完善度，随着越来越细致的社会分工，企业正逐步走向专业化、多元化的道路，中小型企业成为进驻写字楼的主流。企业日常运营需要外来的多方面的配套服务设施，如酒店、参观、茶馆、邮政快递、订票及文印服务等，这些成熟的商业配套服务是进驻企业衡量写字楼适宜程度的关键。③交通便利性，写字楼集中了大量的流动人员，其中包括工作人员和进行各种商务活动的往来客户等。交通条件对写字楼中工作人员和客户的办公效率有直接影响。道路系统的完善程度，尤其有快捷有效的道路，是写字楼租用者重点考虑的问题。④前瞻性，写字楼是一项风险较大的长期投资，它的选址关系着不动产后期的经营发展。选址时，要预期未来环境的变化，评估所在地的竞争态势及发展前景，选择具有一定的发展潜力的区域，考虑集聚效应的作用，选择能够成为城市人流、物流和商务活动的焦点区域。

(四)工业项目区位分析

工业项目区位的分析所考虑的因素与住宅、商业、写字楼项目有很大的不同。工业项目区位的选择须考虑的特殊因素包括：原材料资源数量的多少，连接原材料供应基地和产品销售市场的交通运输成本的高低，技术人才和劳动力供给的可能性，水、电等资源供给的充足程度，环境污染的防治政策等。

不同的工艺项目在进行区位选择时所考虑的因素是不同的。例如，农产品加工工业，特别是新鲜农产品加工企业(如水果、蔬菜深加工产业)在做区位分析时，一般将原材料产地作为首选地区，考虑主要原材料数量的多少，例如中粮集团将番茄酱生产基地设在新疆就是基于原材料多少的考虑。再如高新技术产业，其更多的是考虑科学技术、高级人才供给的可能性，大量高新技术产业集聚在大城市就是基于此类考虑。

四、其他相关因素分析

1. 住宅项目相关因素分析

住宅市场分析还将包括通过与房地产经纪机构、物业管理人员，特别是住户的沟通，从而了解开发项目周围地区住宅的供求状况、价格水平、人们对现有住宅满意的程度和对未来住房的希望，最后确定所开发项目的平面布置、装修标准和室内设备的配置。

2. 商业项目相关因素分析

要充分考虑项目所处地区的流动人口和常住人口的数量、购买力水平以及该地区对零售业的特殊需求，还要考虑购物中心的服务半径及附近其他购物中心、中小型商铺的分布情况。最后才能确定项目的规模、档次以及日后的经营构想。

3. 写字楼项目相关因素分析

要研究项目所处地段的交通通达程度，拟建地点的周边环境及与周围商业设施的关系。还要考虑内外设计的平面布局、特色与格调、装修标准、大厦内提供公共服务的内容、满足未来潜在使用者的特殊需求和偏好等。

4. 工业项目相关因素分析

要考察开发所必须具备的条件，诸如劳动力、交通运输、原材料和专业人员的来源问题。同时还要考虑未来人住者的意见，如办公、生产和仓储用房的比例，大型运输车辆通道和生产工艺的特殊要求，以及对隔音、抗震、通风、防火、起重设备安装等的特殊要求。

案例分析 3-1：2013 年中山市、东莞市工业用地租价比特色研究调研

工业转型就是要通过转变工业发展方式，加快实现由传统工业化向新型工业化道路转变；升级就是要通过全面优化技术结构、组织结构、布局结构和行业结构，促进工业结构整体优化提升。而珠三角的中山市、东莞市在正处于工业转型升级的过程，因此，强化规划监测评估，对工业用地的出让价格建立动态监测评估机制存在一定的必要性，工业用地的管理是首要环节，而工业用地的管理首先涉及其流通制度、价格、租金等的探讨，当前，我国工业用地以挂牌出让为主，因此，从工业用地租价比的角度为切入点来探讨中山市、东莞市的工业用地的使用现状、投资效益具有一定的合理性。

调查的主要步骤如下：

1. 确定调查目标

调查的开展围绕工业用地租价比而进行，关键在于收集调查区域的工业用地租金、工业用地的交易价格。

2. 制订调查计划

1) 资料来源：以实地调研收集一手资料为主；以二手资料的收集为辅，资料来源具体见表 3-2。

2) 调查方法：①观察法，直接到现场进行观察；②询问法，以询问的方式作为收集资料的手段，实地询问或电话咨询。

3. 收集数据

调研以乡镇为单位，选取两市中工业物业发达且具有特色的乡镇开展调研。其中，中山市选取“五金之都”小榄镇、“服装之都”沙溪镇、“灯饰之都”古镇、“电器之乡”

三角镇和东凤镇、“食品强镇”黄圃镇、“高新产业”火炬开发区、南朗镇、东升镇及中山城区(石岐、东区、南区、西区)等13个镇区，调查走访400多宗工业物业，获取150多个样点数据；而东莞市则选取东莞城区(东城、城区、万江区、南城区)、“服装名城”虎门镇、“毛织名镇”大朗镇、常平镇、寮步镇、塘厦镇、谢岗镇、沙田镇、麻涌镇、道滘镇、牛墩镇等14个镇区，调查走访200多宗工业物业，获取70多个样点数据。数据收集内容具体见表3-3。

4. 数据分析

对收集到的数据进行整理，从收集的数据中提炼出与调查目标相关的信息。

5. 报告调查

编写一份书面报告，阐述调查的具体过程、数据分析结果及调查过程中存在的问题总结。

表3-2　数据来源途径表

调查项目	数据主要来源
工业物业租金	实地调研、电话咨询 中工招商网 http://www.zhaoshang800.com/、58同城网站、赶集网等
工业用地售价	中山市、东莞市某房地产评估公司数据库的委估案例

表3-3　工业物业租金、售价情况调查表

序号	公司名称	地址	现状建筑物	土地面积(平方米)	现状容积率	厂房租金(月/元)	出售价格	厂房类型	建筑物成新度	剩余土地使用年限	其他
1											
2											
3											
……											

思考题

1. 不动产市场调查包括哪些内容?
2. 不动产市场调查的步骤包括哪些?
3. 什么是不动产需求，其特点是什么?
4. 影响不动产供给的因素有哪些?
5. 如何对不同类型不动产市场进行分析?

第四章　不动产产权产籍管理

【章节介绍】在本章，我们主要学习与不动产产权产籍管理相关的知识。第一节主要概述了不动产产权产籍管理的基本概念。第二节、第三节则分别介绍了土地产权和房屋产权的产籍管理问题，包括土地中的权利和权益、土地产权制度、我国的土地征收与转让制度、房屋产权制度以及登记调查等内容。第四节则主要介绍我国的不动产统一登记问题。

第一节　不动产产权产籍管理概述

一、产权、产籍的概念

产权(property rights)，也叫财产权，被简称为财产，是指“有金钱价值的权利所构成的集合体”。

产权是人们享有其他权利的基础，也是社会的基础。人的延续与发展，必须依赖于主观意志以外的客观世界的物质，来实现人的内在环境与人以外的外在环境的循环互动。为此，人类必须去拥有和把握客观世界中的物质能够以一种稳定的形态为意识主体所理解和掌握，这就是财产权制度的滥觞。近代以来，在法律上建立一个产权体系，成为一个国家法制化必须完成的使命，产权在某些国家受到宪法保护。在2004年3月全国人大通过的宪法修正案第13条规定：“公民的合法的私有财产不受侵犯。国家依照法律规定保护公民的私有财产权和继承权。”

产权是经济所有制关系的法律表现形式。它包括财产的所有权、占有权、支配权、使用权、收益权和处置权。首先，产权是指财产所有权，即所有权人依法对自己的财产享有占有、使用、收益和处分的权力。其次，产权还指与财产所有权有关的财产权。这种财产权是在所有权部分权能与所有人发生分离的基础上产生的，是指非所有人在所有人财产上享有、占有、使用以及在一定程度上依法享有收益或处分的权利。也就是说，所有权是产权的核心。

在日本则认为产权包括物权、债权、会员权以及无形财产权(知识产权)等。日本宪法上将产权视为一种经济自由权加以保障，同时保障个人现有的产权和私有产权制度。并规定除了涉及公共福利之外，私有产权不可侵犯。

具有权威性的《牛津法律大辞典》对产权持有“所有权”说。该辞典解释说，产权“亦称财产所有权，是指存在于任何客体之中或之上的完全权利，它包括占有权、使用权、出借权、转让权、用尽权、消费权和其他与财产相关的权利”。把产权等同于所有权，进而把所有权解释为包括广泛的、因财产而发生的、人们之间社会关系的权利约束。

在理论上阐述更为详尽的是配杰维奇(S.Pejovich)等。配杰维奇指出：“产权是因存在着稀缺物品和其特定用途而引起的人们之间的关系”。“产权详细表明了在人与其他人之间的相互关系中，所有的人所必须遵守的与物相对应的行为准则，或承担不遵守这种准则的处罚成本。”这种准则即为所有权。

配杰维奇认为，所有权包括四方的权利：①使用属于自身资产的权利和在一定条件下使用他人的资产权利，统称使用权；②从资产中获得收益的权利，统称收益权；③变化资产的形式和本质的权利，即处置权；④全部让渡或部分让渡资产的权利，即交易权。配杰维奇认为，作为上述四种权利的统一的所有权，实际上也就是罗马法中所说的产权，只不过罗马法中把“所有权”特别定义为使用权。

德姆塞茨(H.Demsetz)则是从产权功能和作用出发定义产权的，他说：“所谓产权，意即指使自己或他人受益或受损的权利”。“产权是社会的工具，其意义来自于这样一个事实：在一个人与他人做交易时，产权有助于其本人形成那些他可以合理持有的预期。”德姆塞茨的这一定义：一是通过产权的行为性来强调产权的功能特点，即强调产权是被允许通过采取什么行为获取利益的权力；二是强调产权的社会关系性质，认为产权是“社会的工具”。

诺思也从德姆塞茨基本一致的角度给产权下了定义：“产权本质上是一种排他性权利”。既强调了产权是人与人之间的关系——产权主体排斥他人的关系，又强调了产权的功能化行为——排他性行为。

英国学者巴扎尔从法律角度理解产权，认为它是“人们对不同财产的各种产权包括财产的使用权、收益权和转让权”。这种观点较有影响的代表为阿尔钦(A. Alchian)。他明确指出：产权是授予特别个人某种权威的办法，利用这种权威，可以从不被禁止的使用方式中，选择任意一种对特定物品的使用方式。

显然，这里不仅是把产权作为一种权利，而是更强调产权作为一种制度规则，是形成并确认人们对资产权利的方式。阿尔钦特别考察了这种产权产生的两条基本途径，即一方面产权是在国家强制实施下，保障人们对资产拥有权威的制度形式；另一方面，产权是通过市场竞争形成的人们对资产能够拥有权威的社会强制机制。由此来定义产权，可以将产权理解为由政府强制和市场强制所形成的两方面相互统一的权利。

产权不是指人对物的关系而是人与人之间的关系。菲鲁博腾(E.Furuboton)认为：“产权不是人与物之间的关系，而是指由于物的存在和使用而引起人们之间一些被认可的行为性关系。产权分配格局具体规定了人们那些与物相关的行为规范，每个人在与他人的相互交往中都必须遵守这些规范，或者必须承担不遵守这些规范的成本。这样，社会中通行的产权制度便可以被描述为界定个人在稀缺资源利用方面的地位和一组经济和社会关系”。这种关于产权的定义有两个特点：一是把人与人的关系视为产权的本质所在；二是把产权视为一种经济性质的权利，视为人们在使用资产过程中发生的经济、社会性质的关系。

从上述的观点来看，我们得到了两种不同的看法，即产权的核心到底是所有权还是使用权。从目前各国实际操作来看，还是侧重于产权的所有权。相对于动产，不动产对人们生活影响重大，且具有耐久性、稀缺性、不可隐匿性和不可移动性等特点，故许多国家法律对其均有特殊规定。针对不动产产权的归属进行调查，并记录而形成的图册，即是不动产的产权产籍。

二、不动产产权与产籍

(一)不动产所有权

不动产所有权是动产所有权的对称。以不动产为标的物的所有权。不动产所有权的特点在于其移转必须采取特定的方式。

所有权(ownership)，又称“完全物权”，是指民法上，权利人对标的物可以直接全面排他性支配特定的物的物权。全面支配意味着支配范围的全面性和支配时间的无限性。符合这一特征的物权，只有所有权一种。

法律意义上的所有权，是在一定的历史阶段以所有(支配)为基础的技术概念。也就是说，在商品交换占主导地位的近代社会，在互相交换商品的主体之间，必须互相承认对方对于商品这种财富的固有的支配(私有)。这种社会需要的法律形态，就是所有权。因此，普通意义上的所有权是以排他的，包容性的支配为内容的一种权利。不同的民事实体法对于所有权的具体内容的规定也有着一定的差异。所有权也受到法律的一定限制。滥用权力原则和诚实信用原则也就是对所有权绝对原则的限制。例如土地征用法、城市规划法、航空法、大气污染防止法、矿业法等等。

相对于动产，不动产的产权类型大致可以分为两类，一是土地的所有权，二是土地上建筑物的所有权。不动产类型中最核心的就是土地。而以土地为基础再进行扩展，方有其他的类型的不动产。

1. 土地所有权

土地所有权是指土地所有者依法对自己的土地所享有的占有、使用、收益和处分的权利。土地所有者这种占有、使用、收益和处分权利，是土地所有制在法律上的体现。在我国，土地所有权的权利主体只能是国家和农民集体,其他任何组织和公民个人都不享有土地所有权，即在我国不存在土地所有权的私有形式。

国家土地所有权是指国家对国有土地占有、使用、收益和处分的权利。国家土地所有权的四项权能的实现是通过法律规定的形式将其中占有、使用、收益的权利让渡给使用者，从而与土地的所有权分离，国家仅保留最终的处分权。在一般情况下，由于国家本身不使用土地，因此，除了未利用的土地以外，占有和使用国有土地的权利一般由具体的单位和个人取得。国有土地的收益权能一部分由土地使用者享有，一部分由国家通过收取土地使用税(费)和土地使用权有偿出让的形式来实现。国有土地的处分权主要由国家来行使。由于我国法律禁止土地买卖，国家土地所有权不能流转(与集体所有的土地交换除外)，因而国家对国有土地的处分权主要是对土地的使用权而言。

农民集体土地所有权是指农民集体依法对其所有的土地占有、使用、收益和处分的权利。集体土地所有权的主体是农村集体经济组织的农民集体。集体土地所有权是由各个独立的集体组织享有的对其所有的土地的独占性支配权利。根据我国《土地管理法》第8条的规定，属于集体所有的土地，是指除法律规定属于国家所有的农村和城市郊区的土地。集体所有的土地主要是耕地及宅基地、自留地、自留山，还包括法律规定集体所有的森林、山岭、草原、荒地、滩涂等土地。至于法律没有规定为集体所有的森林、山岭、草原、荒地、滩涂等土地，则属于国家所有。

农民集体土地所有权的各项权能可以结合，也可以独立。集体土地所有者有权依法使用自己拥有的土地，集占有、使用、收益和处分的权能于一身；集体土地所有者也可以依法把土地划拨给集体内部成员使用，还可以用土地使用权作为条件与全民所有制或城市集体所有制企业联营举办企业等，使土地的所有权与使用权分离。集体所有的土地在国家征用或其他农民集体依法使用时，集体土地的所有者有要求依法得到补偿的权利。从某种意义上来说，这就是土地所有权中处分权权能的实现。

我国土地所有权有以下六点法律特征：

1）土地所有权是一项专有权，其权利主体具体特定性。土地所有权的权利主体只能是国家或农民集体，其他任何单位或个人都不享有土地所有权。这是由我国实行土地的社会主义公有制决定的。

2）交易的限制性。《中华人民共和国土地管理法》第二条第三款规定："任何单位和个人不得侵占、买卖或者以其他形式非法转让土地"。显然，土地所有权的买卖、赠与、互易和以土地所有权作为投资，均属非法行为，在民法上应视作无效。

3）权属的稳定性。由于主体的特定性和交易的限制性，我国的土地所有权处于高度稳定的状态。除《中华人民共和国土地管理法》第二条第四款规定"国家为公共利益的需要，可以依法对集体的土地实行征用"以外，土地所有权的归属状态不能改变。

4）权能的分离性。土地所有权包括对土地的占有、使用、收益、处分的权利，是一种最全面、最充分的物权。在土地所有权高度稳定的情况下，为实现土地资源的有效利用，法律需要将土地使用权从土地所有权中分离出来，使之成为一种相对独立的物权形态并且能够交易。因此，现代物权法观念已由近代物权法的以"所有为中心"转化为以"利用为中心"。

5）土地所有权的排他性。即土地所有权的垄断性，就是说一块土地只能有一个所有者，不能同时有多个所有者。马克思指出："土地所有权的前提是，一些人垄断一定量的土地，把它作为排斥其他一切人的、只服从自己个人意志的领域"。

6）土地所有权的追及力。土地为他人非法占有时，无论转入何人或何单位控制，所有权人都可以向他主张权利。

我国土地所有权分为国家土地所有权和集体土地所有权，自然人不能成为土地所有权的主体。中华人民共和国是国家土地所有权的统一和唯一的主体，由其代表全体人民对国有土地享有独占性支配的权利。在我国《宪法》、《民法通则》、《土地管理法》等法律中，对国家土地所有权作了明确规定：城市市区的土地属于国家所有；农村和城郊的土地，除法律规定属于国家所有外，属于农民集体所有；宅基地、自留地、自留山属于农民集体所有。

2. 土地上建筑物的所有权

建筑物所有权不可能凭空孤立存在。自罗马法以来，法律奉行土地吸收地上物的原则，尚未收割的农作物、生长于土地上的树木、构建于土地上的建筑物都属于土地的成分，甚至于落在土地上的小鸟都要如此认定。这固然较好地保护了土地所有权人的利益，但同时也阻碍了人们投资于他人的土地且保有建筑物所有权的热情和行为，平衡地协调土地所有权人和投资于土地的非所有权人之间的利益,让土地所有权人仅仅取得非所有权人利用土地的对价，使非所有权人保有建造在他人土地上的建筑物的所有权，法律创设了地上权制度，只要非所有权人在他人的土地上取得地上权，建筑物便不被土地所吸收，而是与地上权相结合，成为地上权人的所有物。即土地的所有权和其上的建筑物所有权可以相分离。

我国对土地上建筑物的"地上权"，使用了"宅基地使用权"、"集体土地使用权"、"国有土地使用权"、"建设用地使用权"等概念。其中，宅基地使用权作为农户在集体所有的土地上建造住房并保有住房所有权的正当根据，集体土地使用权作为乡镇企业建造建筑物并保有所有权的正当根据，国有土地使用权作为在国有土地上建造建筑物并保有所有权的正当根据。我国《物权法》则放弃了国有土地使用权的称谓，改称建设用地使用权，其目的及功能没有变化。所以"建设用地使用权"、"宅基地使用权"等，这些专有名词中"使用权”所指的是权属，属物权范围；而其他在一般意义上对不动产所享有的“使用权”，其法律性质是债权，这其中大有区别，但却时常被混淆。

3. 建筑物区分所有权

随着我国经济和工商业的发展和繁荣，城市人口急剧增加，居住问题日趋突出，对建筑面积的增长需求和土地面积的有限性，都促使建筑物不断向高空立体化发展，产生了诸多居民集中居住于同一高层建筑物内而又分别拥有其单元住宅的情况，而出现一种复杂且特殊的不动产所有权现象。与之相关出现了“建筑物区分所有权”这一概念。这种所有权，既不是建筑物之全部的单独所有权，也不是按份共有或共同共有的建筑物之共同共有权，而是既非单独所有又非共有的区分所有制度。建筑物区分所有权是指业主对建筑物内的住宅、经营性用房等专有部分享有所有权，对专有部分以外的共有部分享有共有和共同管理的权利。根据我国社会的实际需要，《物权法》单独设了一节对“业主的建筑物区分所有权”中的基本问题作了专门规定。建筑物区分所有权属于全体业主共有，主张权利时个人无法主张。

案例分析 4-1：车库的“地上权”

北京市西城区的王先生名下登记有 15 间私有房产(其中三间出借用于经营车库)，此外还有 1 间自建房无房产证。1956 年“公私合营”后，王家腾出一半的车库(相当于变成 6 间小车库)供平安医院存车，并收取存车费，同时平安医院主动帮王家修缮车库。1965 年后，平安医院搬迁，不再存车。1966 年“文化大革命”开始，王家的房产证上缴房管局。期间这 16 间房屋被征用拆除。到了 20 世纪 80 年代北京市落实私房政策，王先生领取到 16 间房产的拆除补偿款。但王先生认为王家的 3 间车库未完全获得补偿。而房管局则根据登记档案以及房地产所有证上标注的“房客建地上权，平安医院建地上权”，认为 3 间车库的一半(即 3 间小车库)属平安医院，落实私房政策只是发还房屋产权，而不涉及土地产权。于是，平安医院对 3 间小车库的“地上权”是否合法成立以及 3 间小车库的所有权归谁成为双方争议的焦点。

依据法律行为取得“地上权”，大致有以下四种：与土地所有人签订契约设定，依据遗嘱取得，让与取得，房屋和土地的产权分离而依法强制取得。根据案情来看，在 1957 年之后，我国大陆地区无任何法律固定地上权，所以不可能发生依法取得的可能。而平安医院并非自然人，不存在继承的主体资格。同时，王先生也没有让与车库的产权。所以，平安医院是否取得地上权，唯一的可能是与王先生签订设立地上权的契约。

(二)不动产使用权

不动产使用权即使用不动产的权利，包括土地使用权和建筑物使用权。一般法律意义上的不动产使用权是债权。不动产使用权是指不动产的使用者(既包括所有权人，又包括非拥有所有权但依法取得不动产使用权的人)对不动产的占有、使用、收益的权利。因此不动产使用权是广义的使用权，它不仅包括土地使用权，还包括土地、土地上定着物的占有、使用和收益权。随着我国土地制度的改革，土地使用权已经成为我国土地权属的重要内容，并且农村土地流转政策的出台，意味着农村集体建设用地使用权可上市流转，但土地所有权性质不变。

根据土地所有权的不同，土地的使用权可以分为国有土地使用权和集体土地使用权；按照土地使用权取得的方式不同，土地使用权可以分为以划拨方式取得的土地使用权和以出让方式取得的土地使用权，前者往往是无偿取得，后者则为有偿取得，是改革开放以来市场化土地开发利用的一种新的用地方式。

以出让方式取得土地使用权的土地根据不同的用途可以进行开发和利用。

1）利用权。即对享有使用权的土地根据不同的用途可以进行开发和利用。

2）出租权。土地使用权人在土地的出让期限内可以将土地出租给他人，将土地连同地上定着物交付给承租人使用，而由承租人向出租人支付租金。

3）抵押权。土地使用权人对土地设定抵押，以担保债务的履行。

4）转让权。在土地出让的期限内，土地的使用权人可以将土地的使用权转让出去，由受让人支付一定的对价。自此，原土地使用权人丧失对土地的使用权。

与土地使用权相同，其他不动产的也同样具有占有、使用、收益的权利，进行开发和利用的经营管理。

（三）不动产他项权利

所有权的两个非常重要的特性便是直接支配和排他性处分。这是从所有和使用两个层面来讲的。直接支配反映出所有人对物的绝对权利。而排他处分反映出物在使用、流转的过程中人们所享有的绝对权利。近代以前人们对物是注重所有、占有的。而现在注重的却是流转，重视物在流转的过程中所产生的价值利益。在流转的过程中就衍生出不动产的他项权利。

所谓不动产他项权利是指由不动产的所有权衍生出来的对不动产的处分权利，大致可分为典权、租赁权、抵押权、继承权、地役权等权利。

1）典权是指不动产所有权拥有者将其不动产典当给他人以获得利益。不动产典当是指承典人用价款从不动产所有人手中取得使用房屋权利的行为。典权是设立在他人所有权之上的，以占有、使用、收益为目的的用益物权。承典人与出典人要订典契，约定回赎期限（即存续期）。到期由出典人还清典价，赎回不动产。典价无利息，房屋无租金。在我国现行法律制度下，国家已规定土地不能作为典权的标的，典权的标的仅限于私有房屋而不包括土地（公有土地不得出典）。

2）抵押权是指在不转移不动产所有权的前提下，将标的物的权利置于他人控制之下，作为担保的一种方式。抵押人仍享有标的物使用与收益的权利，但无权处置。抵押权人也不可以随意处置抵押物。当合同到期时，若抵押人未能达到合同约定，抵押权人可以将抵押物拍卖，并优先获得补偿。

3）租赁权是指不动产所有权人有将其不动产租赁给他人的权利。不动产租赁，是指不动产所有人作为出租人将其不动产出租给承租人使用，由承租人支付租金的行为。承租人取得不动产使用权后，除租赁合同另有规定外，未经出租人同意不得随便处置所承租的不动产。

4）继承权是指不动产作为遗产由继承人按照合法遗嘱或法定继承程序取得的权利。不动产继承同其他遗产继承一样，是指依照法定程序把被继承人遗留的不动产使用权转移归继承人所有的法律行为。不动产继承，是所有权及使用权继受取得方式的一种。主要分为两种形式：一种是法定继承，即死者生前没有交代或立下遗嘱，因此继承的顺序以法律规定的程序进行；另一种是遗嘱继承，即死者在生前留有明确的意愿和指示，指示把自己的遗产死后留给何人继承。不管哪一种继承都需要进行产权转移登记。同时，若分割不动产遗产在客观上可行，且不损害其效用，不影响生产、生活，可以分割。

5)地役权是指为了自己使用土地的需要而使用他人土地的权利。构成地役权应有两块地相邻，一为供役地，一为需役地。地役权可分为：通行地役权，用水、引水地役权，电线架设地役权，观望地役权，日照地役权等。地役权是为了自己的利益而使用他人的土地。因此地役权有以下三个特点：地役权不能离开需役地而独立存在，地役权随需役地所有权而产生或消灭；地役权可以有偿设立，也可以无偿设立；地役权因相邻关系中的需要及习惯形成，地役权不得与需役地分离而转让，或者作为其他权利(如租赁权、抵押权)的标的物。

由于我国实行土地公有制，不存在土地私有，因而不存在为自己的土地便利而使用他人土地的问题。相关的通行、排水等权利义务关系由《民法通则》作为相邻关系加以规定，因此未确立地役权。

(四)不动产产籍

不动产产籍包括房籍和地籍的有机组成。由于房产和地产的不可侵害性，房籍和地籍是统一地构成房地产产籍制度的整体。房籍以地籍为基础，由地籍发展而来，地籍包括土地产权的登记和土地分类面积记录等内容，是土地的自然状况、社会经济状况和法律状况的调查、记录和登记。

不动产产籍主要由图、档、卡、册组成。它是通过图形、文字记载、证据等，记录反映不动产产权状况(包括产权权属、交易次数、流转方式等)、使用状况等。随着我国不动产管理信息化建设和不动产登记制度的完善，不动产产籍的内涵、形式会更加丰富与规范。

三、不动产产权产籍管理

产权管理和产籍管理是不动产权属管理中紧密联系、互为依存、互相配合的两项工作。如果没有科学系统的产籍资料，产权管理就无法进行。产权、产籍管理互相依存、互相配合。

产权管理是对权属及其变化的管理，产籍管理是对产权产籍资料档案的管理，二者对象不同，工作程序、方法不同，但是它们之间有着密不可分的联系。一般来讲，产籍管理是产权管理的组成部分，产籍管理部门隶属于产权管理机构。产籍管理应与产权管理协调一致。搞好产权管理为产籍管理奠定了基础，而良好的产籍管理又可保障产权管理工作顺利开展。

产权管理是产籍管理的基础。权属管理中，首先开展的是产权申报登记，房地产测绘等各项产权管理工作，工作中所积累的大量资料即为产籍资料。因而产籍管理师需在产权管理的基础上进行的。产籍资料质量的好坏在很大程度上取决于产权登记工作的质量。没有产权登记等产权管理工作，就不可能有产籍管理工作。产籍管理为产权管理提供依据和手段。产籍资料记录了各种产权的来源和演变情况，具有档案性质。它来源于产权管理，又服务于产权管理。在审查、确认产权以及处理各种产权纠纷等工作时，必须查询、取证于相应的产籍资料，并以此为依据，按照国家的政策、法规作出处理。

第二节 土地产权产籍管理

一、土地中的权利与利益

土地权利的四项基本权能是占有、使用、收益和处分，从大体上可以区分为所有权、用益物权和担保物权三大项。土地权利是法律制度的核心内容。从实际的法律规定来看，我国的土地权利主要集中在用益物权和抵押权。用益物权主要包括：国有建设用地使用权、集体建设用地使用权、土地承包经营权和宅基地使用权。

(一)国有建设用地使用权

国有建设用地使用权是指公民、法人和其他经济组织进行非农业建设时依法使用国有土地的权利。国有建设用地使用权可以分层设立，即在该国有建设用地上，该项使用权可以在土地的地表、地上或者地下分别设立。根据2008年中央第三号文件，除军事、社会保障性住房和特殊用地等可以继续以划拨方式取得土地外，对国家机关办公和交通、能源、水利等基础设施(产业)、城市基础设施以及各类社会事业用地要积极探索实行有偿使用，对其中的经营性用地先行实行有偿使用，通过出让获得有偿使用权。我国《物权法》规定工业、商业、旅游、娱乐和商品住宅等经营性用地以及同一土地有两个以上意向用地者的应当采取招标、拍卖等公开竞价的方式出让。出让意向达成后，应当订立出让合同。

(二)集体建设用地使用权

集体建设用地使用权是指农民集体和个人进行非农业生产建设依法使用集体所有的土地的权利。我国法律对于集体建设用地使用权的规定与国有建设用地使用权相仿，但对集体土地建设用地使用权的主体有较为严格的限制,一般只能由本集体及其所属成员拥有使用权。全民所有制单位、城市集体所有制单位和其他经济组织进行建设，需要使用集体土地，必须经过征用，使之转为国有土地后才能取得使用权，即国有建设土地使用权。一般不允许全民所有制单位或城市集体所有制单位以及其他经济组织拥有集体土地建设用地使用权。

(三)土地承包经营权

土地承包经营权是指公民、集体对集体所有或国家所有由全民所有制或集体所有制单位使用的国有土地或森林、山岭、草原、荒地、滩涂、水面的承包经营权。该权利内容由承包合同约定。承包经营权不限于承包人与集体组织间的财产关系，而是一种与债权具有不同性质的物权，并且也是传统民法的物权种类所不能包括的新型物权。其取得可以采取招标、拍卖、公开协商等方式承包，并可以以转让、入股、抵押或者以其他方式流转。根据我国《物权法》规定，土地承包经营权是有期限的物权：耕地的承包期限为30年，草地的承包期限为30～50年，林地的承包期限为30～70年。特殊林木的承包期，经国务院林业行政主管部门批准可以延长。

（四）土地抵押权

土地抵押权是指土地使用权人在法律许可的范围内不转移土地占有而将土地使用权作为债权担保，在债务人不履行债务时，债权人有权对土地使用权及其上建筑物、其他附着物依法进行处分，并以处分所得的价款优先受偿的担保性土地他项权利。土地抵押权是抵押权的一种，故而也具备其他类别抵押权的共同属性，适用抵押权制度的共同规则。与其他抵押权相较，具备以下四个特点：

1）土地抵押的客体是权利，而非实物；

2）土地抵押的权利客体具有限制性，即必须是法律允许转让的土地使用权；

3）抵押人必须是享有土地使用权的债务人或第三人；

4）土地使用权抵押不影响土地上其他权利人的权利行使。

（五）宅基地使用权

宅基地使用权是指农村集体经济组织的成员依法享有的在农民集体所有的土地上建造个人住宅的权利。根据我国《物权法》的规定，宅基地使用权人依法对集体所有的土地享有占有和使用的权利，有权在该土地上建造住宅及其附属设施。宅基地使用权的主体只能是农村集体经济组织的成员。城镇居民不得购置宅基地，除非其依法将户口迁入该集体经济组织。宅基地使用权的用途仅限于村民建造个人住宅。个人住宅包括住房以及与村民居住生活有关的附属设施，如厨房、院墙等。基地使用权实行严格的“一户一宅”。

二、土地产权制度

土地产权制度是指一切经济主体对土地的关系以及由于经济主体对土地的关系而引起的不同经济主体之间的所有经济关系的总称，主要包括土地权能制度和土地收益制度，前者主要是指经济主体对土地采取某种行为权利的制度，后者主要是经济主体行使其权利所能得到收益的制度。土地产权制度可以理解为关于土地产权的合约或合同或经济关系，它还可以包括很多次级制度和再次级制度，其内容结构的丰富程度取决于土地经济领域专业化与分工的发展水平以及市场交易范围和发达程度。

土地产权制度是土地管理制度的基础和依据。我国土地产权制度与土地管理制度和土地管理实践中出现的问题存在着密切的关系，甚至是决定性的因素。我国《宪法》第10条规定：城市的土地属于国家所有；农村和城市郊区的土地，除由法律规定属于国家所有的以外，属于集体所有；宅基地和自留地、自留山，也属于集体所有；国家为了公共利益的需要，可以依照法律规定对土地实行征收或者征用并给予补偿；任何组织或者个人不得侵占、买卖或者以其他形式非法转让土地。土地的使用权可以依照法律的规定转让。一切使用土地的组织和个人必须合理地利用土地。

根据宪法，我国实行的是社会主义土地公有制，即全民所有制和劳动群众集体所有制。城市土地归国家所有即全民所有，农村土地归农村集体经济组织所有。如人口分为城市人口和农村人口，土地也分为城市土地和农村土地，因此，理论上将此称为二元结构。

三、土地的征收与转让制度

(一)土地的征收

土地征收，简称征地，是指国家为了公共利益需要，依照法律规定的程序和权限将农民集体所有的土地转化为国有土地，并依法给予被征地的农村集体经济组织和被征地农民合理补偿和妥善安置的法律行为。在实践中，常会对“土地征收”和“土地征用”两个概念产生混淆。二者既有共同之处，又有不同之处。共同之处在于，都是为了公共利益需要，都要经过法定程序，都要依法给予补偿。不同之处在于，征收的法律后果是土地所有权的改变，土地所有权由农民集体所有变为国家所有；征用的法律后果只是使用权的改变，土地所有权仍然属于农民集体，征用条件结束需将土地交还给农民集体。简言之，征收是涉及土地所有权改变的；征用是不涉及所有权改变的。

土地征收这个概念是在2004年《宪法》修正后新出现的。《宪法》第10条规定：“国家为了公共利益的需要，可以依照法律规定对土地实行征收或者征用并予以补偿。”这就从宪法的高度对土地征收制度进行了确立。相应地，《土地管理法》及《土地管理法实施条例》、《物权法》均对相关制度进行了细节性和可操作性的规定，共同构建起了我国土地征收制度。

土地征收制度是我国基本的土地法律制度之一，这项制度对于保障我国经济建设具有重要作用。随着我国经济发展速度的不断加快和社会公共利益需求的快速增长，农村土地征收越来越普遍。土地征收中的公权力问题已引起普遍关注。

从征收的内涵来看，土地征收具有以下三个法律特征：首先，土地征收具有法定性，根据行政合法性原则，必须符合法律和行政法规的规定，遵循一定的法律程序；其次，土地征收具有强制性，征收是国家强制取得他人土地所有权的行为，并不以取得被征地人的同意为必要条件；最后，土地征收具有公益性，即土地征收必须符合公共利益。

土地征收变更了土地的权属，必然影响到原土地使用人的收益和生活，所以需要对被征收者进行补偿。按照我国法律相关规定，征地补偿包括土地补偿费、安置补助费、青苗补偿、地上附着物补偿，其基本补偿标准如下。

1)土地补偿费是对土地所有权进行的补偿，是因国家征收土地导致农民集体经济组织丧失土地而进行的补偿，其补偿标准因原用途不同而不一致。耕地的补偿标准为前三年平均产值的6～10倍，

2)安置补助费是为了安置以土地为主要生产资料并取得生活来源的农业人口的生活所给予的补助费用。征用耕地的安置补助费，按照需要安置的农业人口数计算。需要安置的农业人口是指因为征收土地导致其享有承包经营权的集体土地被征收，承包经营权及使用权无法继续行驶的对象。需要安置的农业人口数，按照被征用的耕地数量除以征地前被征用单位平均每人占有耕地的数量计算。每一个需要安置的农业人口的安置补助费标准，为该耕地被征用前三年平均年产值的4～6倍。可以这样说“土地补偿费是对地不对人，而安置补助费是对人不对地”。新的土地管理法将每公顷征用耕地的安置补助费最高标准由原来的前三年平均年产值的10倍调整到15倍。

3)青苗补偿费。青苗补偿费是因为征收土地导致被征收土地上无法收获的庄稼进行的补偿。其补偿标准一般是统计机关统计的该类作物一季的产值来确定的或者是省级人民政府按照年平均产值的一定比例来确定。

4）地上附着物补偿。地上附着物的补偿是指因征收土地需要一并征收的房屋、管道、树木、灌溉设施、道路等地上物，这些地上物一般是无法与土地相分离的不动产或具有不动产性质的动产。其补偿标准由省级人民政府按照当地物价等因素来确定的。

(二)土地的出让

土地出让是土地使用权取得者取得用地的一种方式，同时也是土地资产处置的一种方式。出让土地使用权是土地使用者向国家购买的一种财产权，土地使用者不仅可以占有、使用和取得土地收益，还可以独立支配和处置土地使用权。土地使用权出让方式有协议、招标和拍卖三种形式。

招标：招标出让国有土地使用权是指市、县人民政府土地行政主管部门作为出让人发布招标公告，邀请特定或者不特定的公民、法人和其他组织参加国有土地使用权投标，根据投标结果确定土地使用者的行为。

拍卖：拍卖出让国有土地使用权，是指市、县人民政府土地行政主管部门作为出让人发布拍卖公告，由竞买人在指定时间、地点进行公开竞价，根据出价结果确定土地使用者的行为。

挂牌：挂牌出让国有土地使用权，是指市、县人民政府土地行政主管部门作为出让人发布挂牌公告，按公告规定的期限将拟出让宗地的交易条件在指定的土地交易场所挂牌公布，接受竞买人的报价申请并更新挂牌价格，根据挂牌期限截止时的出价结果确定土地使用者的行为。

土地出让金已成为地方政府预算外收入的主要来源。土地出让金(land transferring fees)是指各级政府土地管理部门将土地使用权出让给土地使用者，按规定向受让人收取的土地出让的全部价款(指土地出让的交易总额)，或土地使用期满，土地使用者需要续期而向土地管理部门缴纳的续期土地出让价款，或通过行政划拨获得土地使用权的土地使用者，将土地使用权有偿转让、出租、抵押、作价入股和投资，按规定补交的土地出让价款。土地出让金是土地使用权的交易价格，但不能简单地理解为地价。它实际上就是土地所有者出让土地使用权若干年限的地租之总和。

四、地籍调查与管理

地籍(cadastre)是指一个国家记载土地基本状况的簿册。地籍是由国家建立和管理的，其核心内容就是土地的权属。其内容一般包括土地的位置、界址、权属、质量、数量和用途等，有时还包括土地等级、地价及有关文件、数据和图件。

地籍在古代就是指土地的登记册簿，是国家为了征税而建立的一种田赋清册或簿册。历史上最早的地籍只对土地进行描述和记载，没有涉及土地上的建筑物、构筑物。18 世纪，随着社会结构发生了深刻的变化，土地的利用呈现多元化，这时期的地籍内容增加了附属物的内容。到了 19 世纪，在欧洲，随着经济结构的变化，产生了需要更好的保护土地所有权和使用权的要求，地籍也因此成为产权保护的工具。随着社会的发展，现代地籍除了一些传统的内容外，还包括有关土地的自然属性、社会经济状况和法律状况的调查及其隶属关系的一系列记录。

地籍按发展阶段、记录对象、建立目的等的不同，可划分为不同的类别体系。如按历史发展阶段划分，可分为税收地籍、产权地籍和多用途地籍；按任务和特点，可划分为初始地籍和日常地籍；按所记载的对象不同，可分为城镇地籍和农村地籍。

地籍管理是指国家为取得有关地籍资料和全面研究土地的权属、自然和经济状况而采取的以地籍调查(测量)、土地登记、土地统计和土地分等定级等为主要内容的国家措施。地籍管理的对象是作为自然资源和生产资料的土地，其核心是土地的权属问题。中国现阶段地籍管理的基本内容有：土地调查、土地登记、土地统计、土地分等定级、地籍档案管理。随着社会经济的发展和国家对地籍资料需求的增长,土地管理的内容还将随之不断地变化和充实。为保证地籍管理工作的顺利开展，在进行地籍管理工作时，一般遵循以下原则：按国家规定的统一制度进行；保证地籍资料的连贯性和系统性；保证地籍资料的可靠性和精确性；保证地籍资料的概括性和完整性。

地籍调查(cadastral inventory)指依照国家的规定，通过权属调查和地籍测量，查清宗地的权属、界址线、面积、用途和位置等情况，形成数据、图件、表册等调查资料，为土地注册登记、核发证书提供依据的一项技术性工作。地籍调查通常以宗地为基本调查单位。所谓宗地，是指被权属界址线所封闭的自然地块。地籍调查的目的是为了获取每一宗地的位置、权属、界线、数量、用途、等级等基本信息，为土地登记提供依据资料。地籍调查形成的资料成果主要有：①地籍调查表、宗地草图和界址点、界址边勘丈原始记录；②地籍控制测量原始记录、控制点网图和平差计算成果；③解析界址点成果表；④地籍铅笔原图和着墨底图、地籍图分幅接合表及宗地图；⑤面积量算成果及土地分类汇总统计表；⑥地籍调查报告。

核实宗地的权属和确认宗地界址的实地位置，并掌握土地利用状况；通过地籍测量获得宗地界址点的平面位置、宗地形状及其面积的准确数据，为土地登记、核发土地权属证书奠定基础；为完善地籍管理服务，做好技术准备，提供法律凭证。

地籍调查根据调查时期和任务不同可分为初始地籍调查和变更地籍调查。初始地籍调查指土地初始登记前对登记区第一次普遍调查。变更地籍调查指变更土地登记前对变更宗地的调查。二者是互相影响互为基础的统一体。

初始地籍调查是在一定区域范围内对土地的权属、面积、用途、位置等基本状况进行的一项全面、普遍的调查，是开展初始土地登记的前提和基础。初始地籍调查涉及调查区域内各土地使用单位和个人，因此，开展初始地籍调查前一般成立以当地政府领导为主，各有关部门参加的领导小组，研究部署、解决工作中的重大问题，处理出现的土地权属纠纷。

初始地籍调查和初始土地登记后，土地权属、用途等发生变更，土地发生分割、合并等，土地使用者均应提出变更土地登记申请。针对申请变更的项目，随时进行的地籍调查称为变更地籍调查，这是一项地籍管理的日常工作。变更地籍调查包括对宗地变更项目的权属调查和变更地籍测量，并根据调查、测量的结果修改原地籍调查资料，为变更土地登记提供资料。

初始地籍调查是土地初始登记前的区域性普遍调查，是地籍信息获取技术之一，是地籍工作的一项极其重要的基础工作。这项工作涉及司法、税务、财政、规划、房产等多方面，规模大、范围广，内容浩繁而复杂，费用巨大。

地籍调查是土地登记工作中为确定土地权属、明晰产权的实质性调查，其成果资料是保护土地所有者和土地使用者合法权益、解决土地产权纠纷的重要凭据。同时，通过地籍调查还可全面掌握一个地区的土地类型、数量、分布和利用状况，以及土地在国民经济各部门之间、在各种经济成分之间的分配情况，从而为建立科学的土地管理体系，为合理利用和保护土地，为制定土地利用规划、计划及有关政策、实现耕地总量动态平衡、调控土地供需、规范土地市场等提供信息保障。目前地籍调查不断从“二维”向“三维发展”。

案例分析 4-2：长春市三维地籍数据库管理系统

长春市国土资源局从2010年开始就启动了城区350.9平方公里三维地籍数据库管理系统建设工作。通过系统建设，主要取得以下六大成效：一是实现了宗地空间管理的可视化。该系统能直观地反映土地的位置、权属、界址点、界址线、界址面和本宗地及相邻宗地的权属位置关系。同时，采用透明水晶“宗地体”形式，立体化展现宗地空间土地使用权的利用区域和范围，实现了地上和地下空间土地使用权有效管理；去掉水晶“宗地体”，可清晰地反映宗地内建筑物分布、形状、高度、颜色等，从多角度、多视野、立体化反映宗地土地利用状况。二是实现了综合统计查询的便捷化。通过系统的综合查询功能，能实时准确地查询任意宗地的平面和空间土地登记情况，如当输入土地使用者名称时，系统会用三维立体图像展现宗地土地利用情况，并采用列表方式显示土地使用者名称、土地坐落、宗地面积、土地证号等信息。三是实现了辅助决策的智能化。在三维地籍数据库管理系统中，土地查封、土地抵押、土地收储、棚户区改造等不允许发生权利转让的区域，系统均已自动锁定，当窗口工作人员受理上述宗地业务时，系统会自动发出提示信息，明确告知工作人员该宗地已查封，自动不予受理该业务，切实维护土地使用者的合法权益。四是实现了用地项目实时监管的动态化。对新增建设用地审批项目，系统能自动跟踪监控，审批地块颜色随着时间的变化而变化，审批后第一年为灰色，第二年为警告色(黄色)，第三年为亮牌色(红色)，并对预警信息进行实时统计与汇交。五是实现了二、三维数据管理的一体化。系统既可以查阅传统的二维平面图，也可以从多角度、多视野、实景化 360°立体展现三维立体模型和“宗地体”，实现了二、三维数据间的自动切换，任意生成和输出平面或任意角度三维立体宗地图和地籍图，实现了二维与三维数据、用地审批、土地登记、批后监管等多种数据源的一体化联动管理。六是实现了系统应用社会化。该系统在立足于国土管理的基础上，又提供了任意路径漫游、光照分析、视域分析、最佳交通路径分析、基础地理信息查询等公共服务功能，不仅能满足专业工作管理需求，而且能为日常生活提供便捷的服务。长春市城区三维地籍数据库管理系统是集地籍管理、土地收储、用地审批、批后监管和面向社会服务等多种功能于一体的土地产权产籍管理与综合信息服务平台，同时可为城市规划、房产管理、交通管理、公共安全、税费征收、人口、计划生育、公安户籍管理等提供共享服务，为公众搭建“一站式”数字共享服务平台，实现政府与公众之间零距离服务、零距离互动。相信长春市的地籍信息“三维化”的经验将推动我国数字地籍调查的进程的发展。

地籍管理是土地管理工作的基础，也是土地使用制度改革的前提条件和管理土地市场的重要手段。1986年国家土地管理局成立，实现了城乡地政统一管理，我国的地籍管理工作因此有了快速发展，并逐步走上正轨，形成了以土地权属管理为核心，综合土地登记、土地调查、土地统计、土地分等定级、土地估价、地籍档案等各项管理措施为一体的地籍管理体系。如今，地籍管理工作已由大规模的初始地籍的建设转向以产权管理为核心的变更地籍及制度建设。

第三节　房屋产权产籍管理

一、房屋产权制度

房屋产权制度包括房屋产权调查(分类、来源、年限等)、产权登记以及房屋产权相关的政策。

(一)房屋产权分类

按房屋所有权的归属进行的分类。在现阶段，我国住宅类房屋按产权可划分为：①国家所有住宅；②劳动群众集体所有住宅；③公民私人所有住宅；④其他经济组织所有住宅(如中外合资企业等)。

(二)房屋产权取得的方式

依据我国法律规定,房屋产权可以通过建设、购买、受赠、抵押、继承以下几种形式取得。

建设是房屋产权的一种原始取得，是指建设者投入一定的资金建造房屋，则该建设者对其所建房屋享有产权。

购买是人们取得产权的一种主要形式。购买房产应与卖房人签订购房合同，并及时到房管部门办理登记、过户手续。

受赠是指原产权人通过赠予行为，将房屋赠送给受赠人。在办理房屋赠予手续时，赠予人与受赠人应签订书面赠予合同，并到房管部门办理过户手续。但如果赠予人为了逃避其应履行的法定义务而将自己的房屋赠予他人时，如果利害关系人主张权利的，则该赠予行为无效。

抵押是指抵押人以其合法的房地产以不转移占有的方式向抵押权人提供债务履行担保的行为。由于抵押是一种担保行为，当债务人不履行债务时，则抵押权人有优先受偿权，在享有优先受偿权时抵押权人有权应根据抵押合同的有关约下，办理有关手续，将抵押物归来已有。

继承是指被继承人死亡后，其房产归其遗嘱继承人或法定继承人所有。因此，只有被继承人的房屋具有合法产权才能被继承。当继承发生时，如果有多个继承人，则应按遗嘱及有关法律规定进行折产，持原产权证、遗嘱等资料到主管部门办理过户手续。

(三)房屋产权的年限

房屋产权年限是指房屋建筑产权的归属年限。与房屋产权年限密切相关的概念是土地使用权年限。

土地使用权是国家向组织、机构及个人出让的土地使用权利，根据我国《宪法》，土地的所有权有权归国家和集体所有。土地使用权在出让时根据开发类型不同，分为不同的使用年限。我国现行的法律规定了建设用地使用权的期限，居住用地是 70 年，工业用地 50 年，商业用地 40 年，综合用地 50 年。而房屋所有权属于个人产权，是私有财产权的一种，是得到《宪法》保护的。根据《物权法》的规定，私人对其合法的收入、房屋、生活用品、生产工具、原材料等不动产和动产享有所有权。其年限是永久的，只要房产没有完全毁损灭失就能一直享有。这就导致存在土地使用权和房屋所有权在期限上的冲突。因此我国《物权法》第一百四十九条规定：住宅建设用地使用权期间届满的，自动续期。非住宅建设用地使用权期间届满后的续期，依照法律规定办理。该土地上的房屋及其他不动产的归属，有约定的，按照约定；没有约定或者约定不明确的，依照法律、行政法规的规定办理。

二、房屋产籍调查

房屋产籍调查也叫房籍调查，是产籍调查中的一类。依照一定程序，采用科学的方法，通过房屋调查和房屋用地调查，查清每个权属单元的位置、权属、种类、数量、利用状况、结构、条件、用途、建筑面积和使用面积等房屋状况，以及地理名称、行政境界等基本情况，为房屋产权登记和物业管理提供可靠的依据。具体又可分为房屋调查和房屋用地调查。

房屋调查的内容，大致包括：坐落、产权人、产权性质、产别、总层数、所在层次、建筑结构、建成年份、用途、占地面积、建筑面积、分摊面积、墙体归属、权源、产权纠纷、他项权利等基本情况，并绘制房屋权界线示意图。

所谓房屋产别，是根据占有和管理的不同而划分的。我国房屋产别按两级分类。一级分类有四类：国有房产、集体所有房产、私有房产、其他房产；二级分类有十类：

1)国有房产：指归国家所有的房产。包括由政府接管、国家经租、收购、新建以及由国有单位用自筹资金建设或购买的房产。国有房产分为直管房产、自管房产、军队房产三种。

直管房产：指由政府接管、国家经租、收购、新建、扩建的房产(房屋所有权已正式划拨给单位的除外)，大多数由政府房地产管理部门直接管理、出租、维修、少部分免租拨借给单位使用。

自管房产：指国家划拨给全民所有制单位所有以及全民所有制单位自筹资金构建的房产。

军队房产：指中国人民解放军部队所有的房产。包括由国家划拨的房产、利用军费开支或军队自筹资金构建的房产。

2)集体所有房产：指城市集体所有制单位所有的房产。即集体所有制单位投资投资建造、购买的房屋。

3)私有(自有)房产：指私人所有的房产，包括中国公民、港澳台同胞、海外侨胞、在华外国侨民、外国人所投资建造、购买的房产以及中国公民投资的私营企业(私营投资企业、私营合伙企业和私营有限责任公司)所投资建造、购买的房屋。

4)联营企业房产：指不同的所有制性质的单位之间共同组成新的法人型经济实体所投资建造、购买的房产。

5)股份制企业房产：指股份制企业所投资建造或购买的房产。

6)港、澳、台投资房产：指港、澳、台地区投资者以合资、合作或独资在祖国大陆举办的企业所投资建造后购买的房产。

7)涉外房产：指中外合资经营企业、中外合作经营企业和外资企业、外国政府、社会团体、国际性机构所投资建造或购买的房产。

8)其他房产：指凡不属于以上各类别的房屋，都归在这一类，包括因所有权人不明，由政府房地产管理部门、全民所有制单位、军队代为管理的房屋以及宗教、寺庙等房屋。

9)期房：指开发商从取得商品房预售许可证开始至取得房地产权证(大产证)止，在这一期间的商品房称为期房，消费者在这一阶段购买商品房时应签预售合同。

10)有限产权房：指房屋所有人在购买公房中按照房改政策以标准价购买的住房或建房过程中得到了政府或企业补贴，房屋所有人享有完全的占有权、使用权和有限的处分权、收益权。

三、房屋产权登记

房屋产权登记，是指按照法律规定，由有关国家机关对城市房屋的所有权进行登记。与动产不同，占有房屋并不代表取得了房屋所有权，取得、变更房屋所有权是以房屋产权登记为标志的。建设部于1997年颁布了《城市房屋权属登记管理办法》，在不动产统一登记相关新法规、条例还没有公布之前，还是以该办法为依据。

目前，我国的房屋产权登记从时间上，可以分为房产总登记和日常登记两大类。房产总登记又称为登记，是指一定期间内，就行政管辖区范围内的全部房屋进行一次性的、全面的登记。是产权登记中最基础的登记。房产日常登记包括初始登记、转移登记、变更登记、他项权登记、注销登记等。

房屋产权登记的原则有：①房屋产权与土地使用权同时登记原则。房屋作为一种不动产，它依附于土地而存在。房屋可以作为私有财产归个人所有。我国土地实行国家所有和集体所有，个人不能取得土地所有权。因此在进行农村房屋产权登记时，必须将房屋产权与土地使用权同时登记，使房屋的所有权和该房屋占用范围内的土地使用权权利主体一致。②公示原则。农村房屋登记机关在农村房屋登记工作中应坚持公示原则，将房屋登记依据、房屋登记条件、房屋登记程序、房屋登记 内容进行公示，方便社会公众知晓。将已登记的房屋产权情况进行整理归档，方便社会公众查阅。③救济原则。救济原则就是房屋登记机关及其工作人员或者他人的不当行为造成登记不当或给使权利人受到损害，权利人有权要求撤销登记或者赔偿损失，并追究相关人员的行政责任或者刑事责任。

当事人以虚报、瞒报房屋权属情况等非法手段获得房屋权属证书的；涂改、伪造房屋权属证书的；非法印制房屋权属证书的，登记机关依法给予行政处罚；构成犯罪的，依法追究刑事责任。登记机关及其工作人员玩忽职守、徇私舞弊、贪污受贿，滥用职权、超越管辖范围颁发房屋权属证书的，依法给予行政处分；构成犯罪的，依法追究刑事责任。

房屋产权登记包括申请登记、勘丈绘图、产权审查、绘制权证和收费发证五个步骤。

1. 申请登记

申请登记，是指房产权利人或者代理人在规定的期限内按照权利的种类和登记的种类向登记机关提供合法有效的法律文件的行为。

这一程序的主要工作是检验证件和填写相关表格(如申请书、墙界表等)。

检验证件是整个产权登记的基础，包括检验身份证件和产权证件。身份证件和产权证件必须吻合。申请人包括自然人、法人和其他具有民事主体资格的组织。我国采取实名制原则，申请人为法人或其他组织的，应当使用其法定名称，由法人代表申请；申请人是自然人的，应当使用身份证上的姓名。检验有关证件的目的在于确定申请人是否具备登记资格。只有具有相关产权证件，且权属清楚、产权来源资料齐全，才予以登记。对于违章建筑、临时建筑等，不予登记。对于申请人因正当理由不能按期提交证明材料或需补办有关手续的，可以准予暂缓登记。在有利害关系人提出异议、权属存在争议的情况下，也应当暂缓登记。

填写申请书和墙界表，即填写房屋产权申请书和房屋四面墙界表。墙界表是房屋权利人向登记机关提供的房屋四面墙体归属情况的书面凭证。申请人填写申请书和墙界表后，连同产权证件、身份证明等，一起交给登记机关工作人员。工作人员审阅无误后，办理收件手续，收取证件。

2. 勘丈绘图

勘丈绘图是对已申请房屋产权登记的房屋，进行实地勘察，查清房屋现状，丈量计算面积，核实墙体归属，绘制分户平面图，补测或修改房屋的平面图(地籍图)，为产权审查和制图发证提供依据。勘丈绘图的主要任务包括核实、修正房屋情况、核实墙界和绘制分户单位平面图等。将与实际一致的房屋平面图连同申请书、墙界表、未登记房屋调查表以及分户单位平面图等移交给原来的登记人员，并归入相应的登记档案袋。其中非常重要的是对墙界的核实。核实的时候，应有权利人逐一指引，验证墙界表的真实性，同时再由邻居确认申请人指界是否与实际情况相符，经双方确认后再对墙界进行登记。

3. 产权审查

产权审查，是指以产权、产籍档案的历史资料和实地调查、勘察的现实资料为基础，以国际现行的政策、法律和有关的行政法规为依据，对照申请人提出的申请书、墙界表以及其他产权证明，认真审查其申请登记的房屋产权来源是否清楚、产权转移和房屋变动是否合法的整个过程。

产权审查要经过初审、复审和审批三个步骤。初审，是指通过查阅产权档案及有关资料，审查申请人提交的证件是否齐全，核实房屋的界限，了解房屋产权来源及权利变动情况，根据有关法律法规提出初步的意见。初审以后，要将房屋产权登记的基本情况和初步核查的结果进行公布。在规定的期限内，房屋的利害关系人可以以书面的形式向登记机关提供有关证据，要求重新复核；没有异议的，准予确认房屋产权。复审，是指经过初审和公告以后确认房屋产权无异议的，交由复审人员进行全面复核和审查。这是产权审查确认产权、核发产权证书的重要环节。经过以上步骤后，可以确认房屋产权并发放产权证书。

4. 绘制权证

绘制权证包括缮证、配图、核对、盖印四个步骤。

缮证，即填写房屋产权证、房屋共有权保持证和房屋他项权证。

配图，是指将测绘人员经过实地复核后测制的房屋平面图或分户单位平面图、示意图粘贴在房屋产权证规定的位置上。

核对，是指房屋产权缮写和粘贴附图以后再进行校对。核对以申请书为根据，对照检查房屋产权证、房屋共有权保持证存根的项目有无错漏，与申请书是否一致；以房屋产权证(或是房屋共有权保持证)存根为依据，对照检查骑缝处的字号与权证扉页的字号是否相符；以房屋产权证(或是房屋共有权保持证)存根为根据，对照检查房屋平面图的各项有无错漏、是否一致。如果存在问题，再询问清楚和补齐后方可进行绘制。

盖印，即在登记复核后，依次在房屋产权证存根与房屋产权证的骑缝处和图证结合处，另盖骑缝专用章和房管机关的钢印，并加盖填发机关公章。

5. 收费发证

房屋产权登记工作的最后一道程序是收费发证，包括征税、收费和发证。产权人缴纳的税费，原则上应包括印花税和登记费、勘测丈测费、权证工本费等。房屋的买卖、赠与、典当以及不等价交换等，都要由承受人缴纳契税和印花税，一般委托房产登记部门在办理房屋交易手续时代为征收。

发证，即产权人缴纳税费后，由发证机关发出领证通知书，产权人在指定的时间、地点，携收件收据、缴纳税费收据以及身份证件等到发证机关，经检验无误后，发给房屋产权证书。

根据《城市房屋权属登记管理办法》的规定，房屋权属证书主要有房屋所有权证、房屋共有权证、房屋他项权证，或者房地产权证、房地产共有权证、房地产他项权证。这些证书是权利人对特定房屋享有所有权、共同所有权、他项权(抵押权)的凭证。只要权利人拥有这些证书且证书记载的姓名与持有人一致，第三人即可推定证书上记载的人为相应权利的享有人。

四、房屋变更归档与统算

房地产档案是指房地产行政管理部在房地产发证登记、房地产交易买卖、房屋动拆迁、建设用地及批租用地活动中，经过收集、整理、鉴定，按一定的手段形成的反映产权人、房屋自然状况及使用土地状况，应当归档保存的文字材料、计算材料、图纸、图表、照片、录像带、录音带、磁介质软盘等各种载体内容的文件材料。房地产档案形成后，房地产的买卖、交换、继承、赠与、分析等权属变更不断发生，房屋的拆迁、翻改、扩建等现状处于不断的转移和变更之中，必须不断地补充新材料，才能才能确保房地产档案的真实性和连续性。房地产档案的收集，是档案管理工作的起点和基础，是不可缺少的重要环节。

房地产变更是指房地产权利人名称，即房地产的所有权，或房屋现状发生变更。权利人名称变更，即意味着房地产的所有权发生变更。房屋现状发生变更包括房屋的名称的变更，房屋面积的增加或减少，房屋翻建以及其他法定的情形。

当房地产发生变更时，需要到房产部门进行登记，变更房地产档案，确保房地产档案的准确性。房地产档案整理要把收集到的各种材料进行分类、组合、排列和编目，使之系统化、条理化。归档时间要根据房地产文件材料形成过程的特点来确定，本着便于集中统一管理，维护房地产档案的完整和安全，方便保管利用等要求，采用随时归档和定期归档的方法。

通过数字、图表等方式，将房屋信息归档、统算，对房地产经济现象进行系统地记载、整理、研究和分析，形成房地产统计资料。房地产统计是社会经济统计的重要组成部分，它是揭示房地产经济活动的本质和规律的一项国家统计措施。

随着现代信息技术的应用，房地产产权产籍信息系统的建立与使用的普及，通过对房地产产权产籍信息进行采集、编辑、数据管理、查询、分析和输出等工作，以实现信息的计算机化管理。一般的房地产产权产籍管理信息系统具有对不动产宗地的数据采集功能、图形数据处理、图形输出、属性数据管理和空间查询与分析五大功能。

第四节　不动产统一登记

长期以来，我国一直采用不动产分别登记制度。法律理论和我国的登记管理实践都证明，这种人为将不动产分割开来，分别进行登记的方法，不但破坏了不动产的统一性，而且增加了不动产交易的风险，不利于权利人合法权益的保护，阻碍了市场经济的发展与完善。因此，国家提出实行动产统一登记制度。

一、我国不动产登记制度的演变

我国关于房屋、土地登记的立法起步于20世纪80年代中期。1986年《土地管理法》颁布实施，同年国家土地管理局设立，国家实行城乡土地的统一管理，重新建立了土地登记制度并日趋完善。1989年，国家土地管理局颁发了《土地登记规则》，规定了国有土地使用权、集体土地所有权和土地他项权利的登记。由于职能划分的原因，《土地登记规则》仅单纯规定了土地权利的登记，没有规定房屋产权登记。1995年，根据《土地管理法》、《城市房地产管理法》等的有关规定，国家土地管理局对《土地登记规则》做出修订，1996年2月1日起实施并延续至今。

房屋所有权的登记始于1986年城乡建设环境保护部的一个规范性文件，即1986年2月15日印发的《关于开展城镇房产产权登记、核发产权证工作的通知》，1987年4月21日城乡建设环境保护部发布了《城镇房屋所有权登记暂行办法》，对房屋所有权的登记进行了规定，没有涉及房屋他项权利的规定。1990年12月，建设部发布了《城市房屋所有权产权产籍管理暂行办法》，对城市房屋所有权及他项权利的登记做出了规定。1994年，《城市房地产管理法》和《担保法》出台，对城市房地产的权属登记分别从管理的角度和抵押权登记的角度做出了规定。1997年，建设部制定颁布了《城市房屋权属登记管理办法》，对城市房屋的权属登记作了明确的规定，但仅涉及城市规划区范围内国有土地上的房屋权属登记，没有就其他房屋产权的登记做出规定。2001年8月15日根据《建设部关于修改〈城市房地产权属登记管理办法〉的决定》，又进行了重新修正。

二、不动产统一登记的意义

(一)有利于保护不动产权利人合法财产权

市场经济本质就是产权经济，不动产统一登记制度就是不动产物权的确认和保护制度，明晰不动产物权是市场经济的前提和基础。通过不动产统一登记，进一步提高登记质量，避免产权的交叉或冲突，保证各类不动产物权的归属和内容得到最为全面、统一、准确的明晰和确认，以不动产登记较强的公示力和公信力为基础，有效保护权利人合法的不动产财产权。

(二)有利于保障不动产交易安全

通过不动产统一登记，促进不动产登记信息更加完备、准确、可靠，根据准确有效的信息来进行不动产交易，保障交易安全，为建立健全社会征信体系创造条件。

(三)有利于提高政府治理效率和水平，更加便民利民

通过不动产统一登记，最大限度整合资源，减少政府行政成本，进一步厘清政府与市场关系，完善政府运行机制，发挥市场的积极作用。通过整合登记职能，减少办证环节，采取“一站式”服务等措施，节省登记费用，更好地方便企业、群众申请和办理不动产登记。

三、不动产统一登记制度的构建途径

（一）制定统一的不动产登记法

1. 统一土地所有权登记机构

从现行有关法律、法规的规定看，不动产登记主要由不动产所在地的县级以上人民政府的相关不动产管理部门负责。涉及的部门主要有：土地管理部门、房产管理部门、农业主管部门、林业主管部门、海洋行政主管部门、地质矿产主管部门。

我国不动产登记机构不统一产生了诸多弊端，首先，多重登记机构导致了重复登记，增加了交易成本，不利于交易的快捷。其次，多重登记机构不利于维护交易安全，容易引发纠纷。最后，我国现行的多重登记机构的体制造成了登记簿等登记资料的不统一，每一类不动产的登记机构分别制作和管理一套单独的登记资料，不仅增加了行政管理的成本，而且也给当事人查询了解不动产上的权利状况造成了巨大困难。

2013年3月28日，国务院办公厅发布《关于实施〈国务院机构改革和职能转变方案〉任务分工的通知》（国办发〔2013〕22号），对《国务院机构改革和职能转变方案》提出的各项任务进一步细化，并明确了部门分工和时间表。该通知要求，整合房屋登记、林地登记、草原登记、土地登记职责，出台并实施不动产统一登记制度。

党的十八届三中全会通过的《中共中央关于全面深化改革若干重大问题的决定》提出，“健全自然资源资产产权制度和用途管制制度”，“对水流、森林、山岭、草原、荒地、滩涂等自然生态空间进行统一确权登记，形成归属清晰、权责明确、监管有效的自然资源资产产权制度”。2013年11月20日，国务院常务会议正式决定将分散在多个部门的不动产登记职责整合，由国土资源部负责。2014年5月7日，国土资源部办公厅下发《关于在地籍管理司加挂不动产登记局牌子的通知》，在国土资源部地籍管理司加挂不动产登记局牌子，承担指导监督全国土地登记、房屋登记、林地登记、草原登记、海域登记等不动产登记工作的职责。

2. 明确各类不动产登记范围

土地、房屋、林木、草场、海域等均属于不动产，种类繁多，哪些属于不动产登记范畴，哪些不属于不动产登记范畴，其法定名称和权证名称如何定，值得商榷。如：森林（林木），是发林木所有权证，还是发林地使用权证；承包荒山等，是发承包证还是发林木所有权证或者林地使用权证；草场，是发草地使用权证，还是发草场使用权证；滩涂，发滩涂使用权证还是发滩涂承包证或者滩涂养殖证；海域使用权是否属于不动产登记范畴等等。由于国家尚没有对不动产登记范围做出统一规定，各地理解不一，名称不一，是否登记也不统一，因此，由国家法律、行政法规来对不动产登记范围和具体名称做出统一规定，“定纷止争”，很有必要。

3. 统一不动产登记程序

各类不动产及其权利的登记标准、程序、效力应当相互衔接、统一。在登记操作中理应有相应的传承关系：土地所有权登记是土地使用权登记的基础，土地使用权登记是土地上附着物登记的基础。即使在分散登记的状态下，也应当统筹把握登记的标准、程序、效力和相互之间的衔接。

(二)建立以土地所有权为基础，各类不动产登记共享的信息平台

1. 建立不动产登记信息系统

建立“以土地所有权登记为基础的不动产登记信息系统”，作为各类不动产登记的统一平台。为了确保不动产登记信息完整性、连贯性，各类不动产登记都应当在该系统基础上完成，后续登记必须以前期登记为基础。而且，该信息系统应当在全国各不动产登记机关之间实现联网互通。

2. 编制国家地籍总图，作为其他各类不动产登记的统一基础图件

国家地籍总图的主要内容应包括基础地理信息、土地利用信息和土地权属信息，其中土地权属信息主要包括土地所有权宗地及其界址信息。通过国家地籍总图的编制和统一应用，可以实现各类不动产调查数学基础(如坐标系统等)，以及地类认定标准的统一。

3. 统一宗地代码编制规则，完善不动产登记信息的统一管理

宗地代码是按一定规则赋予宗地的唯一标识码，是各类宗地登记信息和档案管理的关键字段，通过宗地代码可以完成各类宗地信息的属性查询和空间定位。只有遵循统一的宗地代码规则，才有可能真正实现各类不动产登记信息的共享与统一管理。

4. 建立信息共享机制，确保不动产统一登记目标的实现

各类不动产登记信息的互通共享是确保不动产登记信息的准确性、完整性和统一性的前提条件，必须建立不动产登记信息共享制度，明确信息共享和管理的具体实施办法，最终实现不动产统一登记目标。

2014年11月24日中华人民共和国国务院令第656号公布《不动产登记暂行条例》，自2015年3月1日起施行(见附录)。

思 考 题

1. 谈谈你对地籍调查的认识。
2. 谈谈你对土地管理工作的建议。
3. 简析土地使用权和房屋所有权的区别。
4. 简析房屋产权制度。
5. 简析房屋产籍调查的主要内容。
6. 简述房屋产权登记的流程。
7. 简述不动产统一登记的意义。

第五章　不动产资源的规划管理

【章节介绍】不动产资源与我们的生活息息相关，随着社会经济的发展和人们认识水平的提高，对于不动产资源的合理开发管理和规划越来越受到人们的重视。本章从不动产资源分析、土地资源规划以及房屋资源的规划这三部分进行了分析。通过对本章的学习，希望读者能够更好的掌握不动产资源规划管理的相关知识以及更好地运用到实践中去。

第一节　不动产资源分析

一、土地利用分类

（一）土地的概念

土地是人类社会赖以生存的基本资源，在人们的生产生活中起着极为重要的作用。目前，人类面临着人口、粮食、资源、环境等人地矛盾的困扰，因此，我们首先要明确土地的概念。

自然界的任何事物都有其自身的特性，土地作为人类生存的最基本的物质基础，是人类不可缺少的。土地具有自然性、数量的有限性、位置的固定性、永续利用性等基本特性，是组成生态系统的基础部分。

（二）土地利用的概念

1. 土地利用

土地利用是指人们依据土地资源的特殊功能和一定的经济目的，对土地进行开发、利用、保护和整治等一系列生物和技术手段，将土地作为对象和手段，从事土地经营和经济活动的过程。土地利用包含两方面的含义：一是指人类根据土地质量特性开发利用土地，创造财富，以满足人类生产和生活的需要；二是指利用土地，改善环境，以满足人类生存的需要。

2. 土地利用的途径

土地利用的途径主要有两条：一是从土地利用广度扩展，不断扩大土地利用面积，提高土地利用率；二是向土地利用深度挖潜，增加劳动投入，不断提高土地集约利用程度，提高土地产出率(产量或产值或能量/单位土地面积)。土地利用具有生产力和生产关系两重性特性。土地利用既包含土地生产力的提高，又有土地关系的协调。土地利用水平的提高取决于生产力和生产关系因素共同作用的结果。

对于合理利用土地，首先要加强地权管理，包括地权分配、监控地权转移和调解地权纠纷等内容。其次要加强土地利用管理，包括土地利用规划和监督建设用地管理等方面。

二、我国土地利用分类标准

（一）传统土地利用分类标准

土地是地球表面三维空间的气候、地貌、水文、地质、土壤和植被等自然要素构成的历史自然综合体。它既是大自然本身的产物，也是人类过去和现在生产活动的成果，是人类生存的基础，土地资源的可持续利用就成为近代社会经济可持续发展的基石。因此，科学的土地分类是土地科学水平的标志，是科学总结和经验交流的基础，是土地资源可持续利用的保证。

我国土地分类的历史非常悠久，早在 2000 年前，《管子·地员篇》中就有土地分类、分等和适宜性评价等。但是由于土地资源分类可以根据土地的形状、地域和用途等方面存在的差异性，按照一定的规律进行分类，而不同的人又有不同的理解，就出现了各种不同的土地分类系统。

（二）土地利用分类的目的与意义

近年来，随着经济社会的发展，土地利用状况日益复杂。尤其是在新形势、新任务面前，要实现土地集约节约利用、建设新型城市化，需要统一土地利用现状分类的标准，掌握真实可靠的土地资源数据。

土地利用分类是土地利用研究的重要内容，也是确定土地利用统计体系和土地利用制图单元的基础和依据。科学严谨的土地利用现状分类关系到土地资源的合理、可持续利用，关系到土地利用类型结构的优化以及土地资源社会经济生态效益的综合发挥。科学地进行土地利用分类，不仅有助于提高土地利用调查研究与制图的质量，也有利于因地制宜、合理地组织土地利用和布局生产。同时，土地利用的分类还有助于认清规划区域内土地资源的利用情况、利用特点和变化规律，总结土地利用的基本经验和存在的主要问题，对于编制土地利用总体规划，促进国民经济和社会各项事业的健康发展，有着重要的意义。

三、土地利用调查与评价

（一）土地利用调查概述

1. 土地利用调查的概念与内容

土地利用调查亦称土地资源数量调查，即通过勘测调查手段，对一个国家、地区各种土地利用分类面积、土地利用状况及其空间分布特点进行的调查、监测、统计、分析，编制土地利用现状图，了解土地利用存在问题，总结开发利用经验教训，提出合理利用土地的意见的活动。土地利用调查是一项政策性、科学性、技术性很强的工作，按调查目的和深度及精度，一般分为概查和详查两种。土地利用概查是指采用中、小比例尺基础图件进行的一种分类较粗、精度要求较低的土地利用现状调查工作。而详查是指根据行政区界线、权属界线、权属区内的图斑界线类型来统计一定行政区或权属区内土地的分类和利用情况，采用大比例尺基础图件进行的一种分类较细、精度要求较高的土地利用现状调查工作。

土地利用调查的详查和概查的区别主要体现在四个方面：①调查目的。概查为战略研究、区域性规划提供依据，适用于全国、全省和大的区域范围；详查为县以下为乡、村指导生产、制定规划和计划之用，特别是为地籍行政管理制度的建立提供基础依据。②调查内容。概查的内容是面积概数和大概分布状况；详查不仅提供较为准确的面积数据和具体的分布状况，而且还要查清权属界线和行政境界，为更新土地数据打基础。③分类体系。概查仅分大类（老一级类，新一、二级类）；详查为老二级类、新三级类。④调查基本单位。概查的数量不能统计到县或乡；详查的调查数据则统计到村，在地形图精度方面添加详查的精度>1：5000 地形图。

土地利用调查内容见图 5-1。

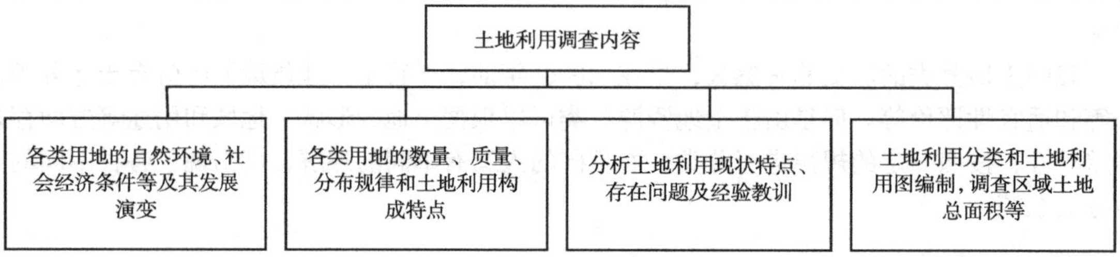

图 5-1　土地利用调查内容

（二）土地利用调查的基本点

土地利用调查为进行土地利用分类和研究，制订国民经济计划和土地政策，开展国土整治、土地规划、科学管理土地等工作服务。

四、土地利用动态监测

土地利用动态监测是指运用遥感、土地调查等技术手段和计算机、监测仪等科学设备，以土地详查的数据和图件作为本底资料，对土地利用的动态变化进行全面系统地反映和分析的科学方法。

土地利用调查对调整土地利用结构，合理开发利用土地资源，因地制宜布局生产和安排建设，提高土地利用率和土地生产率等有重要意义。但是，在不同时期，不同规划背景下，土地的质量、权属、用途规划实施等方面都会发生改变，为了更好把握土地利用的情况，就需要进行土地利用动态监测。土地利用动态监测是指运用遥感、土地调查等技术手段和计算机、监测仪等科学设备，以土地详查的数据和图件作为本底资料，对土地利用的动态变化进行全面系统地反映和分析的科学方法。土地利用动态监测包括土地利用空间动态监测和土地资源质量动态监测。

土地利用空间动态监测的内容包括土地利用变化的动态信息（区域土地利用变化的类型、位置和数量等）、耕地总量的动态平衡情况（“‘十一五’规划纲要”提出，我国耕地保有量至少是 18 亿亩）、农业用地内部结构调整情况及基本农田保护区状况。

土地资源质量动态监测是指用一定的标准方法，以一定的时间间隔，测量土地的微观特性，观测和分析在不同土地利用模式下土地质量的变化趋势或退化形式。监测内容包括：①土壤特性的变化情况，主要包括土壤 pH、土地养分含量、土壤结构、土壤污染等；②气候特性的变化，主要包括光照、气温、降水等；③环境及环境污染的变化情况，如大气组成、大气污染、水体污染等。

监测的内容包括以下四点。

1. 土地利用变化的动态信息

包括区域土地利用变化的类型、位置和数量等信息，特别是耕地、居民点及工矿用地的变化以及闲置土地等。我国已经建立对全国重点城市建设用地规模扩展和耕地变化情况的监测体系，分析全国土地利用的变化趋势和全国年度土地利用平衡面积估计，有重点地核查地方上报的土地变更调查数据的真实程度。

2. 耕地总量的动态平衡情况

为实现耕地总量动态平衡的宏伟目标，必须有计划地进行土地整理、土地开发和土地复垦。为保证这些土地管理措施的正确实施及经费的合理利用，必须准确地掌握区域以及全国耕地变化的情况。

3. 农业用地内部结构调整情况

农业内部结构调整反映土地利用用途的变化，及时掌握这些信息可为土地利用用途管制及农用地的管理服务。

4. 基本农田保护区状况

基本农田保护区是国家为保证粮食安全而划定的一定数量的优质耕地，规定长期不得占用，基本农田保护区管理包括征地占用管理、地力补偿、占一补一等。

五、土地利用评价概述

(一)土地利用评价的概念

土地评价，即土地用于规定目的时对土地性能的评定，在土地类型研究基础上，根据特定生产目的对土地质量、适用性和生产潜力进行的评估，称为土地评价或土地分等。

主要包括两个方面的内容。首先，确定所要考虑土地用途及其对土地的要求。土地用途多种多样，如耕作业、畜牧业、林业、城镇、交通、旅游等，在以上每一种土地用途中还可以继续细分。土地评价时一般不全部考虑这些土地用途，而只依据当地的自然、经济和社会情况选出其中几种。不同的土地用途，对土地的各种性状，如气候、土壤、植被、地理、地质、水文以及社会经济属性，都有不同的要求。其次，对土地的各种性状进行基础调查，并按照所考虑的土地用途的要求进行分析说明，绘出相应的评价结果，如各种土地用途的适宜程度等。

(二)土地利用评价的原理

土地评价的实质是分析土地质量与土地用途两者之间的关系，它的研究对象是土地质量(如气候、地形、土壤、水文、社会经济因素等)和土地用途(包括各种土地利用方式)，它的研究目标是分析各种可能被考虑的土地用途在一定区域内的适宜性程度，包括当前适宜性和潜在适宜性、生态适宜性、经济适宜性和社会适宜性。因此，土地评价是一个复杂的系统，必须灵活地应用好以下原理。

1)多样性原理：在进行土地利用评价时，要针对一定地区一定时期的土地质量和土地用途，确定不同的目标，采用不同的方法，做到具体问题具体分析。特别是在应用其他地区的或以前的土地评价成果时，一定要考虑条件的差异性。

2)综合性原理：土地质量是一个多样因素影响的统一体。另外，土地用途的要求也是多种多样的，如花生最适宜的土壤质地是砂土；小麦最适宜的土壤质地是壤土；棉花在坐桃期需要湿润的水分条件，而成熟期需要干燥的水分条件。因此，在分析土地质量和土地用途的要求时，一定要全面考虑各种因素之间的关系，采用综合、全面分析的方法。

3)限制性原理：在土地利用评价时，重点找出主要的限制因子，分析其与土地用途的关系。这为土地改良提供了非常直观的依据。限制性原理必须以综合性原理为基础，而进行综合性分析，再找出限制性因素。

4)相对性原理：由于不同地区的自然条件和社会经济条件不同，土地质量上存在很大差异，为了评价不同地区的实际需要，往往在评价时将本地区内质量最好的土地定为一等地，最差的土地定为末等地，这样处理使不同地区的土地质量等级之间的差异不尽一致，同一等级的土地的实际质量也可能不一样，因此土地评价的结论是相对一定地区而言的。

5)可比性原理：土地评价的结果是所评价地区土地质量好坏程度的反映，因此必须具有可比性。要做到这一点，就必须建立统一的评价标准或指标体系。

六、土地利用评价的类型

土地利用评价包括的范围很广，由评价目的、用途、方法、手段和体系的差异，土地评价可分为多种类型。

(一)按评价研究内容分类

从土地评价研究的核心内容土地质量看，土地利用评价可分为土地资源评价、土地经济评价、土地环境评价和土地可持续利用评价。

土地资源评价可进一步分为土地潜力评价和土地适宜性评价。土地潜力评价主要依据土地的性质及其对于土地的某种持久利用程度，就土地在该种利用方面的潜在能力对其作出等级划分。土地适宜性评价是根据在一定状况下土地质量对于特定利用类型的适宜程度来评定土地的等级，有多宜性评价和单宜性评价之分。单宜性评价是根据某一种具体目的和土地利用的具体要求评价土地；多宜性评价把土地看成是适合多种用途的实体，评价结果反映土地对于多种用途的优劣等级。

土地可持续利用评价可持续发展理论要求人类在发展中不仅仅讲求经济效益，还要关注生态和谐追求社会公平。可以说，可持续发展是一种新的人类生存方式，不但体现在以资源利用和环境保护为主的环境生活领域,更要体现在作为发展源头的经济生活和社会生活中去。

土地经济评价主要是从土地的自然和社会经济属性出发，分析各评价对象土地的单位生产耗费量(投入)与收获产品(产出)之间的对比关系，以此来衡量土地在一定的投入产出状况下的质量等级水平，换言之，是用经济的可比指标，对土地的投入-产出的经济效果进行评定。土地经济评价强调从土地经济属性角度，从土地利用的经济学等方面评价土地质量。

土地环境评价是对土地这一复杂系统环境质量优劣的评定。土地系统是许多子系统构成的复杂综合系统，相应的，土地环境评价是对评价区域的气候环境质量和土壤环境质量、水资源环境质量、生态环境质量和社会经济环境质量等的综合评价。

（二）按评价对象分类

以评价的对象为标准，土地利用评价可分为农用地和非农用地的评价。前者主要是对耕地、林地点地、园地等农用地生产力、效益差异、级差收益分布状况的评价；后者包括对城市工商和建设用地、工矿用地、交通用地、旅游业用地等非农用地的评价。

（三）按评价方法分类

从评价的方法来划分，土地利用评价主要可分为直接评价法和间接评价法。直接评价法又称实验法，是指利用试验手段直接去探测土地质量对各种用途的影响大小，进而确定其适宜性(包括适宜程度)、限制性(包括限制程度)和生产潜力。直接评价法的优点是评价结果比较准确可靠，但这种准确和可靠性只局限于试验区，对大范围地区的土地评价具有局限性。间接评价法是指通过对影响土地适宜件、生产力的各种因素及其性质进行间接诊断或鉴定，由此推论土地质量的高低，评定土地的等级。迄今为止的土地评价，大多采均间接评价法。

七、土地利用评价的基本流程和方法

土地利用评价的工作程序大致可以分为三个主要阶段：土地利用评价的准备阶段、土地利用评价的中间过程、土地利用评价的资料管理和成果汇报，具体如图 5-2.

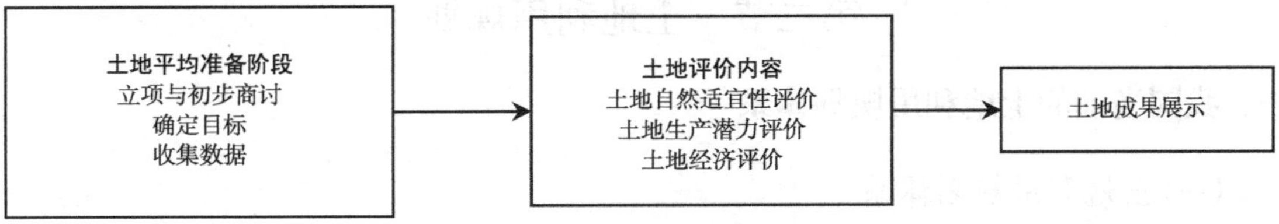

图 5-2　土地利用评价流程

土地利用评价的准备阶段，其主要任务包括立项、确定目标、工作人员及相应的物质条件的配备、基础数据的收集与工作计划的制定等。

土地利用评价的中间过程，首先要确定土地利用种类及其要求和限制性，然后对土地利用评价单元和土地质量进行评价，土地利用评价的资料管理是对在土地利用评价过程中使用过的资料进行分类，建档并保存的过程。在土地利用评价的过程中，会用到大量收集到的原始资料和实际调查资料，同时也有为做出结论而产生的大量中间资料，这些资料虽然在土地评价的成果中将不再涉及，但也应该进行有效的管理，因为它们是成果的基础，必要时也可能成为成果的补充说明。

土地利用评价的不同成果汇报是土地利用评价的最终目的，为了使土地评价的成果被有效地利用，就必须作条理清楚、观点鲜明、论据充分的成果汇报。土地利用评价的成果汇报，包括两个方面的内容：土地评价报告书和土地评价成果图。目前，土地评价的内容和方法大致可分为以下三个层次：土地自然适宜性评价、土地生产潜力评价、土地经济评价。

土地利用评价的情况多变，其方法也是多种多样的，一般概括为两种：两阶段法和平行法。此外，在进行土地评价时也常用到一些数学方法，下面简单介绍几种。

1）主成分分析方法。土地利用评价在对影响土地质量和土地价值的因素进行分析时，会碰到众多因素，且因素间存在着相关关系，将这些存在相关关系的因素通过数学方法综合成少数几个最终参评因素，使这几个新的因素既代表原来因素的信息又相互独立，从而简化问题并抓住其本质是分析过程中的关键，主成分分析方法可以解决这个难题。

2) 系统聚类分析方法。聚类分析亦称群分析或点群分析，它是研究多要素事物分类问题的数量方法。其基本原理是根据样本自身的属性，用数学方法按照某些相似性或差异性指标，定量地确定样本之间的亲疏关系，并按这种亲疏关系程度对样本进行聚类。聚类分析方法是研究要素分类问题的重要的数量分析方法，常见的聚类分析方法有系统聚类法、模糊聚类法和灰色聚类法等。

3) 特尔菲法。特尔菲法又称专家打分法，它是一种客观的综合多数专家经验与主观判断的技功，以用于各种领域的决策和判断过程。特尔菲法之所以在系统分析占有重要地位，关键在于它能添加非技术性的定员分析的要素作概率运算。并将概率估算结果告诉专家，充分发挥信息反馈和信息控制的作用，使分散的评价意见逐次收敛，最后集中在协调一致的结果上。因此，其结果可信度较高，是系统工程中一种很重要的测定方法。

4) 层次分析法。美国运筹学家 A. L. Saaty 于 20 世纪 70 年代提出的层次分析法，是一种定性与定量相结合的决策分析方法，它是一种将决策者对复杂系统的决策思维过程模型化、数据化的过程。应用这种方法，决策者通过将复杂问题分解为若干层次和若干因素，在各因素之间进行简单的比较和计算，就可以得出不同方案的权重，为最佳方案的选择提供依据。

第二节　土地利用规划

一、我国当前的土地利用规划体系

（一）土地利用规划体系

土地利用规划亦称土地规划，是指在土地利用的过程中，为达到一定的目标，对各类用地的结构和布局进行调整或配置的长期计划。是根据土地开发利用的自然和社会经济条件，历史基础和现状特点，国民经济发展的需要等，对一定地区范围内的土地资源进行合理的组织利用和经营管理的一项综合性的技术经济措施。

我国的土地利用规划体系按等级层次分为土地利用总体规划、土地利用专项规划和土地利用详细规划；按区域性质分为行政区、自然区和跨行政区土地利用规划；按规划时间期限可分为土地利用长期、中期和短期规划。土地利用长期规划一般属于战略性规划，年限一般为 10 年或 20 年，土地利用总体规划即是土地利用长期规划。中、短期规划多属过渡性规划，是长期规划的深入和补充，是由宏观向微观过渡的规划，是长期规划的实施规划。我国的土地利用总体规划从国家土地管理局 1987 年底提出开展编制，也即是第一次土地利用总体规划算起，到现在已有 25 年实践的历史，在全国范围开展了三轮，逐渐形成了一整套的技术规范和严密的规划实施管理监督体系。第二轮土地利用总体规划是于 1996 年开始的，在完成了土地详查后，以 1996 年土地变更调查数据为基数，进行 1997 ~ 2010 年的土地利用总体规划。而第三轮土地利用总体规划于 2005 年国家开始布置进行土地利用总体规划的修编，也就是 2006 ~ 2020 年的土地利用总体规划。

(二)土地利用总体规划

1. 土地利用总体规划的概念

土地利用总体规划是指在各级行政区域内，根据土地资源特点和社会经济发展要求，对今后一段时期内(通常为15年)土地利用的总安排。

根据我国《土地管理法》第一章第四条和第三章的规定，目前，我国从全国土地利用总体规划到省、市、县、乡土地利用总体规划分别由各级人民政府编制。

土地利用总体规划是城乡建设、土地管理的纲领性文件，是落实土地用途管制的依据，是实行最严格的土地管理制度的一项基本手段。

2. 土地利用总体规划的主要内容

不同级别的土地利用总体规划在内容上有所区别，市以下规划的主要内容主要有三个方面。

明确土地利用的基本方针。在土地利用总体规划的土地利用基本方针是：坚持在保护中开发、在开发中保护的方针，采取有力措施，严格限制农用地转为建设用地，控制建设用地总量，对耕地实行特殊保护，积极开展土地整理，加强生态环境建设，实现土地资源可持续利用。

调整土地利用结构和布局。通过充分协调和综合平衡，提出土地利用结构和布局调整方案，即确定规划目标年各类土地面积和布局。其中，耕地面积、基本农田面积、建设占用耕地面积、开发整理新增耕地面积、城镇用地面积5项为控制性指标。

制定实施规划的措施。根据法律法规，制定配套的、切实可行的政策及措施，保障规划的实施。通常的实施措施包括：制定年度计划、执行建设项目用地预审制度、严格农用地转用审查、严格城市、镇、村建设规划审查，指导农业结构调整。

二、我国当前的土地利用规划的主要内容

(一)土地利用现状分析

土地利用现状分析是指通过土地利用现状分析和评价，提供土地利用的基础数据，分析土地利用现状结构和布局。找出土地利用变化的规律，在此基础上归纳土地利用现状分析中反映出的土地利用特点和土地问题，分析规划期间可能出现的各种影响因素，分清轻重缓急，提出规划要重点解决的土地利用问题。

1. 土地供给量预测

科学地评价土地质量是编制好土地利用总体规划的基础，在编制规划时应当充分运用土地质量评价资料。在土地质量评价基础上，对区域建设用地(城镇、水利、交通、特殊用地等)利用潜力和农业用地(耕地、园地、林地、牧草地、水面)利用潜力进行测算。同时对未利用用地的分布、类型、面积进行分析，评价未利用土地适宜开发利用的方向和数量。

2. 土地需求量预测

依据区域国民经济发展指标，土地资源数量、质量、自然和社会经济条件，由各用地部门提交规划期间用地变化预测报告和用地分布图，并对预测进行必要的分析和校核，对区域建设用地需求量和农业用地需求量进行具体预测。

3. 土地利用结构与布局调整

根据规划的目标和用地方针，对各类用地的供给量和需求量进行了综合的平衡，依据土地利用调整次序和土地利用结构与布局调整的步骤和方法，合理安排各类的用地，调整用地的结构和布局。统筹协调土地开发、利用、保护、整治措施，拟定重点建设项目用地布局方案，土地整理、土地复垦和土地开发方案，以及区域土地结构调整方案。根据区域土地利用调整指标和规划分区，结合区域土地利用现状、土地资源潜力和经济发展目标，在与部门规划相衔接的基础上，分解下达下一级规划各类用地的控制性指标，为编制下一级规划提供依据。

4. 土地利用分区

土地利用分区是指通过土地利用分区与土地利用控制指标相结合的方法，把规划目标、内容、土地利用结构和布局的调整及实施的各项措施相结合，落实到土地利用分区，省级以上规划的土地利用分区，提出各区土地利用的特点、结构和今后利用的方向及提高土地利用率的主要措施；县级以下的土地利用分区，提出土地利用的具体用途，制定各分区土地利用管制规则；市(地)级规划分区可结合具体情况实施。

(二)我国当前的土地利用规划的实施管理

1. 土地利用规划成果资料

土地利用规划成果资料内容是土地利用规划成果的主要部分，是一张全面组织土地利用的总设计图。土地利用规划说明书是指全部规划的文字说明，主要内容包括基本情况、土地利用战略研究、管理体制、土地利用结构和居民点的布局，各业生产用地的划分及其内部规划，水利、道路、林带等基本建设项目的规划，基本建设投资以及规划实施与经济效益概算等。

技术和法律文件及其他调查资料。其包括上级有关指示，如发展方向、社会经济发展指标等，以及规划方案审查决议、有关的重要会议记录、协议、调查资料与图表，如土地利用现状图、土壤图等。

2. 土地利用规划图的编制程序

技术设计属精确设计，须在初步设计方案取得规划单位和上级部门批准同意后才能进行此项设计。技术设计应在优质复制图上进行，要求对各规划项目进行精确的设计。无论是界线或面积，在图上都应准确无误，并可按技术设计图来计算面积和进行现场定界工作。技术设计完成后，即可进行清绘整饰，成为土地利用规划工作的主要成果。

3. 实施规划关键措施

为加强土地管理，实施土地利用总体规划，控制建设用地总量，引导集约用地，切实保护耕地，保证本市经济社会的可持续发展，根据《中华人民共和国土地管理法》、《国务院关于深化改革严格土地管理的决定》(国发〔2004〕28号)制定本办法。土地利用年度计划的编制、上报、分解、执行和监督，适用本办法。本办法所称土地利用年度计划，是指根据国家对土地利用年度计划的要求，结合本市实际情况，对本市计划年度内农用地转用量、土地开发整理补充耕地量和耕地保有量的具体安排。

4. 实施规划相关措施

城市总体规划编制与报批根据社会经济发展状况及城市建设的需要，提请市政府组织编制城市总体规划，市政府下达规划编制计划，提出总体要求。拟定城市总体规划编制任务书，择优委托规划设计单位，签订项目合同书，开展总体规划编制工作。针对编制中的重大问题，由市政府组织有关部门进行综合协调和论证。提请建设部组织召开总体规划纲要审查会，审查规划大纲。提请建设部组织召开总体规划论证会，审查规划方案。报请市城市规划委员会对总体规划方案进行审议，提请市人大审查同意后，依照有关规定上报审批。城市总体规划经国务院批准后，将成果印制、公布、归档并组织宣传。

分区规划编制与报批。拟定分区规划编制任务书，择优委托规划设计单位，签订项目合同书，提供相关基础资料。组织相关部门对规划设计单位提交的分区规划方案进行初审，形成初审意见。修改完善后形成中间成果。经审核，组织专家及相关部门对中间成果进行评审，形成专家意见和会议纪要。经修改完善后，形成报批成果。报批成果经市规划局审查通过后，拟定上报文件，报市规划委员会审议。经市规划委员会审议通过后，报市政府审批。经市政府批准后，将成果印制、公布、归档和组织宣传。

控制性详细规划的编制与报批。控制性详细规划由市规划局组织编制，必要时可会同有关区政府或业务主管部门共同组织。拟定控制性详细规划编制任务书，择优委托规划设计单位，签订项目合同书，提供相关基础资料。组织相关部门对规划设计单位提交的控制性详细规划方案进行初审，形成初审意见。修改完善后形成中间成果。经审核，组织专家及相关部门对规划中间成果进行评审，形成专家意见和会议纪要。经修改完善后，形成报批成果。报批成果经市规划局审查通过后，拟定上报文件，报市规划委员会审议。经市规划委员会审议通过后，报市政府审批。经市政府批准后，将成果印制、公布、归档和组织宣传。

修建性详细规划的编制与报批。规划局组织编制的修建性详细规划，由市规划局拟定修建性详细规划编制任务书，择优委托规划设计单位，签订项目合同书，提供相关基础资料。其他单位委托单独编制的修建性详细规划，由市规划局下达规划设计条件，并负责组织审查。组织相关部门对所有单独编制的修建性详细规划成果进行审查，必要时邀请专家进行评审，形成会议纪要和专家意见。经修改完善后，形成报批成果。拟定审批意见，报分管局领导审查同意后形成批复意见。经市规划局批准后，将成果印制、公布、归档和组织宣传。

案例分析 5-1：土地利用总体规划调整完善工作

2014 年 11 月 21 日，国土资源部召开土地利用总体规划调整完善工作视频会议，明确了土地规划调整完善的目标和要求，并要求各地将土地规划调整完善作为当前土地规划管理的中心任务全力推进。部党组成员、副部长王世元在作动员部署时强调，要切实把土地规划调整完善作为当前土地规划管理的中心任务全力推进，确保尽快保质、保量完成这项工作，并要求各地抓紧成立专门的工作班子，确保人员和经费到位，确实贯彻落实党中央、国务院对国土资源工作一系列的新要求。做好规划调整完善工作十分重要和紧迫，是贯彻落实党中央、国务院对国土资源工作一系列新要求的迫切需要，是落实最严格耕地保护制度和最严格节约用地制度的根本要求，是推进新型城镇化和城乡一体化发展的重要保障，也是提高土地利用统筹管控能力和加快建设法治国土的客观要求。

2014 年 6 月 25 日，国土资源部部长、党组书记、国家土地总督察姜大明主持召开第 16 次部长办公会，就《土地利用总体规划调整完善工作方案》进行了审议并获通过。该方案中提出土地利用总体规划调整完善工作要完成三项任务：一是科学论证耕地保有量，要依据第二次全国土地调查数据成果，调整增加耕地保有量和基本农田保护面积，合理安排生态退耕；二是有序推进“三线”划定，优先划定永久基本农田保护红线和生态保护红线，合理确定城市开发边界；三是及时更新规划数据库，做到图、数和实地相一致。

根据视频会议，此次土地利用总体规划调整完善的总体思路是：认真落实党中央、国务院新要求，适应经济和社会发展的需要，依据土地调查和规划评估结果，重点调整完善耕地和基本农田保护目标，进一步强化耕地和基本农田保护，优化土地利用结构和布局，保障稳增长、促改革、调结构、惠民生各项政策措施的落实。规划调整完善要坚持保护优先、节约集约，统筹兼顾、突出重点、上下协调、有序推进的基本原则。工作重点如下：①在做好土地利用规划评估的同时，要开展国土资源环境承载力潜力评价研究。②合理调整规划目标和各项控制指标，各省区新增建设用地规模原则上保持不变。③优化土地利用布局。基本农田布局确需调整的，必须要依据二次调查和耕地质量等级评定结果，按照布局基本稳定、数量不减少、质量有提高的要求，对现有基本农田保护任务和空间布局只能作适当调整；建设用地布局调整要以资源环境承载力评价为基础，严控特大城市、大城市和城市新区无序扩张。④加强协调，推进“三线”划定和“多规合一”。“三线”，即优先划定永久基本农田保护红线，生态保护红线，城市开发边界，以及“多规合一”，将随本次规划调整完善而同步开展。虽然此前国土资源部一直在推进“基本农田保护区”的有关工作，但此次正式提出“永久基本农田保护红线”要划定实施。按照我国现行土地管理制度，在新增建设用地审批过程中，原则上不得占用基本农田，而永久基本农田保护红线的划定，实际上即是“禁止征地”的红线。此线一出，将对地方政府用于经济发展的土地资源有更多的约束。而永久基本农田保护红线、城市开发边界一旦确立，地方政府粗放式、低成本的城镇化模式，将难以继续维系，将进一步迫使城市发展要实现从增量到存量与减量规划的转型。这都是涉及地方经济发展的焦点问题，也很可能成为接下来该项工作的难点、亮点所在。工作开展建议如下：

1）土地利用总体规划的调整完善工作不单单是国土部门的工作，而是一个地方政府的极具“把脉性”工作，涉及面广，内容较多，因此需精心组织，建立由政府主管领导牵头的领导小组，积极稳妥、有序地推进这项工作。同时，要向全社会尤其是各级领导干部广泛宣传土地规划调整完善的重要意义，使广大干部群众充分认识到土地规划的地位和作用。要提倡“开门编规划”，广泛征求社会各方面的意见，集思广益，公示规划成果，吸引公众参与规划的编制和监督执行。

2）通过最新的土地利用变更调查数据库、影像数据，认真调查、分析本地土地利用潜力的基础上，结合历年已批准建设用地规模等，分析本区域内剩余新增建设用地空间，摸清自身家底。

3）对建设项目上马，要坚持“盘活存量，集约利用”的原则，充分利用存量土地，对新增建设规模的调整，要科学预测建设用地的时序，优先安排重点项目和近期实施项目，并结合征地难易程度、资金投入等多方面的综合研究，在建设用地总量不变的前提下调剂好土地利用规划指标的余缺，防止土地利用上产生新的矛盾。做好与相关规划的衔接工作，确保规划的科学合理。

4）加强与城镇村规划协调，结合存量调查，妥善处理好供给与需求、存量与增量、人口规模与用地规模、占用耕地与补充耕地等方面的关系，切实解决民生问题，即要兼顾城镇、中心镇、中心村建设规划的调整，使多个规划衔接一致。

5)对基本农田布局确需调整的，必须要依据二次调查和耕地质量等级评价结果，按照布局基本稳定、数量不减少、质量有提高的要求，妥善处理好城市发展与耕地保护关系，对现有基本农田保护任务和空间布局作适当调整。

6)为保证规划调整完善工作的顺利开展，各级政府要安排足够的工作经费，特别要注意加大对土地规划信息系统建设的投入，使土地利用规划管理逐步走向精细化、现代化、规范化。各地区可以在借鉴土地利用总体规划评估修改试点地区经验的基础上全面推开。

三、“多规合一”规划

(一)“多规合一”的定义

“多规合一”是指将国民经济和社会发展规划、城乡规划、土地利用规划、生态环境保护规划等多个规划中涉及的相同内容互相融合，融合到一张可以明确边界线的市县域图上，实现一个市县一本规划、一张蓝图，解决现有的这些规划自成体系、内容冲突、缺乏衔接协调等突出问题。在“多规”乃至更多的规划里，都涉及有部分相同的工作内容，尤其是与空间安排相关的内容在规划上应该是统一的，而且必须统一。

“多规合一”并非指只有一个规划，而是指只有一个城市空间，在规划安排上互相统一，同时加强规划编制体系、规划标准体系、规划协调机制等方面的制度建设，强化规划的实施和管理，使规划真正成为建设和管理的依据和龙头。

(二)“多规合一”中需要解决的实践问题

1. 经济社会发展与土地开发利用相协调

以往作规划，只强调经济社会各阶段发展指标，而对完成各阶段指标所需要的土地能否与城市土地规划相一致考虑不够。例如在编制生态城市经济社会发展规划时，将2010年、2015年、2020年经济社会指标与生态城市各阶段用地配置计划进行了对接，以产业占地和产业发展的客观规律为基准测算各项指标；反过来，城市土地规划又按产业发展规律对土地的要求，调整优化了土地开发利用规划，两个规划互补完善，形成了良性循环。

2. 经济社会发展与资源环境相协调

经济社会发展需要生产要素的支撑，需要资源的承载力和环境容量为依据。在编制生态城经济社会发展规划时，对生态城产业选择、交通基础设施、公共服务等内容充分与城市建设总体规划进行了对接。考虑生态建设的要求，选择绿色建筑产业、环保科技研发服务业等产业作为生态城未来产业，交通为绿色出行方式。同时，又将经济发展规律、社会事业发展特点反馈给城市总体规划，使城市的规模与发展方向与确定的产业及规模相衔接，实现经济社会发展与资源环境相协调。

3. 经济社会发展与土地空间布局相协调

产业布局、基础设施建设、公共事业发展等是经济社会发展规划中重要的内容，落实到具体区域时，与土地空间分布和城市空间规划必须相配套。以往针对这些内容从产业、经济的角度考虑较多，对土地的性质、功用考虑较少。生态城经济社会发展规划即从本规划的角度出发，又从城市空间布局和土地在产业用地、社会事业用地、基础设施用地这三者之间的分配和布局考虑，使产业布局即符合产业自身发展规律，又与城市发展空间、土地分布相匹配，达到经济社会发展与土地空间布局相协调。

4. 产业、人口、城市相协调

国内外有许多产业与人口脱离的区域，出现了“睡城”、“鬼城”（空城），这种不成功的案件就是因为产业与城市规划脱节造成的后果。在编制生态城规划过程中，始终贯穿以产业集聚人口、形成城市的理念，从产业成长的规模、产业性质考虑城市人口规模和人口素质，与城市发展定位、规模相适应，形成产业与人口良性互动、城市良性发展的模式。

案例分析 5-2：全国 28 市县开展“多规合一”试点

国家发改委、国土部、环保部和住建部四部委 2014 年 11 月中旬联合下发《关于开展市县“多规合一”试点工作的通知》（以下简称《通知》），提出在全国 28 个市县开展“多规合一”试点。28 个市县分别为：辽宁省大连市旅顺口区、黑龙江省哈尔滨市阿城区、黑龙江省同江市、江苏省淮安市、江苏省句容市、江苏省泰州市姜堰区、浙江省开化县、浙江省嘉兴市、浙江省德清县、安徽省寿县、福建省厦门市、江西省于都县、山东省桓台县、河南省获嘉县、湖北省鄂州市、湖南省临湘市、广东省广州市增城区、广东省四会市、广东省佛山市南海区、广西壮族自治区贺州市、重庆市江津区、四川省宜宾市江津区、四川省绵竹市、云南省大理市、陕西省富平县、陕西省榆林市、甘肃省敦煌市、甘肃省玉门市。

这项试点是深化改革一项要务。推进市县“多规合一”是中央全面深化改革领导小组第二次会议确定的 2014 年经济体制和生态文明体制的一项重要任务。根据中央的要求，相关部委要形成一个推进“多规合一”的试点工作方案，上报中央全面深化改革领导小组办公室。这项试点如果广泛推进，有望强化政府空间管控能力，实现国土空间集约、高效、可持续利用，也是改革政府规划体制，建立统一衔接、功能互补、相互协调的空间规划体系的重要基础。

《通知》要求试点、探索“多规合一”的具体思路，研究提出可复制、可推广的“多规合一”试点方案，形成一个市县一本规划、一张蓝图。同时探索完善市县空间规划体系，建立相关规划衔接协调机制。具体而言，提出了四项试点内容。

首先，四部委要求合理确定规划期限。统筹考虑法律法规要求和各类规划的特点，探索确定统一协调的规划中期年限和目标年限，作为各类规划衔接任务的时间节点。以 2020 年作为规划的中期年限，研究探索将 2025 年和 2030 年作为规划中长期目标年限的可行性和合理性。

其次，《通知》提出要合理确定规划目标。把握市县所处大区域背景，按照市县的不同主体功能区定位以及上位规划的要求，统筹考虑国民经济和社会发展规划、城乡规划、土地利用规划和生态环境保护等相关规划目标，研究“多规合一”的核心目标，合理确定指标体系。

第三，《通知》要求按照资源环境承载能力，合理规划引导城市人口、产业、城镇、公共服务、基础设施、生态环境和社会管理等方面的发展方向与布局重点，探索整合相关规划的控制管制分区，划定城市开发边界、永久基本农田红线和生态保护红线，形成合力的城镇、农业和生态空间布局，探索完善经济社会、资源环境和控制管控措施。

再者，四部委还要求，构建市县空间规划衔接协调机制。从支撑市县空间规划有效实施的需求出发，提出完善市县空间规划的建议，探索整合各类规划以及衔接协调各类规划的工作机制。

实际上，“多规合一”的探索从十五期间就开始了，由最初的“两规合一”到后来的“三规合一”，再到现在各地的“四规合一”和“五规合一”等，各种规划之间相互协调的要求逐步在提高。“多规合一”的探索在规划领域将可能产生两个结果：一是促使综合性规划的产生，其性质类似于日本的全国国土综合规划和德国的空间规划，国内代表性的是广州于2009年编制完成的总体发展战略规划，即在各规划之上编制一个综合性的指导性规划，综合发展规划、空间规划，以及人口和环境规划等内容；二是促使规划体系的全方位变革，包括规划行政体系和规划法律体系，如机构的合并和新建，以及相关法律的制订等，如上海国土与规划机构的合并实践。

在“多规合一”思路上，建议强化市县国民经济和社会发展规划的基础性和引领性地位，构建由市县国民经济和社会发展总体规划为统领的空间规划体系，理由是在各类规划中国民经济和社会发展规划的法律效力相对比较高，需要报同级人大的批准。市县国民经济和社会发展总体规划主要由空间发展战略内容和五年发展纲要两部分组成，两者为指导与落实的关系，且相互反馈完善。其中空间发展战略内容进一步由城市总体规划、土地利用规划、生态环境规划等落实衔接，五年发展纲要由城乡建设近期规划、土地利用近期规划、生态环境近期规划落实衔接。

第三节　房屋建设规划

一、房屋建筑规划

(一)房屋建设平面规划

1. 房屋建设平面规划

建筑物的建造的程序为：编制计划任务书、建设场地的选择和判断、设计、施工、工程验收及交付使用等几个主要阶段。设计工作又是其中比较关键的环节。设计人员必须贯彻执行建筑方针和政策，正确掌握建筑标准，重视调查研究，力求以更少的材料、劳动力、投资准，重视调查研究，力求以更少的材料、劳动力、投资和时间来实现各种要求，使建筑物做到适用、坚固、经济、美观。通过设计这个环节，把计划中有关设计任务的文字资料，编制成表达整幢或组成建筑立体形象的全套图纸。

2. 建筑设计阶段

建筑设计一般分为初步设计和施工图设计两个阶段，对于大型的、比较复杂的工程，也有采用三个设计阶段，即在两个设计阶段之间，还有一个技术设计阶段，用来深入解决各工种之间的协调等技术问题。

初步设计阶段。建筑设计的第一阶段是初步设计，它的主要任务是在已定的基地范围内，综合考虑技术经济条件和建筑艺术方面的要求，按照设计任务书所拟的建筑使用要求，提出设计方案。建筑初步设计有时可有几个方案供建设单位进行比较、选择，经有关部门审议并初步设计的内容包括确定建筑物的组合方式，选定所用建筑材料和结构方案，确定建筑物在基地的位置，说明设计意图，分析设计方案在技术上、经济上的合理性，并提出概算书。

3. 技术设计阶段

技术设计是初步设计具体化的阶段，其主要的步骤是在设计的基础上进一步确定建筑设计各工种之间的技术问题。技术设计的图纸和设计文件，要求建筑工种的图纸标明与技术工种有关的详细尺寸，并制建筑部分的技术说明书，结构工种应有建筑结构布置方案图，并附初步计算说明，设备工种也提供相应的设备图纸及说明书。

4. 施工图设计阶段

施工图设计是建筑设计的最后阶段。它的主要任务是在初步设计和技术设计的基础上，进一步确定建筑、结构、设备各工种，相互交底，核实核对，深入了解材料供应、施工技术、设备等条件，把满足工程施工的各项具体要求明确无误地反映在图纸上，作为施工时的依据，做到整套图纸齐全统一。

施工图设计的内容包括：确定全部工程尺寸和用料，绘制建筑、结构、设备等全部施工图纸，编制工程说明书、结构计算书和预算书。

(二)建筑平面组合设计

建筑设计不仅要求每个房间本身具有合理的形状和大小，而且还要求各个房间之间以及房间与内部交通之间保持合理的联系。建筑平面组合设计，就是将建筑的各个组成部分通过一定的形式连成一个整体，并满足使用方便、造价经济、形象美观以及符合总体规划的要求，尽可能地结合基地环境，使之合理完善。在进行建筑平面组合时，首先要对建筑物进行功能分析，而功能分析通常借助于功能分析图进行，功能分析图是用来表示建筑物的各个使用部分以及相互之间联系的简单分析图。平面组合设计的任务：将建筑平面中的使用部分、交通联系部分有机地联系起来，使之成为一个使用方便、结构合理、体型简洁、构图完整、造价经济及与环境相协调的建筑物。

目前民用建筑常用的结构类型有三种：墙体承重结构、框架结构、空间结构。

小空间的多层建筑宜采用墙承重结构，某些大空间建筑、高层建筑宜采用框架结构，以大空间为主体的建筑宜采用大跨度空间结构。在平面布置时应将其设置于集中部位，不要分散布置。尽量做到管线路线应简捷、在剖面设计时，应将设备管线上、下对齐等方面。

二、工业建筑平面规划

(一)工业建筑

1. 定义

工业建筑是指供人民从事各类生产活动的建筑物和构筑物。工业建筑种类繁多，工业厂房按用途可分为生产厂房、辅助生产厂房、仓库、动力站，以及各种用途的建筑物和构筑物。

2. 工业建筑设计的基本原则

第一，满足生产要求。这是确定工业建筑设计方案的基本出发点。与工业建筑有关的工艺要求是：①流程。直接影响各工段、各部门平面的次序和相互关系。②运输工具和运输方式。与厂房平面、结构类型和经济效果密切相关。③生产特点。如散发大量余热和烟尘，排出大量酸、碱等腐蚀物质或有毒、易燃、易爆气体，以及有温度、湿度、防尘、防菌等卫生要求等。

第二，良好的生产环境的要求。①首先要有良好的采光和通风。如果自然采光不能满足工艺要求，则采用人工照明(见工业建筑照明)。如采用自然通风，要了解厂房内部状况(散热量、热源状况等)和当地气象条件，设计好排风通道。特别是一些会产生大量余热的地方应重点解决好自然通风问题。③控制噪声。除采取一般降噪措施外，还可设置隔声间。④对于某些在温度、湿度、洁净度、电磁屏蔽、防辐射等方面有特殊工艺要求的车间需要在设计前就详细规划好并采取相应措施。⑤要注意厂房内外整体环境的设计，包括色彩和绿化等。

第三，合理选择结构形式。根据生产工艺要求和材料、施工条件，选择适宜的结构体系。

三、房屋建筑组合和立面规划

(一)民用建筑等级划分

按照建设部《民用建筑工程设计收费标准》的规定，我国目前将各类民用建筑工程按复杂程度划分为特、一、二、三、四、五，共六个等级，设计收费标准随等级高低而不同。《注册建筑师条例》参照这个标准进一步规定，一级注册建筑师可以设计各个等级的民用建筑，二级注册建筑师只能设计三级以下的民用建筑。所以了解民用建筑的等级划分，对于建筑师执业是重要的。

(二)民用建筑复杂程度等级的具体标准。

1. 特级工程

列为国家重点项目或以国际活动为主的大型公建以及有全国性历史意义或技术要求特别复杂的中小型公建。如国宾馆、国家大会堂，国际会议中心、国际大型航空港、国际综合俱乐部，重要历史纪念建筑、博物馆、美术馆，三级以上的人防工程、高大空间有声、光等特殊要求的建筑，如剧院、音乐厅，或者是30层以上建筑。

2. 一级工程

高级大型公建以及有地区性历史意义或技术要求复杂的中小型公建。如高级宾馆、旅游宾馆，高级招待所、别墅，省级展览馆、博物馆、图书馆，高级会堂、俱乐部，科研实验楼(含高校)，300床以下医院、疗养院、医技楼、大型门诊楼，大中型体育馆、室内游泳馆、室内滑冰馆，大城市火车站、航运站、候机楼，摄影棚、邮电通讯楼，综合商业大楼、高级餐厅，四级人防、五级平战结合人防等，或者16～29层或高度超过50米的公建。

3. 二级工程

中高级的大型公建以及技术要求较高的中小型公建。如大专院校教学楼，档案楼，礼堂、电影院，省部级机关办公楼，300 床以下医院、疗养院，地市级图书馆、文化馆、少年宫，俱乐部、排演厅、报告厅、风雨操场，大中城市汽车客运站，中等城市火车站、邮电局、多层综合商场、风味餐厅，高级小住宅等，或者是16～29层住宅。

4. 三级工程

中级、中型公建。如重点中学及中专的教学楼、实验楼、电教楼，社会旅馆、饭馆、招待所、浴室、邮电所、门诊所、百货楼，托儿所、幼儿园，综合服务楼、2 层以下商场、多层食堂，小型车站等，或是7～15层有电梯的住宅或框架结构建筑。

四、城市总体规划与房屋资源

(一)城市组成要素与城市用地功能组织

城市，是以非农业产业和非农业人口集聚形成的较大居民点(包括按国家行政建制设立的市、镇)。一般而言，人口较稠密的地区称为城市，一般包括了住宅区、工业区和商业区并且具备行政管辖功能。城市的行政管辖功能可能涉及较其本身更广泛的区域，其中有居民区、街道、医院、学校、写字楼、商业卖场、广场、公园等公共设施。

城市总体布局是城市社会、经济、环境以及工程技术与建筑空间组合的综合反映。对于城市的历史演变和现状存在的问题，自然和技术经济条件的分析，城市中各种生产、生活活动规律的研究，包括各项用地的功能组织，城市建筑艺术的探求，无不涉及到城市的总体布局，而对于这些问题的研究成果，最后都要体现在城市的总体布局中。城市总体布局是城市总体规划的重要工作内容，它是一项为城市长远合理发展奠定基础的全局性工作，而且用来指导城市建设，作为规划管理的基本依据之一。

(三)居住区的规划布局

1. 居住区的规划布局

居住区的规划布局应综合考虑路网结构、公建与住宅布局、群体组合、绿地系统及空间环境等的内在联系，构成一个完善的、相对独立的有机整体，居住区住宅建筑和规划设计，应综合考虑用地条件、选型、朝向、间距、绿地、层数与密度、布置方式、群体组合和空间环境等因素确定。居住区公共服务设施包括教育、医疗卫生、文化体育、商业服务、金融邮电、市政公用、行政管理等设施。公共服务设施项目指标应按有关规范规定确定。居住区内绿地应包括公共绿地、宅旁绿地、配套公建所属绿地和道路绿地等。绿地率新区建设不应低于 30%；旧区改造不宜低于 25%。居住区道路可分为居住区道路、小区路、组团路和宅间小路四级，其道路规划设计应符合有关规范规定。

2. 建筑基地与住宅容积率

建筑基地也可以称为建筑用地。它是有关土地管理部门批准划定为建筑使用的土地。建筑基地应给定四周范围尺寸或坐标。基地应与道路红线相连接，否则应设通路与道路红线相连接。基地与道路红线相连接时，一般以道路红线为建筑控制线。如城市规划需要，主管部门可在道路红线以外另订建筑控制线。建筑基地地面宜高出城市道路的路面，否则应有排除地面水的措施。基地如果有滑坡、洪水淹没或海潮侵袭可能时，应有安全防护措施。车流量较多的基地(包括出租汽车站、车场等)，其通路连接城市道路的位置应符合有关规定。

建筑容积率是每公顷住宅用地上拥有的住宅建筑面积或以住宅建筑总面积与住宅用地的比值表示，是建筑规划设计中一项重要指标。它可以控制建筑基地内建筑的规模和高度，以便留出一定的空地作为绿化交通广场用地，也可以控制建筑物的层数以符合城市规划的要求。当地城市规划主管部门对需要建设的基地应提出建筑容积率指标。

3. 建筑红线

建筑红线由道路红线和建筑控制线组成。道路红线是城市道路(含居住区级道路)用地的规划控制线；建筑控制线是建筑物基底位置的控制线。基地与道路邻近一侧，一般以道路红线为建筑控制线，如果因城市规划需要，主管部门可在道路线以外另订建筑控制线，一般称后退道路红线建造。任何建筑都不得超越给定的建筑红线。《民用建筑设计通则》(JGJ37—87)规定建筑物的台阶、平台、窗井、地下建筑及建筑基础，除基地内连通城市管线以外的其他地下管线不允许突出道路红线。

4. 建筑总平面布置

根据建设项目的性质、规模、组成内容和使用要求，因地制宜地结合当地的自然条件、环境关系，按国家有关方针政策、有关规范和规定合理布置建筑，组织交通线路，布置绿化，使其满足使用功能或生产工艺要求，做到技术经济合理、有利生产发展、方便职工生活，称为建筑总平面布置。总平面布置应有必要的说明和设计图纸。说明的内容主要应阐述总平面布置的依据、原则、功能分区、交通组织、街景空间组织、环境美化设计、建筑小品和绿化布置等。总平面设计图应包括以下几方面内容：①地形和地物测量坐标网、坐标值；场地施工坐标网、坐标值；场地四周测量坐标和施工坐标。②建筑物、构筑物(人防工程、地下车库、油库、贮水池等隐蔽工程以虚线表示)的位置，其中主要建筑物、构筑物的坐标(或相互关系尺寸)、名称(或编号)、层数、室内设计标高。③拆废旧建筑的范围边界，相邻建筑物的名称和层数。④道路、铁路和排水沟的主要坐标(或相互关系尺寸)。⑤绿化及美化设施布置和其他设施布局。

(四)旧居住区改建规划

旧居住区改造按照“组团成片、区域开发”的原则，改造区域占地面积控制在 50 亩以上、改造后建筑面积控制在 5 万平方米以上，并按照下列程序办理：

市拆迁管理部门在考虑城市规划、重大市政工程建设、居民改造愿望等因素的基础上，提出改造区域基本范围，向市建设规划部门发函；市建设规划部门依据城市总体规划，确定改造范围和改造范围内的规划设计条件、要求，并向市拆迁管理部门复函。市拆迁管理部门根据复函制定拆迁改造项目计划，报市政府批准后实施。凡涉及需经拆迁建设的项目，市建设规划、国土资源等部门未收到市拆迁管理部门的信函，不得办理相关手续。

制定并通过改造区域安置补偿方案。由市拆迁管理部门根据市建设规划部门确定的规划设计条件、要求，结合改造区域现有建筑物的实际情况，经征求意见后，出台该改造区域的安置补偿方案。被拆迁房屋安置期限为一年，逾期由开发单位按照有关法规承担临时安置补偿费等责任。开发建设过程中的各项税费由开发企业依法承担，同时享受有关优惠政策。被拆迁房屋由市拆迁管理部门统一拆除。

同时制定保障措施。在旧居住区改造工作中，宣传部门要积极发挥舆论导向作用，充分利用电视、网络等媒体，开辟专栏，多层次、多角度、大范围地宣传旧居住区改造的重大意义和美好前景，并及时报道旧居住区改造工作进度和工作成果，大力表彰工作中涌现出的先进单位、集体和个人。有关的部门可以广泛开展小区座谈、入户访谈等相关活动，对改造区域的居民进行有针对性的教育、引导。

案例分析 5-3：土地利用现状分析

根据××市战略目标，针对目前土地利用与管理中出现的土地利用效益不高、耕地与生态保护压力较大等突出问题，通过制定符合科学发展观的土地利用战略与目标，统筹安排各区域、各行业用地，提高土地节约集约利用水平，引导土地利用战略和方式的转变，保障××市社会、经济、环境可持续发展的用地需求。首先，他们先对土地利用的现状进行分析研究，得出以下的几点。

(1) 土地利用方式多样

2005年××市土地总面积159271公顷，其中农用地面积88040公顷，占土地总面积的55.28%；建设用地面积47805公顷，占土地总面积的30.02%；其他土地面积23426公顷，占土地总面积的14.71%。各类土地都占有一定比例，土地利用适宜性广，有利于土地资源的多样开发利用和产业综合发展。

(2) 土地利用地域差异明显

受制于自然环境与区位条件，××市东部、中部和西部的土地利用差异明显。东部为广阔的海岛区，主要为林渔业、旅游和军事等用地；中部为沿海平原和丘陵带，地理位置优越，是整个城市的中心区，城镇用地成片集中布局；西部为冲积平原与低山丘陵交错带，水网密布，自然条件较好，农业生产潜力较大，以农业用地为主。需要得出土地的利用现状的同时，更加需要找到规划发展中存在的一些问题，并在规划中得到充分的重视和研究，对下一步的工作提供了理论的依据。土地利用存在的主要问题：①耕地面积总体趋减。1996年××市耕地保有量为40289公顷，到2005年耕地保有量减少到29309公顷，年均减少1220公顷。人均耕地面积也呈逐年下降趋势，由1996年的0.04公顷/人减少到2005年的0.02公顷/人。②土地利用效益不高。2005年××市地均生产总值为40万元/公顷，相对珠江三角洲平均水平(88万元/公顷)尤其是深圳市、广州市等超过100万元/公顷的发达水平，×市的土地经济效益还有较大的提升空间。针对上面的问题，提出了一系列的战略。规划期间，××市土地利用紧紧围绕“建设核心城市、生态文明和科学发展示范市”的战略定位以及××市实施“东部大转型、西部大开发”的发展战略，实施“保障发展、节约集约、区域协调、生态优先”的土地利用战略。保障××市经济社会发展对用地的合理需求，落实重大项目用地需求，促进国家和区域发展战略的落实；强化节约集约用地，盘活存量建设用地，提高土地节约集约利用水平；立足珠三角，强化与港澳、珠三角其他城市在产业、基础设施等用地上的区域分工和协作，统筹协调东部与西部用地发展格局，统筹城乡发展；保护耕地和基本农田，协调土地利用与生态环境建设，探索生态建设与农地保护的协调发展模式，发挥农地最大生态效益。从中可以看到一个城市的总体规划对一个城市的发展具有十分重要的作用。通过案例分析我们可以了解到，要做好城市总体规划的工作需要从多方面去思考和实践，从实践中发现规律和问题，不断吸取经验，更好完善好各项工作。

思考题

1. 土地与土地利用的主要区别是什么？
2. 土地利用总体规划的主要内容有哪些？
3. 土地利用总体规划、土地利用专项规划与土地利用详细规划三者有何区别和联系？
4. 实施土地评价时需要坚持怎样的原则。
5. 辨析省(区)级土地利用总体规划与地(市)级土地利用总体规划的概念。

第六章　不动产交易市场管理

【章节介绍】本章主要根据不动产交易中不动产组成要素的不同，分别介绍土地交易市场、房地产交易市场和资本交易市场的相关基本知识及其运行机制及调控政策。

第一节　不动产交易市场管理概述

一、交易与不动产交易

1. 交易的定义

《易·系辞下》：“日中为市，致天下之民，聚天下之货，交易而退，各得其所。”，原指以物易物，后来随着商品经济的发展，泛指买卖商品。

交易，又称贸易、交换，是买卖双方对有价物品及服务进行互通有无的行为。它可以是指以货币为交易媒介的一种过程，也可以是以物易物的行为，例如用一只黄牛交换三只猪。

2. 交易方式

交易方式是指交易过程中双方采用的各种具体做法，是交易双方联系的手段和方式。交易方式是随着商品交易的产生而产生的。任何一种交易方式都是与一定的生产规模、生产方式相联系的，根据不同商品、不同地区、不同对象以及双方的不同需要而逐渐形成的，并随着商品经济的发展而不断发育和完善的。交易方式既不是固定不变的，也不是可以任意选择的，有一个逐步发展、逐步完善的过程。这个过程一般表现为：从野蛮到文明、从单一到多样、从简单到复杂、从传统到现代，以适应多品种、大批量、远距离商品流通发展的需要。

目前不动产交易的方式主要包括买卖、租赁、抵押、典当、信托等。

3. 不动产交易

不动产由于其不可移动性、独一无二性等特点，使得其与一般商品不同，不能够集中在某个固定的场所看样定货而完成不动产交易。因此，不动产在交易的过程中，不动产本身并不发生流通，而是不动产的所有权、使用权、抵押权等权利在平等主体之间的流转。

综上所述，不动产交易是指以不动产为商品进行的买卖、租赁、抵押等各种经营活动的总称，其实质是不动产权利的交换。

二、不动产交易市场的分类

现代商品经济社会，商品的交易形式多种多样，并且不断得到创新，信用交易、信托交易等交易形式不断推陈出新，形式越来越灵活。不动产交易也不例外，为了更深入了解不动产交易市场，探索不动产交易市场的规律，需要对不动产交易市场进行细分。根据不同的需要，可以从不同的角度对不动产交易市场进行分类。其中主要的几种分类如下。

1. 根据不动产交易中不动产组成要素的不同划分

1) 土地使用权交易市场。是指国家对城市土地使用权的有偿有期限出让，以及获得土地使用权的使用者将获得的土地进行一定程度的开发后，将经过开发的土地的土地使用权有偿转让的交易市场。

2) 房屋所有权交易市场。是指将房屋通过以支付对价为代价而取得房屋所有权等权利而形成的不动产交易市场，其流转方式主要包括买卖、租赁、抵押等。

3) 不动产融资市场。是指通过银行等金融机构，用信贷、抵押贷款、住房储蓄、发行股票、债券、期票，以及开发企业运用商品房预售方式融资等市场行为。

4) 不动产劳务市场。是指为保证不动产项目正常运营而进行物业管理的活动，以及室内外装饰、维修、设计等活动的市场。

5) 不动产中介服务市场。这主要是指与不动产项目相关的房地产咨询、可行性论证、房地产估价、土地估价、房地产经纪、土地登记代理等中介服务形成的不动产市场。

2. 按交易流转次数划分

根据这种划分标准，可将不动产交易市场划分为不动产一级市场、二级市场和三级市场，具体为：

1) 不动产一级市场又称土地一级市场（土地出让市场），是土地使用权出让的市场，即国家通过其指定的政府部门将城镇国有土地或将农村集体土地征用收为国有土地后出让给使用者的市场。不动产一级市场是由国家垄断的市场。

2) 不动产二级市场。又称增量不动产市场。是指生产者或者经营者把新建、初次使用的房屋向消费者转移，主要是生产者或者经营者与消费者之间的交易行为。

3) 不动产三级市场。又称存量不动产市场。是购买不动产的单位和个人，再次将不动产产权转让或租赁的市场。也就是不动产再次进入流通领域进行交易而形成的市场，也包括房屋的交换。

三、不动产交易市场管理的必要性

（一）不动产交易市场管理的必要性

1. 不动产交易市场管理是由不动产市场本身的特性决定的

1) 不动产交易市场的客体——不动产，是一种稀缺性资源特别是土地资源，是人类进行各项生产、生活活动必不可少的物质基础，因此，任何一个国家都对本国的不动产交易市场进行严格管理、监督和调控。

2) 由于不动产的不可移动性（位置固定性），在不动产交易市场上流通的不是不动产本身，而是其权利，而不动产的产权及其流转必须在国家法律确认和保护下才能充分实现，即不动产登记，因此，不动产交易市场的正常运行离不开国家的管理。

3) 由于不动产尤其是土地具有保值增值特性，不动产交易市场与其他一般商品交易市场相比具有更大的投机性。据《2013 年我国城市房地产租价比专题报告》中指出，2009～2013 年，我国六大主要城市北京市、上海市、广州市、深圳市、天津市、杭州市和青岛市的住宅物业租价比在 2%～4%，低于同期 5 年期银行贷款利率，表明我国当前住宅物业租金上涨缓慢，住宅物业投资主要以赚取差价为主，住宅物业销售价格居高不下。为此，必须由国家运用各种法律手段、经济手段以及必要的行政手段来抑制各种不动产投机行为，管理不动产交易市场。

2. 不动产交易市场中出现的问题也要求加强不动产交易市场管理

1)不动产资源配置不合理。首先，城市土地“优地劣用”现象普遍，土地利用效率低下，同时，城市规模仍然不断向外膨胀，导致城市郊区耕地大幅下降，“摊大饼”式的外延扩张与城市内部的低效率土地利用形成鲜明对比。其次，一方面商品房大量空置，而另一方面商品房价格居高不下，刚性需求得不到满足。再次，区域之间无序竞争，低水平的重复建设，导致产业结构趋同，城市不动产宏观配置不合理。这些问题都充分说明当前不动产资源配置尚不合理，需要加强宏观管理和调控。

2)不动产收益分配不合理。国有土地收益大量流失，一方面，一些地方政府为了尽快吸引更多外资，盲目实行地价优惠政策，有的地价之低不足以补偿征地费用，不仅造成国家巨额土地收益流失，而且由此导致大量的“失地农民”的出现，产生严重的社会问题。目前，尽管我国工业用地出让推行招标、拍卖和挂牌方式，实际以挂牌居多，协议方式限行，但工业用地出让溢价率不高，以广东省工业较发达城市中的中山市和东莞市为例，近五年(2009～2013年)溢价率均低于10%，工业物业土地出让成本优势明显。

第二节 土地交易市场管理

一、土地交易市场概述

(一)土地交易市场的定义及分类

1. 土地交易市场

从狭义上讲，土地交易市场是指以土地作为交易对象进行交易的场所；从广义上讲，土地交易市场是指土地这种特殊商品在流通过程中发生的经济关系的总和。

我国现阶段的土地制度为社会主义土地公有制，具体分为全民所有制和劳动群众集体所有制两种形式。因此，土地交易市场应包括城市土地交易市场和农村土地交易市场。当前，由于我国农村土地市场正处于萌芽阶段。因此，本节只讨论目前比较成熟的城市土地交易市场及其管理。

2. 土地交易市场的分类

根据不同的需要，按照不同的标准，从不同的角度对土地交易市场进行分类，主要包括按土地市场类型的分类和按市场层次结构的分类。

(1)按土地市场类型的分类

多数土地究其本身来看，可以有多种不同的用途，如可以用于工业、居住、办公、商业等，土地具有用途多样性的特点，土地市场也就包括各类用地的市场，主要包括住宅用地市场、商业用地市场和工业工地市场等类型。土地虽然具有用途多样性特点，但现实中土地的用途并不是其拥有者可以随意决定的。一方面土地使用要符合城市规划等规定，另一方面，各类用地市场之间的关系是通过土地各用途之间的竞争来实现的，即土地最高最佳使用的竞争，存在着不同用途以及利用方式之间的竞争和优选问题。在同一区位上，不同的用途可能带来的收益会不同；而同一用途在不用区位上可能带来的收益也不同。在市场经济中，土地的使用者趋向于在法律允许的范围内以最高最佳利用原则使用土地。

(2)按市场层次结构的分类

1)土地一级市场，也称土地使用权的出让市场。土地一级市场是指国家将一定期限内的土地使用权让与土地使用者而形成的市场，反映的是土地所有者和土地使用者之间的经济关系。由土地所有制性质所决定，土地一级市场是国家垄断的市场。目前，我国土地一级市场存在三种交易方式：出让、出租和入股，其中出让是最为常见的交易方式，它又包括协议、招标、拍卖和挂牌四种方式。

2)土地二级市场。土地二级市场是指土地使用权人将剩余年限的土地使用权让与其他土地使用者而形成的市场，反映的是土地使用者与土地使用者之间的经济关系。土地二级市场其主要市场活动是开发商根据政府的有关规定和出让合同要求，对土地进行开发和建设，并将经过开发后的土地使用权连同地上定着物进行转让、出租、抵押等。土地二级市场是国家调控下的以市场调节为主的市场。

(二)我国土地交易市场的形成与发展

我国土地市场的形成与发展，是经济体制改革和对外开放的结果。土地市场是市场经济体系的一个重要组成部分，它的产生必然以商品经济发展到一定阶段为前提条件，伴随市场经济的发展而发展，在时间上呈现出阶段性。

1. 土地市场的萌芽阶段

1980 年，因为对外开放举办中外合资企业我国开始提出征收土地使用费，1982 年，深圳特区开始按照城市不同等级的土地向土地使用者收取不同标准的使用费，抚顺、广州等城市从 1984 年起也先后推行。当时征收土地使用费的出发点是为了解决城市基础设施建设资金长期短期问题，并没有为土地使用者转让土地使用权开绿灯，对传统土地使用制度触动不大。1987 年下半年，深圳特区率先开展土地使用权有偿出让和转让的试点工作，做法是国家出让土地使用权及允许进行土地使用权抵押，揭开了我国土地使用制度改革的序幕，土地供应引进了市场机制。1988 年福州、海口、广州、厦门、上海、天津等城市也相继进行了这方面的试点。

2. 土地市场的形成阶段

1988 年以前，土地不被认为是商品，土地不得出租或以其他形式非法转让，这被视为区分社会主义商品经济与资本主义商品经济的重要标志之一。到了 1988 年 4 月和 12 月，我国《宪法》和《土地管理法》分别作了修改，修订后的《土地管理法》正式宣布土地有偿使用制度的确立。我国开始了通过市场机制配置土地资源的尝试。

1990 年 5 月，《城镇国有土地使用权出让和转让暂行条例》颁布实施，由此中国土地市场建立和发展有了法律依据。该条例共八章五十四条，对土地使用权出让、转让、出租、抵押、终止以及划拨土地使用权等问题作了明确规定。同时要求各省、自治区、直辖市人民政府根据该条例的规定和当地的实际情况，选择部分比较成熟的城市先行开展城镇国有土地使用权出让和转让的试点，土地资源的市场配置在全国展开。1992 年，邓小平同志南方谈话和十四大以后，全国土地市场的培育、发展进程大大加快。到 1992 年底，全国除西藏外的 29 个省(市、区)都已经开展土地出让工作。

3. 土地市场的发展与完善阶段

1993 年起，全国各地大搞开发区建设，土地投机盛行，炒卖土地现象非常严重，出现了

“土地热”和“开发区热”，土地供过于求。为此，国务院开始整顿土地市场。1994 年 7 月 5 日全国人大常委会通过了《城市房地产管理法》(自 1995 年 1 月 1 日起实施)，该法明确规定“国家依法实行国有土地有偿、有限期使用制度”，并对土地使用权的出让和转让做了进一步的补充完善，城市土地市场发展进入一个新的阶段。1998 年 3 月 10 国土资源部成立，1998 年 8 月，新的《土地管理法》问世，并于 1999 年 1 月 1 日起施行。它从内容上突出了切实保护耕地这一主题，加强了土地使用的宏观管理，土地市场逐步发展和完善。1999 年，国土资源部下发了《关于进一步推行招标拍卖出让国有土地使用权的通知》，严格限定行政划拨供地和协议出让土地的范围，并限定了协议出让土地使用权的最低价格。2001 年，国务院下发了《国务院关于加强国有土地资产管理的通知》，从严格控制建设用地供应总量，严格实行国有土地有偿使用制度、大力推行土地使用权招标、拍卖，加强土地使用权转让管理，加强地价管理和规范土地审批的行政行为等六个方面，提出了具体要求，规定商业、旅游、娱乐和商品住宅等各类经营性用地，必须以招标、拍卖或者挂牌方式出让。自此，以招标、拍卖和挂牌出让方式作为经营性国有土地使用权市场配置方式正式确立。

二、土地交易市场的运行机制及调控政策

(一) 市场运行机制的内涵

市场机制是市场运行的实现机制，是通过市场价格的波动、市场主体对利益的追求、市场供求的变化，调节经济运行的机制，是市场经济机体内的供求、竞争、价格等要素之间的有机联系及其功能。

市场既是供需双方活动的舞台，有时对供需双方行为的一种基本约束。市场上商品供过于求，会引起价格下跌，从而引起商品生产减少、消费增加；供不应求，会引起价格上涨，从而引起商品生产增加、消费减少。

(二) 土地交易市场运行机制

土地市场是依靠以价格形成机制为核心的市场机制的作用来运行的，土地价格的形成是由土地的供给与需求来决定的。土地的供求机制和价格决定机制是土地市场运行机制的核心。

土地市场机制是市场机制在不动产领域的反映，但是，由于土地市场是一个典型的不完全市场，其市场机制具有其特殊性。

1. 土地市场供给机制

土地供给是指在某一特定时间内，在某一土地市场，某类用途土地在某一价格水平下可供出售或出租的数量，这是一种有效供给。由于土地的用途不同，即使在同一地域市场内，其市场价格也是不同的。

土地供给包括土地自然供给和土地经济供给。一般而言，无论市场上土地的价格如何变动，土地的自然供给是不变的，即土地自然供给基本无弹性。但是，由于土地用途是可以改变的，对某一用途的土地而言，土地的供给是可以变化的。如随着城市化进程的加快，城市人口迅速增加，城市对建设用地的需求急剧增长，从而引起城市土地价格上涨，导致城市周围更多的农地转化为城市建设用地。这就是土地经济供给的变化。可见，土地的经济供给是有弹性的。

2. 土地市场需求机制

土地需求是在某一特定时间内，在某一土地市场，某类用途土地在某一价格水平下被购买或租出的数量。不同用途的土地，即使在同一地域市场内，土地需求也是不同的，如某城市商业用地市场和工业用地市场，在某一价格下，商业用地需求的增加并不能说明工业用地的需求也增加。

土地作为一种生产要素，其需求是一种引致需求。由于土地的产品，如农产品、房屋等，是消费者的最终消费品，人们对其消费，能给投资者带来利润。消费者对土地产品的欲望和需求最终引致投资者对土地的需求。城市人口对城市住宅需求的增加，导致住宅价格的上涨，住宅价格上涨，使住宅投资利润增加，从而吸引更多的社会资金投资住宅生产，最终导致对城市住宅用地需求的增加。与土地供给不同，土地需求是有弹性的。

3. 土地价格

土地价格是由土地的供给与需求二者共同决定的。根据上述土地的供给和需求原理，在某一土地市场，当土地的价格持续上升，土地的供给量增加，但土地的需求量减少，最后该市场的土地供过于求，出现过剩，从而会使土地滞销，土地价格就会下降；相反，当土地价格持续下降时，土地需求量就会增加，但土地供给量会减少，最后该市场的土地供不应求，出现短缺，从而会使土地价格上涨。需求与供给二者相互作用的结果，最终使土地的供给和需求会在某一价格上相等，这时，既没有过剩，也没有短缺，达到市场均衡，这时该需求价格等于供给价格就称为均衡价格。

(三)土地交易市场供需调控

一般市场中，通常是土地供给和需求两个基本方面协同竞争构成市场机制，并形成动态均衡价格，管理是作为外在的因素发挥激励或抑制作用，以调节“市场失灵”问题。然而，在我国土地市场中，由于国有土地有偿使用制度，其土地供应具有垄断性，加之土地的空间位置固定性等特点，使得政府作为土地市场的管理者具有两重性，一方面充当土地市场的管理者和调控者；另一方面已成为土地市场的基本要素，直接决定市场的土地供给。

1. 土地市场供需调控的主要内容

(1)土地市场供需调控的方向

供需调控的方向包括两方面的内容：一是选择调控目标；二是确定调控措施的作用方向。选择调控目标的确定依据是一定时期内土地市场发展目标。确定调控措施的作用方向则需要在明确调控目标的基础上，对当前土地市场的运行状态和变化趋势进行分析。作用方向大致可分为两类：一类是刺激土地市场发展的措施，其作用方向是向上，如减免税收、降低贷款利率等；另一类是抑制土地市场发展的措施，其作用方向是向下，控制贷款规模、限制土地供给量等。一般来说，在土地市场景气循环的萧条阶段和复苏阶段，应采用作用方向向上的调控措施，例如为应对2008年国际金融危机，国家加大金融对经济发展的支持力度，多次下调存款准备金率和存贷款基准利率、增加货币供应；在土地市场出现“过热”预兆时，应采用作用方向向下的调控措施。

(2)土地市场供需调控的时间

在土地市场实际运行中，土地供给的关键在于时间。确定供需调控时间，也就是要确定何时开始调控，调控时间应持续多长。在确定土地市场供需调控的时间问题上，必须考虑以下三个方面：供需调控措施的决策时间、供需调控效应的滞后时间、调控效应的惯性。土地市场的供需调控必须与土地市场监测预警系统相结合。

(3) 土地市场供需调控的力度

供需调控力度大小与作为调控手段的变量的变化大小相关。在决定土地市场供需调控的力度时，要考虑如下因素：土地经济波动的幅度、调控手段从使用到产生效应的滞后时间、调控效应惯性大小和调控环境等。

2. 土地市场供需调控的政策

(1) 发展规划和计划

土地利用总体规划是在一定区域内，根据国家社会经济可持续发展的要求和当地自然、经济、社会条件，对土地的开发、利用、治理、保护在时空上的总体安排和布局，是国家实行土地用途管制的基础。通过土地利用总体规划，国家将土地资源在各产业部门进行合理配置，对土地市场具有宏观调控作用，也是政府控制土地供给量，协调供求关系，调节和稳定土地价格的重要手段。一方面，土地利用总体规划确定规划期内建设用地总量和耕地保有量的控制指标，制约着土地市场的土地供应总量；另一方面，县级土地利用总体规划以划分土地利用区的形式明确土地用途，土地用途的转变受土地用途管制的制约。

土地利用计划是指根据土地利用总体规划和经济、社会发展的需要，对各类用地数量的具体安排，一般分为长期计划、中期计划和年度计划，年度计划是把握土地入市环节，调控土地市场的有效手段。在一级市场上，政府作为唯一的土地供应者，合理确定每年各类土地供应数量和投放时机对土地市场供需平衡有直接影响：土地供应过多，则导致土地价值难以实现，造成土地资源的浪费，还影响到政府对整个不动产市场的调控能力；土地供应不足，则会导致不动产价格上涨，不利于居民解决住房问题。

(2) 财政政策

财政政策是指国家根据一定时期政治、经济、社会发展的任务而规定的财政工作的指导原则，通过财政支出与税收政策的变动来影响和调节土地总需求，土地市场中采用的财政政策主要包括地租政策、税收政策和财政投资政策。

财政政策在调节土地市场发展速度和供求关系上发挥着重要的作用：①税收政策作为财政收入政策对土地市场的供需调控作用体现在通过对土地市场运行过程中不同环节进行征税实现对土地市场的调控和通过减免税实现对土地市场的调控。②财政投资政策对土地市场的调控作用主要体现在财政投资的导向作用上，利用财政投资引导社会投资，以调整产业结构和调节地区土地市场的不均衡状态。

(3) 金融政策

国家金融政策是政府对土地市场供需进行调控的重要手段。金融政策对土地市场的调控可分为直接调控和间接调控。直接调控是指政府通过制定土地金融政策依靠中央银行直接干预土地信用业务的质和量。间接调控是指国家通过利率和贷款成数等金融杠杆来调节货币供应量和需求量，进而调控土地市场供需。当土地市场出现过热，政府可以采取紧缩性的货币政策，如提高税率、调高房地产抵押贷款利率和紧缩信贷等，抑制土地投机投资性需求，使土地价格下降，土地交易量减少，土地市场趋于稳定；反之亦然。

(4) 土地储备制度

土地储备制度，是我国在土地管理方式逐步从计划经济体制向市场经济体制转变，土地利用方式由外延粗放型向内涵集约型转变的背景下，以经营城市为出发点，以提高土地利用效率和优化土地资源配置为目的，合理运用社会主义市场经济的宏观调控手段，实现土地资产保值增值。2007 年 11 月 19 日，国土资源部、财政部、中国人民银行三部委联合制定出台《土地储备管理办法》，该办法以“完善土地储备制度，加强土地调控，规范土地市场运行，促进土地节约集约利用，提高建设用地保障能力”为目地。通过建立土地储备制度，政府掌握了土地的“统一收购权”和“垄断供应权”，土地储备中心代表政府在土地一级市场上供应土地的唯一渠道，实现了政府在土地一级市场上垄断土地供应的目标。

土地储备制度的运作主要包括土地收购、土地储备和土地供应三个程序。

1）土地收购。土地收购是指根据市政府授权及其制定的土地储备计划，土地储备中心收购或收回市区范围内国有土地使用权的活动。其工作程序是申请收购、权属核查、征询意见、费用测算、方案报批、收购补偿、权属变更、交付土地。土地收购补偿费一般按被收购土地的开发成本计算。对于以出让方式取得的土地使用权，收购补偿费还应包括对土地使用权人已支付的土地出让金的补偿，但应扣除原土地使用权人已实际使用土地期间应付出的出让金部分。

2）土地储备。对于进入土地储备体系的土地，在出让给新的土地使用单位以前，由土地储备中心负责组织前期开发和经营管理。

3）土地供应。对进入土地储备体系的土地，由土地储备中心根据城市发展需要和土地市场需求制定土地供应计划，有计划地统一向用地单位供应土地。根据现行土地管理规定，储备土地的供应方式可分为招标拍卖挂牌出让和协议出让两种类型。

（四）土地交易市场价格管理

地价制度是指土地价格形成和土地交易过程中所涉及和必须遵守的基本制度的总称。

1. 土地使用权协议出让

《城市房地产管理法》第十二条规定：“采取双方协议方式出让土地使用权的出让金不得低于按国家规定所确定的最低价”。《协议出让国有土地使用权最低价确定办法》（1995 年 6 月 28 日国家土地管理局令〔1995〕第 2 号发布）、《国务院关于加强土地调控有关问题的通知》（国发〔2006〕31 号）、2007 年 9 月 21 日国土资源部第 3 次部务会议审议通过的《招标拍卖挂牌出让国有建设用地使用权规定》等相关文件都对协议出让方式的具体适用范围、最低出让价格等做出更详细的规定。

2. 土地价格定期公布制度

《城市房地产管理法》第三十二条规定，“基准地价、标定地价和各类房屋重置价格应当定期确定并公布。具体办法由国务院规定。”基准地价和标定地价是城市政府管理地价的基本参照地价，也是房地产投资者进行投资决策的主要依据。

3. 提前收回土地使用权的补偿制度

国家对土地使用者依法取得的土地使用权，在出让合同约定的使用年限届满前不收回；在特殊情况下，根据社会公共利益的需要，可以依照法律程序提前收回，并根据土地使用者使用土地的实际年限和开发土地的实际情况给予相应的补偿。

4. 土地价格申报制度

《城市房地产管理法》第三十四条规定：“国家实行房地产成交价格申报制度，房地产权利人转让房地产，应当向县级以上地方人民政府规定的部门如实申报成交价，不得瞒报或者作不实的申报。土地交易权利人转让土地使用权，应当向县级以上地方人民政府土地管理部门如实申报成交价，不得瞒报或者作不实的申报”。

5. 政府对土地使用权转移有优先购买权

《城镇土地使用权出让和转让暂行条例》第二十六条规定，土地使用权转让价格明显低于市场价格的，市、县人民政府有优先购买权。

6. 征收土地增值税

《土地增值税暂行条例》规定，凡有偿转让国有土地使用权、地上建筑物及其他附着物并取得收入的单位和个人为土地增值税的纳税人。土地增值税的征税范围包括国有土地、地上建筑物及其他附着物。

7. 土地价格评估制度和土地估价人员资格认证制度

《城市房地产管理法》第三十三条规定：“国家实行房地产价格评估制度。”第五十八条规定：“国家实行房地产价格评估人员资格认证制度。”

房地产价格评估，应当遵循公正、公平、公开的原则，按照国家规定的技术标准和评估程序，以基准地价、标定地价和各类房屋的重置价格为基础，参照当地的市场价格进行评估。

8. 城市地价动态监测

城市地价动态监测是政府宏观管理中土地市场动态监测制度的主要内容。城市地价动态监测是指根据城市土地市场的特点，通过设立地价监测点，收集、处理并生成系列的地价指标，对城市地价状况进行观测、描述和评价的过程。通过城市地价动态监测，可以调查城市地价的水平及变化趋势，及时向社会提供客观、公正、合理的地价信息，为政府加强地价管理和宏观调控土地市场提供决策依据。

为了更好地了解市场地价状况和制定地价政策，从 1999 年开始，国土资源部即着手在全国各城市建立地价监测系统。通过该系统将各城市的地价变化情况传输至国土资源部，国土资源部依此及时制定相应的地价管理政策，同时，利用监测数据编制全国地价指数，并定期发布。目前，全国主要大城市已在国土资源部的帮助下，建立本市的地价监测系统。

第三节　房地产交易市场管理

一、房地产交易市场管理

(一)房地产开发概述

房地产开发是指在依法取得国有土地使用权的土地上，按照城市规划要求进行基础设施、房屋建设的行为。因此，取得国有土地使用权是房地产开发的前提，而房地产开发也并非仅限于房屋建设或者商品房屋的开发，而是包括土地开发和房屋开发在内的开发经营活动，既包括从取得土地开始，进行土地和建筑物的开发、出售或出租土地或建筑物的典型房地产开发活动，也包括从购买现有建筑物开始，经更新改造后再出租或出售建筑物的房地产开发活动。

(二)房地产开发的一般程序

开发商自有投资意向开始至项目建设完毕出售或出租并实施全寿命周期的物业资产管理，大都遵循一个合乎逻辑和开发规律的程序(表 6-1)。该程序通常分为八个步骤。

表 6-1　不动产开发的一般程序

步骤	内容
1. 提出投资设想	探讨投资可能性，快速判断多个投资机会的可行性
2. 细化投资设想	选择开发用地，做出初步设计方案，探讨技术可行性和获取开发用地可行性
3. 可行性研究	进行正式市场研究，将开发计划报送政府部门，根据预估的成本和价格进行可行性研究，综合判断项目的可行性
4. 获取土地使用权	开发商可以通过土地出让和转让两个市场获取土地使用权
5. 合同谈判与协议签署	确定最终设计方案、租售方案、总承包商，得到贷款书面承诺，获得建设工程规划许可证和开工许可 3 个合同 3 个协议： 工程类：合作开发协议、工程施工合同 融资类：建设贷款协议、长期融资协议 交易类：预租售合同和保险合同
6. 工程建设	成本管理、进度管理，批准市场推广和工程变更、解决建设纠纷、支付工程款(注意这两个和建设不直接相关的程序)
7. 竣工交用	接入市政设施，进行市场推广和租售，组建物业队伍，入住，办证还贷
8. 物业资产管理	作用：延长物业资产的经济寿命、保持并提升物业资产价值、提高资产运行质量

房地产开发的八个步骤包括：

1)提出投资设想。开发商在对当地房地产市场有比较深入地了解并占有大量市场信息的基础上，探讨投资可能性，寻找多个可供选择的投资机会，在头脑中快速判断其可行性。

2)细化投资设想。开发商选择出实现其开发设想的开发用地，探讨技术可行性，与潜在的租客、业主、银行、合作伙伴、专业人士接触，做出初步设计方案，探讨获取开发用地的可行性。

3)可行性研究。开发商自己或委托顾问机构进行正式市场研究，分析市场供给关系，估算市场吸纳率，根据预估的成本和价格进行可行性研究，将有关开发计划报送政府有关部门，从法律、技术和经济等方面综合判断项目可行性。

4)获取土地使用权。没有可供开发建设的土地，任何开发投资方案和决策都还是纸上谈兵。开发商可以通过土地出让和转让两个市场获取土地使用权。如果拟开发地块是政府正在进行招拍挂出让的土地，开发商就必须参与政府土地出让招拍挂活动，通过与其他开发商的公开竞争，获取开发建设用地的土地使用权。如果拟开发地块是政府已经出让的地块，就需要与当前的开发商谈判土地转让事宜，通过收购公司股权或合作开发等方式，来获取土地使用权。

5)合同谈判与协议签署。开发商根据市场研究中得到的客户需求特征确定最终设计方案，开始合同谈判，得到贷款书面承诺，确定总承包商，确定租售方案，获得政府的用地、规划等许可。之后，签署正式协议或合同，包括合作开发协议、建设贷款协议和长期融资协议、土地出让或转让合同、工程施工合同、保险合同和预租(售)合同。

6)工程建设。开发商根据预算进行成本管理，批准市场推广和开发队伍提出的工程变更，解决建设纠纷，支付工程款，实施进度管理。

7)竣工交用。开发商组织物业管理队伍、进行市场推广和租售活动，政府批准入住，接入市政设施，业主或租客入住，办理分户产权证书、偿还建设贷款，长期融资到位。

8)物业资产管理。委托专业物业管理、进行更新改造和必要的市场推广工作，以延长物业资产的经济寿命、保持并提升物业资产价值、提高资产运行质量。

（三）房地产开发制度与政策

房地产开发的最终产品，即一个新开发或再开发的物业，是许多专业人士共同协作努力的结果。开发活动需要金融机构参与，没有金融机构的支持，房地产开发会受到很大制约；开发活动需要规划设计、工程技术、工程管理专家和建筑物工人参与，这是开发项目建造质量和效率的关键；开发商在整个开发过程中，还需要与政府机构打交道，以解决有关土地获取、政府审批、规划调整、征收补偿、建筑规范、市政设施和基础设施配套等问题。因此，政府需要对房地产开发企业、房地产开发项目等进行严格管理，以确保房地产开发市场的健康持续发展。

1. 房地产开发企业的管理

(1)房地产开发企业的设立条件

房地产开发企业是依法设立，具有企业法人资格的，以盈利为目的，从事房地产开发和经营的经济实体。房地产开发企业又称开发商或发展商，有些地方法律文件中也称建设单位。《城市房地产开发经营管理条例》对房地产开发企业设立、管理有明确的规定。

(2)房地产开发企业资质等级

国家对房地产开发企业实行资质管理。为了加强对房地产开发企业管理，规范房地产开发企业行为，原建设部于2000年3月发布了《房地产开发企业资质管理规定》(原建设部令第77号)。规定中指出，国家对房地产开发企业实行资质管理。房地产开发企业资质按照企业条件分为一、二、三、四等四个资质等级。各等级资质对房地产开发企业的注册资本、从事房地产开发经营时间、近3年房屋建筑面积累计竣工面积、连续5年建筑工程质量合格率、上一年房屋建筑施工面积、专业管理人员人数等方面都有详细条件要求。

(3)房地产开发企业设立的程序

新设立的房地产开发企业，应当自领取营业执照之日起 30 日内，持营业执照复印件、企业章程、验资证明、企业法定代表人的身份证明、专业技术人员的资格证书和聘用合同等文件到登记机关所在地的房地产开发主管部门备案。

(4)房地产开发企业资质管理

管理机构。国务院建设行政主管部门负责全国房地产开发企业的资质管理工作；县级以上地方人民政府房地产开发主管部门负责本行政区域内房地产开发企业的资质管理工作。

房地产开发企业资质登记实行分级审批。一级资质由省、自治区、直辖市建设行政主管部门初审，报国务院建设行政主管部门审批；二级及二级以下资质的审批办法由省、自治区、直辖市人民政府建设行政主管部门制定。

2. 房地产开发项目管理

(1)房地产开发项目建设用地使用权的取得方式

《城市房地产开发经营管理条例》第十二条规定，房地产开发用地应当以出让的方式取得，但法律和国务院规定可以采用划拨方式的除外。

(2)建设条件书面意见的内容

《城市房地产开发经营管理条例》规定，土地使用权出让或划拨前，县级以上地方人民政府城市规划行政主管部门和房地产开发主管部门应当对房地产开发项目的性质、规模和开发期限，城市规划设计的条件，基础设施和公共设施的建设要求，基础设施建成后的产权界定，项目拆迁补偿、安置要求等事项提出书面意见，作为土地使用权出让或者划拨的依据之一。

(3)房地产开发项目实行资本金制度

1996年8月23日国务院发布了《关于固定资产投资项目试行资本金制度的通知》(国发〔1996〕35号)。该通知规定从1996年开始，对各种经营性投资项目，包括国有单位的基本建设、技术改造、房地产开发项目和集体投资项目试行资本金制度，投资的项目必须首先落实资本金才能进行建设。

1)项目资本金的概念。投资项目资本金，是指在投资项目总投资中，由投资者认购的出资额，对投资项目来说是非债务性资金，项目法人不承担这部分资金的任何利息和债务；投资者可按其出资的比例依法享有所有者权益，也可转让其出资，但不得以任何方式抽出。

2)项目资本金的出资方式。项目投资资本金可以用货币出资，也可以用实物、工业产权、非专利技术、土地使用权作价出资，但必须经过有资格的资产评估机构依照法律、法规评估其价值，且不得高估或低估。以工业产权、非专利技术作价出资的比例不得超过投资项目资本金总额的20%，国家对采用高新技术成果有特别规定的除外。

3)房地产开发项目资本金。房地产开发项目实行资本金制度，即规定房地产开发企业承揽项目必须有一定比例的资金，可以有效地防止部分不规范的企业的不规范行为，减少楼盘“烂尾”等现象的发生。《城市房地产开发经营管理条例》规定：“房地产开发项目应当建立资本金制度，资本金占项目总投资的比例不得低于20%”。2009年5月25日，国务院常务会议决定调整固定资产投资项目资本金比例，调整后，保障性住房和普通商品住房项目的最低资本金比例为20%，其他房地产开发项目的最低资本金比例为30%。

(4)对不按期开发的房地产开发项目的处理

《城市房地产开发经营管理条例》规定，房地产开发企业应当按照土地的使用权出让合同约定的土地用途、动工开发期限进行项目开发建设。出让合同约定的动工开发期限1年未动工开发的，可以征收相当于土地使用权出让金20%以下的土地闲置费；满2年未动工开发的，可以无偿收回土地使用权。

《城市房地产开发经营管理条例》还规定了以下三种情况造成的违约和土地闲置，不征收土地闲置费。①因不可抗拒力造成开工延期。不可抗拒力是指依靠人的能力不能抗拒的因素，如地震、洪涝等自然灾害。②因政府或者政府有关部门的行为而不能如期开工的或中断建设一年以上的。③因动工开发必需的前期工作出现不可预见的情况而延期动工开发的。如发现地下文物、拆迁中发现不是开发商努力能解决的问题等。

(5)房地产开发项目质量责任制度

1)房地产开发企业应对其开发的房地产项目承担质量责任。《城市房地产开发经营管理条例》规定，房地产开发企业开发建设的房地产开发项目，应当符合有关法律、法规的规定和建筑工程质量、安全标准、建筑工程勘察、设计、施工的技术规范以及合同的约定。房地产开发企业应当对其开发建设的房地产开发项目的质量承担责任。勘察、设计、施工、监理等单位应当依照有关法律、法规的规定或者合同的约定，承担相应的责任。

2)对质量不合格的房地产项目的处理方式。商品房交付使用后，购买人认为主体结构质量不合格的，可以向工程质量监督单位申请重新核验。经核验，确属主体结构质量不合格的，购买人有权退房，给购买人造成损失的，房地产开发企业应当依法承担赔偿责任。对于经工程质量监督部门核验，确属房屋主体结构质量不合格的，消费者有权要求退房，终止房屋买卖关系。也有权采取其他办法，如双方协商换房等。选择退房还是换房，权利在消费者。

(6)项目手册制度

房地产开发企业应当将房地产开发项目建设过程中的主要事项记录在房地产开发项目手册中，并定期送房地产开发主管部门备案。政府行业管理部门的监控主要包括对是否按申请预售许可证时承诺的时间表进行开发建设，预售款项是否按期投入，拆迁安置是否按要求进行，工程项目是否发生变化等内容。

通过项目手册制度的实施，可以加强对房地产市场的监测，及时了解和掌握房地产开发项目的进展情况，督促开发企业按城市规划实施开发，按要求分期投入开发所需资金、进行配套建设、完成拆迁安置；对工程进度、质量是否符合预售条件等进行审核，有效地防止楼盘“烂尾”等现象的发生。

二、房地产销售市场管理

(一)房地产销售概述

1. 房地产销售的概念

房地产销售是指房地产开发商自行开发房地产，并在市场上进行销售的行为。商品交易分为现货交易和期货交易，房地产作为商品也有现房销售和期房销售。

2. 商品房现售

现房销售是指房地产开发企业将竣工验收合格的商品房出售给买受人，并由买受人支付房价款的行为。现房出售具有产权清晰，即买即住，可以对已存在的房屋进行选择等优点，但由于一次性付款数额大，或分期付款时间长，对买卖双方资金压力都很大。

3. 商品房预售

商品房预售是指房地产开发企业将正在建设中的商品房预先出售给买受人，并由买受人支付定金或者房价款的行为。房屋预售是一种附加期限的交易行为。即商品房买卖双方在合同中约定了一个期限，并把这个期限的到来作为房屋买卖权利义务发生法律效力或失去效力的根据。

商品房预售制加速了整个建设资金周转，提高了资金使用效率，降低了资金使用成本。此外，我国资本市场发展滞后，目前除银行贷款外其他可供选择的融资方式不多，商品房预售实际上已成为房地产开发融资的重要手段。尽管商品房预售制度在促进住宅产业发展过程中发挥了积极作用，但随着时间的推移，它所存在的弊端也浮出水面。如预售商品房销售行为与房屋实际交付行为之间存在一定的时间差，给部分开发商虚假宣传、改变规划、延期交房等不规范行为留下空子，使消费者的合法权益得不到应有的保障。

（二）商品房预售管理

房屋预售具有较强的国家干预性，由于商品房的预售不同于房屋的实质性买卖，真正的房屋交接尚未形成，从预售到竣工交付的时间一般较长，具有较大的风险性和投机性，涉及到广大购房者的切身利益。因此为规范商品房预售行为，加强商品房预售管理，保障购房人的合法权益，《城市房地产管理法》明确了“商品房预售实行预售许可和商品房预售合同登记备案制度”。原建设部《城市商品房预售管理办法》(原建设部令第 131 号)对商品房预售管理的有关问题进一步作了细化。

1. 商品房预售的条件

1)已交付全部土地使用权出让金，取得土地使用权证书；

2)持有建设工程规划许可证和施工许可证；

3)按提供预售的商品房计算，投入开发建设的资金达到工程建设总投资的 25%以上，并已经确定施工进度和竣工交付日期；

4)商品房预售实行许可制度。开发企业进行商品房预售，应当向市、县人民政府房地产管理部门办理预售许可，取得《商品房预售许可证》。

预售许可的最低规模不得小于栋，不得分层、分单元办理预售许可。当前，部分城市把房地产开发建设完成主体结构(封顶)作为商品房预售的条件之一。

2. 商品房预售许可

《城市房地产管理法》规定“商品房预售实行预售许可证制度”，房地产开发企业取得《商品房预售许可证》方能预售商品房。房地产开发企业申请办理《商品房预售许可证》应当向城市、县人民政府房地产管理部门提交下列证件及资料。

1)许可材料包括：①商品房预售许可申请表；②房地产开发企业的《营业执照》和资质证书；③土地使用权证书；④投入开发建设资金达到工程建设总投资 25%以上的证明；⑤建设工程规划许可证和施工许可；⑥工程施工合同以及关于施工进度的说明；⑦商品房预售方案。预售方案应当说明商品房的位置、装修标准、竣工交付日期、预售总面积、交付使用后的物业管理等内容，并应当附商品房预售总平面图、分层平面图；⑧其他有关资料。

2)许可程序包括：①受理；②审核；③许可；④公示。

3)商品房预售合同登记备案。

商品房预售，开发企业应当与承购人签订商品房预售合同。开发企业应当自签约之日起 30 日内，向房地产管理部门和市、县人民政府土地管理部门办理商品房预售合同登记备案手续。房地产管理部门应当积极应用网络信息技术，逐步推行商品房预售合同网上登记备案。商品房预售合同登记备案手续可以委托代理人办理。委托代理人办理的，应当有书面委托书。

（三）商品房现售管理

依据《城市房地产开发经营管理条例》规定，2001 年 4 月 4 日原建设部颁布的《商品房销售管理办法》(原建设部令第 88 号)第 7 条的规定，商品房现售一般应具备以下几项条件：①现售商品房的房地产开发企业应当具有企业法人营业执照和房地产开发企业资质证书；②取得土地使用权证书或者使用土地的批准文件；③持有建设工程规划许可证和施工许可证；④已通过竣工验收；⑤拆迁安置已经落实；⑥供水、供电、供热、燃气、通讯等配套基础设施具备交付使用条件，其他配套基础设施和公共设施具备交付使用条件或者已确定施工进度和交付日期；⑦物业管理方案已经落实。

(四)商品房买卖合同管理

房地产开发企业应与购房者签订商品房买卖合同。2000年建设部、国家工商行政管理局对原于1995年颁布的《商品房购销合同示范文本》进行了修订，并更名为《商品房买卖合同示范文本》(简称《示范文本》)。

1. 合同的主要内容

①当事人名称和姓名、住所；②商品房基本情况；③商品房的销售方式；④商品房价款的确定方式及总价款、付款方式、付款时间；⑤交付使用条件及日期；⑥装饰、装修标准承诺；⑦供水、供电、供热、燃气、通讯、道路、绿化等配套基础设施和公共设施的交付承诺和有关权益、责任；⑧公共配套建筑的产权归属；⑨面积差异的处理方式；⑩办理产权登记有关事宜；⑪解决争议的办法；⑫违约责任；⑬双方约定的其他事项。

2. 计价方式

商品房销售可以按套(单元)计价，也可以按套内建筑面积或按建筑面积计价等方式进行。按照我国现行的房屋权属登记的有关规定，房屋权属登记中对房屋的面积按建筑面积进行登记，但按套、套内建筑面积计价并不影响用建筑面积进行产权登记。

3. 误差的处理方式

按套内建筑面积或者建筑面积计价的，当事人应当在合同中说明合同约定面积与产权登记面积发生误差的处理方式。面积误差比是指产权登记面积与合同约定面积之差与合同约定面积之比，公式为：

$$面积误差比=(产权登记面积-合同约定面积)/合同约定面积\times 100\%$$

合同未作约定的，按以下原则处理：①面积误差比绝对值在3%以内(含3%)的，据实结算房价款；②面积误差比绝对值超过3%时，买受人有权退房。

买受人退房的，房地产开发企业应当在买受人提出退房日期30日内将买受人已付房价款退还给买受人，同时支付已付房价款利息。

买受人不退房的，产权登记面积大于合同约定面积时，面积误差比在3%之内(含3%)的房价款由买受人补足；超出3%部分的房价款由房地产企业承担，产权归买受人。产权登记面积小于合同约定面积时，面积误差比绝对值在3%(含3%)以内部分的房价款由房地产开发企业返还买受人；绝对值超过3%的房价款由房地产开发企业双倍返还买受人。

4. 中途变更规划、设计

房地产开发企业应当按照批准的规划、设计建设商品房。商品房销售后，房地产开发企业不得擅自变更规划、设计。经规划部门批准的规划变更、设计单位同意的设计变更导致商品房的结构型式、户型、空间尺寸、朝向变化，以及出现合同当事人约定的其他影响商品房质量或使用功能情形的，房地产开发企业应当在变更确立之日起10日内，书面通知买受人。买受人有权在通知到达之日起15日内做出是否退房的书面答复。买受人在通知到达之日起15日内未做出书面答复的，视同接受规划、设计变更以及由此引起的房价款的变更。房地产开发企业未在规定时限内通知买受人的，买受人有权退房；买受人退房的，由房地产开发企业承担违约责任。

5. 保修责任

当事人应当在合同中就保修范围、保修期限、保修责任等内容做出约定。保修期从交付之日起计算。

案例分析 6-1

商品房买卖合同约定面积为 150 平方米，价格为 9000 元/平方米，交付使用时，产权登记面积为 155 平方米，买卖双方未对面积误差的处理方式作出约定。根据有关规定最后结算的房价款应为多少万元？

解：

(1) 面积误差比=(产权登记面积–合同约定面积)/合同约定面积×100%

=(155–150)/150×100% = 3.33%

(2) 根据面积误差比绝对值超过 3%时，买受人有权退房。买受人不退房的，产权登记面积大于合同约定面积时，面积误差比在 3%之内的(含 3%)的房价款由买受人补足；超出 3%部分的房价款由房地产开发企业承担，产权归买受人。

最后结算房价款=150×(1+3%)×9000=139.05(万元)

(五) 商品房销售代理管理

商品房销售代理，是指房地产开发企业或其他房地产拥有者将物业销售业务，委托给依法设立并取得工商营业执照的房地产中介服务机构代为销售的经营方式。

实行销售代理必须签订委托合同。受托房地产中介服务机构销售商品房时，应当如实向买受人介绍所代理销售商品房的有关情况。受托房地产中介服务机构在代理销售商品房时，不得收取佣金以外的其他费用。

第四节 不动产资本交易市场管理

一、不动产资本市场概述

1. 资本交易市场的定义

资本交易市场是指期限在一年以上各种资金借贷和证券交易的场所。包括证券交易所，商品期货交易所，金融期货交易所，以及外汇交易市场等进行资本交易的场所。资本市场上的交易对象是一年以上的长期证券，因为在长期金融活动中，涉及资金期限长、风险大，具有长期较稳定收入，类似于资本投入，故称之为资本市场。

2. 资本交易市场的参与者

资本交易市场上主要有两类人：寻找资本的人，以及提供资本的人。寻找资本的人通常是工商企业和政府；提供资本的人则是希望通过借出或者购买资产进而牟利的人。

当前不动产资本交易市场的主要参与者包括：①资本市场的资金供应者为各商业银行、储蓄银行、人寿保险公司、投资公司、信托公司、私人投资者等；②资金的需求者主要为不动产开发商、个人等。

3. 不动产市场与资本交易市场

从不动产行业的特性来看，不动产是一个资金密集性的行业，不论是中短期的不动产开发投资，还是长期的不动产置业投资，都有很大的资金需求。随着不动产价值的逐渐提高，不动产投资者完全由自己提供开发或获得不动产所需的全部资金已不再可能，开始需要从金融机构贷款，或者通过发行股票和债券等方式为不动产开发投资活动获得融资。这样，不动产市场和资本交易市场之间变得密不可分。

当前，不动产资本交易市场主要包括土地储备贷款、开发贷款、个人住房贷款、商业用房贷款在内的不动产贷款，已经成为金融机构的资产的主要组成部分；开发公司、有限责任合伙企业和投资信托的股票和其他股票一样在股票交易所进行交易；抵押贷款支持证券逐渐成为证券市场的重要组成部分。

二、不动产资本交易市场管理

不动产资本市场可根据不同需要，从不同角度对其进行分类：①按不动产市场各类资金的来源渠道划分，可分为私人市场融资和公开市场融资；②按市场层次不同可分为一级市场和二级市场；③按融通资金方式的不同，可分为银行中长期信贷市场和证券市场等。

（一）银行信贷融资

当前，我国不动产开发企业的资金来源主要是国内贷款、自筹资金及其他资金（主要是定金及预付款）三个方面。房地产企业自有资金比例较低，而银行信贷资金在房地产投资中占比较高，是不动产融资的主渠道。其形式主要包括房地产开发贷款、土地储备贷款和房地产抵押贷款。这些贷款的共同特征，是以所开发的不动产项目（土地或在建工程）或所购买的不动产资产作为贷款的抵押物，为贷款的偿还提供担保。

1. 房地产开发贷款

（1）房地产开发贷款的发放与使用

房地产开发贷款是指对房地产开发企业发放的用于开发、建造向市场销售、出租等用途的房地产项目的贷款，主要包括住房开发贷款、商业用房开发贷款和其他房地产开发贷款等类型。房地产开发贷款由土地（或土地使用权）购置贷款、土地开发贷款和建设贷款三部分组成。

大多数金融机构通常避免发放土地购置贷款，或将土地购置贷款占其投资组合的比例控制在一个很小的百分比之内，其土地购置贷款的金额通常不超过土地评估价值的50%～60%。我国央行规定，商业银行不得向房地产开发企业发放用于购置土地或缴纳土地出让金的贷款。

政府通过购买、征收现有土地后，往往会授权企业进行基础设施、公用设施建设和场地平整等土地开发工作，或者企业开发非经营性房地产开发用地，这些都需要企业自己为土地开发活动筹措资金。土地开发贷款通常对房地产拥有第一抵押权，贷款随着土地开发的进度分阶段拨付。随着土地开发的进行，金融机构通常会允许特定地块从整体的抵押合同中释放出来，使其得以出售。此时，借款人须向金融机构偿还部分贷款。

建设贷款可用于偿还土地购置贷款和土地开发贷款，支付建设阶段的人工、材料、设备、管理费和其他相关成本。建设贷款随工程建设的进度分阶段拨付，同时要确保建设贷款被用于既定的目的，确保房地产价值随着贷款拨付额的增加同步增长，以保障贷款人的利益。贷款人还须确保施工单位的工程款已经按期支付，因为工程款的偿还优先顺序在作为抵押权人的贷款人前。建设贷款的还款资金来源，通常是销售收入或长期抵押贷款。发放建设贷款的金融机构有时会要求开发商获得抵押贷款承诺，即另一贷款人承诺在项目按照约定的计划和规范竣工时，同意发放抵押贷款，这往往是金融机构发放建设贷款的重要条件之一。

(2) 房地产开发贷款风险管理

由于房地产开发贷款需要面临政策风险、市场风险、经营风险、财务风险、完工风险和抵押物估价风险等各种各样的风险，从降低房地产开发贷款风险的角度出发，中国人民银行和中国银行业监督管理委员会要求商业银行对房地产开发贷款进行风险管理的主要措施有：①对未取得《国有土地使用权证》、《建设用地规划许可证》、《建设工程规划许可证》和《建设施工许可证》的项目，不得发放任何形式贷款；②对申请贷款的房地产开发企业，应要求其自有资金不低于开发项目总投资的30%，严格落实房地产开发企业贷款的担保、抵押，确保其真实、合法、有效；③房地产开发项目，应符合国家房地产发展总体方向，有效满足当地城市规划和房地产市场的需求，保证项目的合法性和可行性；④对申请贷款的房地产开发企业进行深入调查审核，对成立不满3年且开发项目较少的专业性、集团性的房地产开发企业的贷款应审慎发放，对经营管理存在问题、不具备相应资金实力或有不良经营记录的房地产开发企业的贷款发放应严格限制；⑤在房地产开发企业的自筹资金得到保证后，可根据项目的进度和进展状况，分期发放贷款，并对其资金使用情况进行监控，以防止其挪用贷款转作其他项目或其他用途；⑥对房地产开发企业的销售款进行监控，防止其挪用该销售款开发其他项目或作其他用途；⑦密切关注房地产开发企业的开发情况，以确保商业银行对购买主体结构已封顶住房的个人发放个人住房贷款后，该房屋能够在合理期限内正式交付使用；⑧严格执行“商业银行不得向房地产企业发放用于缴纳土地出让金贷款”的监管规定，防止房地产开发企业通过关联企业统一贷款后再周转用于房地产项目；⑨对房地产开发贷款实施封闭管理，即为每一个房地产开发项目设置银行专户，要求项目贷款、销售收入等资金均进入该专户，银行负责对该专户的监管，并督促借款人将项目收入优先用于项目建设或偿还贷款，防止项目收入挪用风险，并及时按照项目销售进度逐步回收贷款，确保该行对于有效还贷来源的实际控制。

2. 土地储备贷款

(1) 土地储备贷款的发放

土地储备贷款是银行向土地储备机构发放的用于收购及土地前期开发、整理，提升土地出让价值的短期周转贷款。其主要用途包括支付征地补偿费、安置补助费、地上附着物和青苗补偿费、场地平整费、缴纳土地出让金等。

土地储备贷款应为担保贷款，但由于各类财政性资金不得用于土地储备贷款担保，所以通常采用抵押贷款，用拟储备地块的土地使用权证作为抵押。设定抵押权的储备土地价值为市场评估价值扣除应当上缴政府的土地出让收益。

(2) 土地储备贷款的风险管理

由于土地储备贷款的发放对象主要是政府土地收购储备机构，其本身并不具备独立的法人资格，而且土地收购储备过程中的土地权属并不十分清晰，再加上土地出让计划不明确、土地储备机构自由资金严重不足等原因，因此商业银行亦非常重视该类贷款的风险管理。土地储备贷款风险管理的具体措施包括：①对资本金没有到位或资本金严重不足、经营管理不规范的借款人，审慎发放土地储备贷款；②以抵押贷款方式向土地储备机构发放，贷款额度不得超过所收购土地评估价值的 70%，贷款期限最长不得超过 2 年；③对包括土地性质、权属关系、测绘情况、土地契约限制、在城市整体综合规划中的用途与预计开发计划是否相符等土地整体情况，进行认真的调查分析；④实时掌握土地价值状况，避免由于土地价值虚增或其他情况而导致的贷款风险。

3. 房地产抵押贷款

(1) 房地产抵押贷款的发放

房地产抵押贷款是指借款人(抵押人)以其合法拥有的房地产，在不转移占有方式的前提下，向贷款人(抵押权人)提供债务履行担保，获得贷款的行为。债务人不履行债务时，债权人有权依法以抵押的房地产拍卖所得的价款优先受偿。房地产抵押贷款，包括个人住房抵押贷款、商用房地产抵押贷款和在建工程抵押贷款。

个人住房抵押贷款，是指个人购买住房时，以所购买住房作为抵押担保，向金融机构申请贷款的行为。个人住房贷款包括商业性住房抵押贷款和政策性(住房公积金)住房抵押贷款两种类型。政策性住房抵押贷款利率较低，通常只面向参与缴纳住房公积金、购买自住房屋的家庭，且贷款额度有一定限制。

商用房地产抵押贷款，是指购买商用房地产的机构或个人，以所购买的房地产作为抵押担保，向金融机构申请贷款的行为。商用房地产同时也是收益性或投资性房地产，购买商用房地产属于置业投资行为。

在建工程抵押贷款是指抵押人为取得在建工程后续建造资金的贷款，以其合法方式取得的土地使用权连同在建工程的投入资产，以不转移占有的方式抵押给贷款银行作为偿还贷款履行担保的行为。在建工程抵押将项目完工部分抵押与建筑工程承包合同的房屋期权抵押相结合，是银行与开发商设定房地产抵押，办理房地产开发贷款的一种较好的方式。将承包合同的房屋期权设定为抵押权时，银行要对承包合同的预算造价进行审查，以确定其抵押价值和贷款价值比率，同时按约定的各个工程部位的形象进度，确定其分阶段的抵押价值。在工程进度达到约定的某个工程部位时，经银行现场查勘核实后，发放该时段的贷款。

(2) 金融机构对房地产抵押物的要求

①合法设定房地产抵押权。即设押的房地产的实物或权益，是真实存在并为抵押人合法拥有，权属清晰，可以转让，依法可设定抵押。②择优选择抵押的房地产。即选择市场前景看好的房地产。将周围环境良好、交通方便、房屋设计建造质量高、配套设施齐全、价格适中的商品房设定为抵押物。③合理确定抵押率。抵押率(贷款价值比率)是贷款金额与抵押物价值之比。抵押率的确定，受许多因素的影响，如抵押物的流动性、所处的市场条件、抵押物价值取得的情况以及贷款期限长短和通货膨胀预期等。房地产抵押，如设定抵押的房地产变现能力较强、市场条件较好、抵押估价中对抵押物的价值判断合理、贷款期限适中，则抵押率可定得高一些，一般为 70%；反之，应定得低一些。抵押率的高低反映银行对这笔抵押贷款风险所进行的基本判断。抵押率低，说明银行对这笔抵押贷款持审慎的态度，反之，则说明银行对其持较为乐观的态度。④处置抵押物的渠道畅通。要求抵押物的变现性较强、价格比较稳定、市场广阔。

(二)证券市场融资

1. 证券市场概述

从狭义上讲，证券市场是证券发行和交易的场所。从广义上讲，证券市场是指一切以证券为对象的交易关系的总和。

按证券进入市场的顺序而形成的结构关系，可分为发行市场和交易市场。按有价证券的品种而形成，可分为股票市场、债券市场、基金市场、衍生品市场等子市场，具体如下：

1)股票市场是股票发行和买卖交易的场所。股票市场的发行人为股份有限公司。股份公司在股票市场上筹集的资金是长期稳定、属于公司自有的资本。股票市场交易的对象是股票，股票的市场价格除了与股份公司的经营状况和盈利水平有关外，还受到其他诸如政治、社会、经济、自然灾害等多方面因素的综合影响。因此，股票价格经常处于波动之中。

2)债券市场是债券发行和买卖交易的场所。债券的发行人有中央政府、地方政府、政府机构、金融机构、公司和企业。债券市场交易的对象是债券。由于债券有固定的票面利率和期限，其市场价格比起股票价格而言相对稳定。

3)基金市场是基金证券发行和流通的市场。封闭式基金是在证券交易所挂牌交易，开放式基金是通过投资者向基金管理公司申请购买和赎回实现流通的。

4)衍生证券市场是以基础证券的存在和发展为前提的。其交易品种主要有金融期货与期权、可转换证券、存托凭证、认股权证等。

2. 我国房地产企业证券市场融资方式

(1)股票市场融资

当前，股票市场融资是我国房地产企业最基础的融资方式，房地产上市公司利用股市这个市场，发行股票，取得资金，包括首次公开发行、配发、增发和认股权证四种融资方式。

(2)公司债券

公司债券是指公司依照法定程序发行的，约定在一定期限还本付息的有价证券。公司债券不是仅仅针对房地产上市公司，满足发行公司债券要求的房地产企业均可申请，通过中国证券监督管理委员会发行审核委员会的审核批准后发行。

此外，不动产资本交易市场除上述中介绍的银行信贷融资和证券市场融资外，还包括不动产抵押贷款二级市场、不动产投资信托基金和不动产项目融资等。

案例分析 6-2

2006 年 3 月，中国华润发行 06 华润公司债券。此债券为固定利率债券，总面值为 30 亿元人民币，发行期限为 15 年，票息率为 4.05%，每年付息一次。相关发行单位计划于发行结束后即申请此债券在合法的证券交易场所上市交易。06 华润公司债券主要条款描述如表 6-2.

表 6-2　“06 华润公司债券”主要条款

债券名称	2006 年中国华润公司总公司债券(简称“06 华润公司债券”)
发行人	中国华润总公司
债券年限	15 年期限
发行首日	2006 年 3 月 7 日
存续期间	2006 年 3 月 7 日至 2012 年 3 月 6 日

续表

发行额	30 亿元人民币
发行价格	按债券面值平价发行
债券利率	固定利率，票面年利率为 4.05%，单利按年计息
还本付息	每年 3 月 7 日付息一次，到期一次还本，最后一期利息随本金的兑付一起支付
债券形式	实名制记账式公司债券
信用级别	经联合信息评估有限公司综合评定，信用级别为 AAA 级
债券担保	交通银行股份有限公司深圳分行提供无条件不可撤销的连带责任保证担保
上市交易	发行结束后 6 个月内申请在合法的证券交易场所上市交易

思　考　题

1. 不动产市场调查包括哪些内容?
2. 土地交易市场运行机制包括哪些?
3. 土地交易市场供需调控的主要内容包括哪些?
4. 土地交易市场供需调控的政策包括哪些?
5. 银行在设定房地产抵押贷款时，通常要审核确定抵押物的哪些情况?

第七章　不动产税收与评估

【章节介绍】本章首先介绍了我国不动产税收制度的演变，不动产税收对区域经济的影响，然后阐述了不动产税收的属性、功能，以及不动产税收的分类，最后重点介绍了不动产税收的主流评估方法。

第一节　不动产税收制度概述

案例导入：

2011年1月27日，上海、重庆相继宣布从28日起开始征收个人住房房产税，其中上海税率为0.6%，重庆征收税率为0.5%～1.2%，至此有关房产税的各种传闻不复存在。

财政部、国家税务总局、住房和城乡建设部有关负责人在接受记者采访时透露，试点开始后，三部委将总结试点经验，适时研究提出逐步在全国推开的改革方案。条件成熟时，在统筹考虑对基本需求居住面积免税等因素的基础上，在全国范围内对个人拥有的住房征收房产税。

(1)上海房产税版本

居民家庭给予人均60平方米的免税住房面积(住房建筑面积)扣除。即：对居民家庭新购且属于第二套及以上住房的，合并计算的家庭全部住房面积人均不超过60平方米(含60平方米)的，其新购的住房暂免征收房产税；人均超过60平方米的，对属新购住房超出部分的面积，按规定计算征收房产税。应税住房每平方米市场交易价格低于本市上年度新建商品住房平均销售价格2倍(含2倍)的，税率暂减为0.4%。

(2)重庆房产税版本

征税对象：①所有独栋别墅(包括存量和增量)；②非本市居民家庭在本市新购住房(家庭认定为夫妻双方及其未成年子女)；③非重庆户籍家庭新购第二套及以上住房。征税税率适用税率暂定为0.6%(成交价低于上年度商品房成交均价2倍的，减免为0.4%)。暂以市场交易价70%来计算。当地均价3倍以下，收0.5%；3～4倍，收1%；4倍以上收1.2%。

一、不动产税收制度及其发展

(一)我国不动产税收的演变

在中国税收史上，长期作为地方税的主要税种并构成主要收入来源的房地产税收有房捐、契税、地价税、土地增值税、市地税和房产税等。

东晋时期，对于民间买卖田宅、奴脾、牛马的行为，征收估税。宋太祖开宝二年(公元969年)，对于民间典卖田宅的行为，开始征收民印契钱。由此，契税成为历代封建王朝对土地、房屋的买卖、典当等产权变动行为课征的经常性税收形式，并长期地沿袭和执行下来。

清初顺治四年到乾隆年间，契税制度逐渐稳定和越发完备。清代末年，为缓解外债和缓解统治危机，开征了印花税、营业税、所得税等新税种，使得契税继续成为中国近代房地产税收体系的重要税种。

民国政府成立后，1914 年，北京政府发布《契税条例》和《契税条例实施细则》，规定卖契按照契价的 9%，典契按照契价的 6%征收。1940 年 12 月，国民政府公布《契税暂行条例》，扩大了契税征收范围。

1950 年 4 月，政务院发布《契税暂行条例》，成为新中国第一部专门的房地产税收法律。1954 年经政务院批准，财政部修订《契税暂行条例》，对公有制单位承受土地、房屋权属转移免征契税。此后的几十年时间里，由于我国实行计划经济体制，所有城镇不动产的权属为国有或者集体所有，私人不动产转让几乎停滞，因此该税种名存实亡。

随着国民经济的逐步复苏以及不动产交易的发展，1997 年 7 月，国务院发布《契税暂行条例》并于同年 10 月 1 日起开始实施，在全国范围内恢复开展契税征收管理工作，使契税由此成长为颇具增长潜力的地方税种。

1993 年 12 月，国务院颁布《营业税暂行条例》，对于转让土地、房屋等不动产的行为征收营业税。同时颁布《土地增值税暂行条例》，开始征收土地增值税。2006 年 12 月，国务院颁布新的《城镇土地使用税暂行条例》，对外商投资企业、外国企业征收城镇土地使用税。2007 年 12 月，国务院颁布新的《耕地占用税暂行条例》，对外商投资企业、外国企业征收耕地占用税。至此，中国内外统一的崭新的不动产税收体系得以完善并最终确立。

(二)不动产税收制度

财产税是现代税制体系的三大支柱之一，而不动产税则是财产税系中最重要的税种，它是以土地及建筑物等不动产为课税对象的税收。在我国，土地分为农用地、建设用地和未利用地三大类。

我国现有不动产税主要包括耕地占用税、契税、土地增值税、房产税、城市房地产税和城镇土地使用税。从不动产税费体系上讲，现行体制主要存在税费繁杂，种类过多，费大于税，房地产各环节之间的税收负担不平衡等问题。从不动产保有环节的税制体系来看，现行体制主要存在内外税制不统一，房产、地产分设税种，计税依据不合理，税基过窄等问题。

二、税收制度的构成要素

税收制度的构成要素主要包括课税对象、纳税人、税率、税目、纳税环节、纳税期限和减免税等。其中征税对象、纳税人和税率，是构成税收制度最基本、最主要的因素，称为“税收三要素”。

课税对象，又称课税客体，是指税法规定的目的物，是征税的根据。通过确定课税对象，解决对什么征税的问题。每一种税都有自己的课程对象，否则，这种税便失去了存在的意义。课税对象随着生产力的发展变化而变化。在自然经济中，土地和人丁是主要的课税对象，在商品经济中，商品的流转额、企业的利润所得和个人所得是主要的课税对象。

纳税人，又称纳税主体，是指税法规定的直接负有纳税义务的单位和个人，纳税人可以是自然人，也可以是法人。自然人是指依法享有民事权利、并承担民事义务的公民个人，如月工资达到应税所得额的我国公民，就是个人所得税的纳税人。法人是指依法成立并能独立行使法定权利和承担法定义务的社会组织，主要是各类企业，如我国国有企业、集体企业、外资企业、民营企业等都是企业所得税的纳税人。

税率，是税额与征税对象之间的比例。税率的高低，直接关系到国家的财政收入和纳税人的负担。税率可分为比例税率、定额税率、累进税率。比例税率即对同一课税对象，不论其数额大小，统一按一个比例征税，同一课税对象的不同纳税人税负相同。比例税率具有鼓励生产、计算简便、便于征管的优点，一般应用于商品课税。如企业所得税、增值税等都是按照比例征收的。定额税率是按征税对象的一定计量单位直接规定应纳税额，而不是规定征收比例。按征税对象的计量单位直接规定应纳税额的税率形式。我国现行资源税就属于定额税率，如原油 8～30 元/吨等。累进税率是按课税对象数额的大小划分若干等级，每个等级由低到高规定相应的税率，课税对象数额越大，税率越高；数额越小，税率越低。它有利于调节纳税人的收入和财富，通常多用于所得税和财产税，如个人所得税、遗产税等都是累进税率。

税目是税法中规定的应当征税的具体物品、行业或项目，是征税对象的具体化，它规定了一个税种的课税范围，反映了课税的广度。列入税目的就是应税产品或项目，没有列入税目的就不是应税的产品或项目，这样征税的界限就十分明确。

纳税环节指的是在商品流转过程中应当缴纳税款的环节。商品从生产到消费要经历许多流转环节，例如工业品一般要经历生产制造、批发、零售等环节；农产品一般要经历生产、收购、调运、批发和零售等环节。对上述各个环节具体确定在哪个环节缴纳税款，这是一个比较特殊而又十分重要的问题，关系到税制结构调整和整个税收体系的布局；关系到税款能否及时足额入库，国家财政等能否得到保障；关系到地区间对税款收入的分配，等等。

纳税期限是指纳税单位和个人缴纳税款的期限。规定纳税期限的目的主要是为了保证税款及时入库。比如，企业所得税在月份或者季度终了后 15 日内预缴，年度终了后 5 个月内汇算清缴，多退少补；营业税的纳税期限；分别为 5 日、10 日、15 日或者一个月，纳税人的具体纳税期限，由主管税务机关根据纳税人应纳税额的大小分别核定，不能按照固定期限纳税的，可以按次纳税。纳税期限是税收强制性、固定性在时间上的体现。任何纳税人都必须如期纳税，否则就是违反税法，收到法律制裁。

减免税是对某些纳税人或课税对象的鼓励或照顾措施。减税是减征部分应纳税款；免税是免征全部应纳税款。减税免税规定是为了解决按税制规定的税率征税时所不能解决的具体问题而采取的一种措施，是在一定时期内给予纳税人的一种税收优惠，同时也是税收的统一性和灵活性相结合的具体体现。

三、不动产税收对区域经济的影响

根据国家发改委投资所刘琳的研究，不动产开发投资对国民经济增长的贡献包括三个方面：①作为投资的一部分，不动产开发投资对 GDP 增长的直接贡献；②不动产开发投资通过关联产业带动 GDP 增长的间接贡献；③不动产开发投资通过拉动消费对 GDP 增长的引起的消费贡献。自 1998 年住房制度改革以来，不动产开发投资对 GDP 增长的总贡献率在 20%左右。由此可见，不动产投资对区域经济的发展起到了非常重要的作用。

1. 推动了城市建设的发展

随着不动产业的发展，地方政府通过土地批租获得的大量的资金，为城市基础设施建设和旧区改造打下了结实的经济基础，迎来了城市建设的巨大发展。通过多渠道、多形式地吸引和筹集资金，城市绿化、高架道路、轨道交通等大规模公共基础设施建设飞速发展，旧区改造大片展开，蜕变为现代生活小区。美化了城市面貌，优化了城市功能。

2. 拉动了国民经济的增长

房地产业对地方经济的贡献显著。在很多地方，政府的财政收入里，约40%到60%来自于房地产业，包括土地出让金和与房地产相关的税费收入。如果考虑到建筑业、金融业等相关产业的影响，这一比例会进一步提高。国土资源部的统计数据显示，2008年，全国土地出让收入达到了9600亿元。2009年，全国土地出让15000亿元，同比增加达56%。2010年，土地出让金达到27000亿，2011年达到30000亿。

3. 改善了居民居住水平

随着房地产业的发展，居民的居住水平大幅提高，居住环境不断改善。2003年，全国房地产开发投资完成10106亿元，2011年这一数据增长为61740亿元，是当年的6倍；2003年房地产开发企业房屋施工面积为11.77亿平方米，2011年跃升到50.80亿平方米。得益于快速推进的房地产市场，我国城镇人均住房建筑面积由1998年的18.7平方米提高到2010年的31.6平方米。由此可见，房地产开发投资在拉动国民经济发展、优化经济结构等方面发挥了重要的作用。

(一)不动产税将成为我国的地方政府的主体税种

地方税主体税种的选择应满足以下几个条件：①税源充裕、稳定；②税基应具有地方性和普遍性的特点；③能满足闭合性地方公共商品的需求。不动产税具有以下几个特征：首先，由于土地的有限性，不动产价值会随着经济的发展而提高，征收的税率也可相应提高，确保了税源充裕，税收能够持续稳定增长。其次，物业税主要以不动产为课税对象，课税对象稳定。每个地区无论富庶或偏远都存在不动产，所以物业税的税基具有普遍性。并且，房屋和土地都是不动产，具有固定的坐落地点，不能随意移动，具有明显的地域性。最后，便于征管。不动产客体明显，很难出现隐匿现象，且具有非流动性，这给当地政府税收征管带来了很大的便利性。因此，不动产税是地方税主体税种的理想选择。而且，从大多数西方市场经济国家的实践来看，地方政府基本上都是以不动产税作为地方税主体税种。

(二)不动产税有利于房地产业的健康发展

开征不动产税后，由于投机的减少以及民众对房价回落的心理预期等各方面的影响，房价短时间内会降低，然而由于房价的下降引起的需求上升，又抑制了房价的进一步下降。从这个角度看，不动产税是通过影响消费者的成本认识以及房价预期，进而影响消费者的消费行为，从而改变市场的供求关系。

(三)不动产税有利于调节社会公平

住房是我国居民财产的一个主要组成部分。居民的财富可以分为三个部分：当期收入、动产和不动产。不动产差不多占了资产总额的一半。如果没有相应的税种，贫富差距可能会越来越大。征收不动产税是世界各国解决贫富差距过大的一种普遍做法。我国贫富差距不断加大的一个主要原因，就是不动产税缺位。开征不动产税的目的恰恰就是要帮助低收入家庭，通过开征不动产税提高地方政府转移支付和改善公共福利设施的能力，缩小贫富差距。此外，征收不动产税还可以让广大民众分享不动产（包括土地）升值的好处，有助于促进社会公平。

第二节　不动产税收的属性、职能

一、税收的属性

税收的三性是指税收的强制性、无偿性和固定性。

税收的强制性是指政府凭借政治权利，以法律、法令的形式确定政府和社会成员的权利和义务关系。这种权利义务关系表现在：政府作为征税者具有向社会成员征税的权利，并承担向社会成员提供公共物品和公共服务的义务；社会成员作为纳税人具有平等地享有政府提供的公共物品和公共服务的权利，并同时承担纳税的义务。政府征税凭借其行政权强制执行，任何形式的逃税、漏税、抗税行为都是违法行为。

税收的无偿性是指国家征税后，税款一律纳入国家财政预算，由财政统一分配，而不直接向具体纳税人返还或支付任何报酬。税收的无偿性是对个体纳税人而言的，其享有的公共利益与其缴纳的税款并非一对一的对等。但是，若从国家与全体社会成员来看，税收又是有偿的，即政府负有为全体社会成员提供公共物品和公共服务的义务，即我们通常说的“取之于民，用之于民”。

税收的固定性是指国家征税预先规定了统一的征税标准，包括纳税人、课税对象、税率、纳税期限、纳税地点等。这些标准一经确定，在一定时间内是相对稳定的，除非修改相关法律、法令和条例，否则任何人都无权变动征税标准。随着经济社会的发展，原有的税收体系、课税标准必然出现问题，因此，税收体系、课税标准也是会不断改革、不断调整的。

二、税收的职能

税收的职能是一切社会制度下税收都具有的内在的、稳定的、共同的属性，是税收本身所固有的职责和功能。具体来就是税收所具有的满足国家需要的能力，它所回答的是税收能够干什么的问题。人们可以对税收提这样那样的要求，但是这些要求必须在税收能够做什么的范围之内。税收的本质是分配问题，通过税收对社会产品和国民收入的再分配，使一部分社会产品和国民收入无偿地转移到国家手中，形成财政收入。

（一）税收的财政职能

税收的财政职能是指以税收的形式取得财政收入，用来满足国家提供公共物品及公共服务的职责和功能。税收自产生之日起，就是为国家聚集财政收入服务的。巨额的财政收入为国家在民生保障的投入上提供了良好的经济支撑。

（二）税收的经济职能

税收的经济职能是指在税收的再分配过程中对生产经营单位和个人的经济利益及

经济行为所产生的影响。通过征税，直接改变了一部分社会产品的所有权和支配权，生产经营单位和个人的收入也因征税而发生了改变。国家正是通过税种、税率、税目的调整，征税对象的选择以及税收优惠措施的运用等，贯彻国家的经济政策，调节不同主体的经济利益，从而协调经济社会的发展。税收的经济职能主要通过收入效应和替代效应来实现的。

税收的收入效应，是指税收将纳税人的一部分收入转移到政府的手中，使纳税人的收入下降，从而降低商品的购买量和消费水平。我们以图 7-1 来说明：

横轴代表食品，纵轴代表衣物，假定 2 种商品的价格不变，纳税人的收入固定，并且全部用来购买食品和衣物，则纳税人在预算约束下能够购买的商品数量组合连成直线 *AB*，在 *AB* 线上，纳税人对食品和衣物的需求都能够得到满足。纳税人的消费偏好以一组无差异曲线来表示，无数条无差异曲线与 *AB* 线相交，但只有一条相切，即图中的 I_1，与 *AB* 线的切点为 P_2，在 P_1 处消费者获得了最大化的效用。

如果政府决定对纳税人征税，则纳税人的收入下降，能够购买2种商品的组合线由*AB*移至*CD*，*CD*与另一条无差异曲线I_2相切于P_2，在点P_2处，消费者获得了最大化的效用。由此可见，政府对纳税人课税后，纳税人的收入下降从而减少商品的购买量或者是消费水平，这就是税收的收入效用。

税收的替代效应，是指政府对不同的商品实行征税或不征税、重税或轻税的区别对待时，会影响商品的相对价格，使纳税人减少征税或重税商品的购买量，增加无税或轻税商品的购买量。见图 7-2。

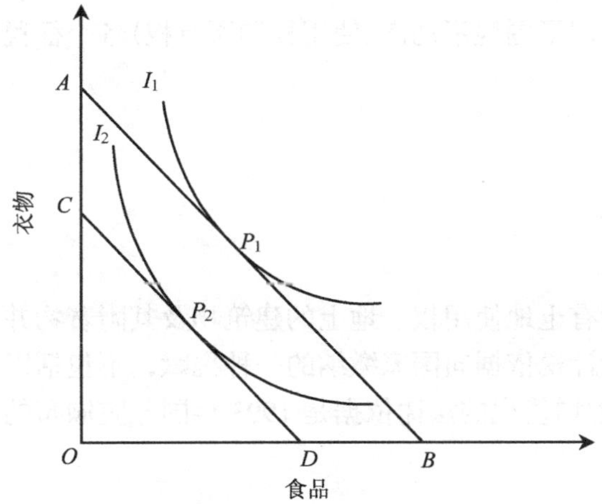

图 7-1 税收的收入效应

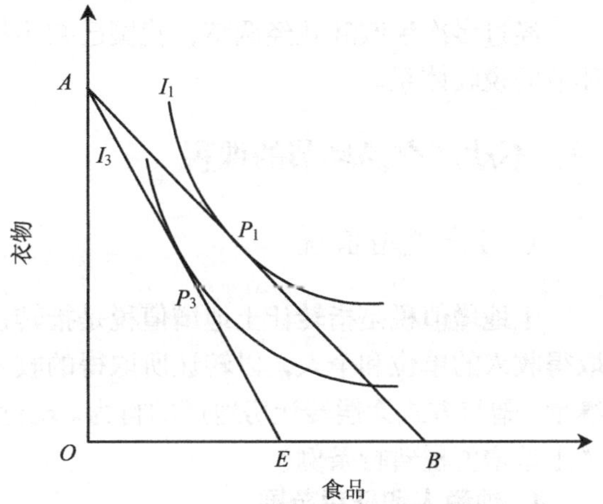

图 7-2 税收的替代效应

假定征税前纳税人购买 2 种商品的组合线为 *AB*，在切点 P_1 处获得了最大化的效用，现在假定政府只对食品征税，则市场上衣物和食品的相对价格发生变化，纳税人会减少食品的购买量，购买 2 种商品的组合线移至 *AE*，与另一条无差异曲线 I_3 相切于 P_3，在切点 P_3 处，纳税人获得了最大化的效用。由此可见，因政府对商品实行不同的税收政策，改变了商品的相对价格，纳税人在某种程度上以无税或轻税商品替代了征税或重税商品。

（三）税收的监管职能

国家要征税，必然要进行税收管理、税务检查、税务审计和统计、税源预测和调查等一系列工作。这些工作一方面能够反映有关的经济动态，为国民经济管理提供依据；另一方面能够对经济组织、单位和个人的经济活动进行有效的监督。由于税收是一种无偿性的分配，分配的结果是直接减少纳税人的既定利益，因此税收本身就要求必须具有监督管理功能，以使这种无偿性的分配得以实现。

税收的监管可以分为宏观和微观两个层次。在宏观层次，主要通过税收收入总量分析、结构分析等来揭示经济运行偏差。在微观层次，主要是指通过税收的课征过程，对日常税收活动进行有计划地组织、管理、稽查等措施，指导纳税人正确履行纳税义务，遵守国家税收法律和财经规定。

第三节　不动产税收的分类

不动产税属于财产税的范畴，财产税是以财产为征税对象，并由对财产进行占有、使用或收益的主体缴纳的一类税。我国历史上第一部比较完备的不动产税收制度法律制定于 1930 年，由民国政府颁布，在我国的不动产税收史上有划时代的意义。《土地管理法》第一次界定了土地和土地改良物，制订了土地税、土地改良税、土地增值税和不在地主税（即针对拥有土地所有权但没有使用权的土地所有者征收的税种）等税种的税基、税率、征收方式和减免条件等。

经过多次税改和几经调整，我国已初步构建起了围绕不动产（使用权和所有权）各个征税环节的税收体系。

一、不动产交易环节的课税

（一）土地增值税

土地增值税是指转让土地增值税是指转让国有土地使用权、地上的建筑物及其附着物并取得收入的单位和个人，以转让所取得的收入为计税依据向国家缴纳的一种税赋，不包括以继承、赠与方式无偿转让房地产的行为。现行土地增值税的法律依据是 1993 年国务院颁布的《土地增值税暂行条例》。

1. 纳税人和征税范围

纳税人是指转让国有土地使用权及地上建筑物和其他附着物产权、并取得收入的单位和个人。

土地增值税的征税范围包括：①转让国有土地使用权；②地上的建筑物及其附着物连同国有土地使用权一并转让。

2. 计税依据和税率

计税依据是指有偿转让国有土地使用权及地上建筑物和其他附着物产权所取得的增值额。增值额是指转让房地产取得的收入减除规定的房地产开发成本、费用等支出后的余额。规定的扣除项目有：取得土地使用权所支付的金额；开发土地的成本、费用；新建房及配套设施的成本、费用，或者旧房及建筑物的评估价格；与转让房地产有关的税金；财政部规定的其他扣除项目。

我国的土地增值税实于四级超率累进税率：①增值额未超过扣除项目金额 50%的部分，税率为 30%；②增值额超过扣除项目金额 50%、未超过扣除项目金额 100%的部分，税率为 40%；③增值额超过扣除项目金额 100%、未超过扣除项目金额 200%的部分，税率为 50%。④增值额超过扣除项目金额 200%的部分，税率为 60%。

3. 税额计算

计算土地增值税的基本公式

$$应纳土地增值税 = 增值额 \times 税率$$

公式中的“增值额”为纳税人转让房地产所取得的收入减去扣除项目后的余额。

案例分析 7-1：土地增值税的计算

敏捷地产将其开发的某商业广场，以 50000 万元的价格整体转让，其扣除项目金额(假设考虑了所有扣除项目)为 32000 万元。显然，敏捷地产在这一项目中获得了超过 50%的土地增值。其应纳土地增值税税额计算如下：

第一步：计算增值额

$$50000-32000=18000（万元）$$

第二步：计算增值额与扣除项目金额比率

$$18000 \div 32000=56.25\%$$

第三步：分档计算土地增值税税额

增值额未超过扣除项目金额 50%的部分，适用 30%的税率，税额为

$$32000 \times 50\% \times 30\%=4800（万元）$$

增值额超过扣除项目金额 50%但未超过 100%的部分，适用 40%的税率，税额为

$$(18000-32000 \times 50\%) \times 40\%=800（万元）$$

第四步：土地增值税总额

$$4800+800=5600（万元）$$

(二) 契税

契税是以所有权发生转移变动的不动产为征税对象，向产权承受人征收的一种财产税。应缴税范围包括：土地使用权出售、赠与和交换、房屋买卖、房屋赠与、房屋交换等。现行契税的基本法律规范，是 1997 年 7 月 7 日国务院颁布的《契税暂行条例》。国家通过契税确认纳税人的房地产所有权，保障产权人的合法权益，减少产权纠纷。

1. 纳税人与征税范围

契税的纳税人是指在我国境内取得土地、房屋权属的单位和个人。

契税的征税范围为发生土地使用权和房屋所有权权属转移的土地和房屋。具体包括以下五项内容：①国有土地使用权出让；②土地使用权的转让；③房屋买卖；④房屋赠予；⑤房屋交换。下列特殊方式转移土地、房屋权属的，也视同土地使用权、房屋买卖或者房屋赠予：①以土地、房屋权属作价投资、入股；②以土地、房屋权属抵债；③以获奖方式承受土地、房屋权属；④以预购方式或者预付集资建房款方式承受土地、房屋权属。

2. 计税依据和税率

我国契税的计税依据为不动产的价格。契税实行 3%～5%的幅度税率。实行幅度税率是考虑到我国经济发展的不平衡，各地经济差别较大的实际情况。因此，各省（自治区、直辖市）人民政府可以在 3%～5%的幅度税率内，结合本地实际情况确定。

3. 税收优惠

根据相关的法律规定，契税优惠政策主要有：①国家机关、事业单位、社会团体、军事单位承受土地、房屋用于办公、教学、医疗、科研和军事设施的，免征契税；②城镇职工按规定第一次购买公有住房，免征契税；③因不可抗力灭失住房而重新购买住房的，酌情减免；④土地、房屋被县级以上人民政府征用、占用后，重新承受土地、房屋权属的，由省级人民政府确定是否减免；⑤承受荒山、荒沟、荒丘、荒滩土地使用权，并用于农、林、牧、渔业生产的，免征契税；⑥经外交部确认，依照我国有关法律规定以及我国缔结或参加的双边和多边条约或协定，应当予以免税的外国驻华使馆、领事馆、联合国驻华机构及其外交代表、领事官员和其他外交人员承受土地、房屋权属。

4. 税额计算

契税应纳税额的计算公式为：新房应纳税额=计税依据×税率

二手房应纳税额=房地产评估价×二手房税率

例如：王先生 2013 年在长沙购买了建筑面积为 120 平方米的新房，房屋总价为 840000 元，该房为王先生家的唯一住房，请计算应缴纳多少契税。

解：该房为王先生家的唯一住房，根据长沙 2013 年的契税新政，对应的契税税率为 2%，则

应纳契税税额=840000×2%=16800（元）

（三）印花税

印花税是以经济活动中签立的各种合同、产权转移书据、营业账簿、权利许可证照等应税凭证文件为对象所征的税。现行印花税法的基本法律规范是 1988 年国务院颁布的《印花税暂行条例》。

1. 纳税人与征税范围

印花税的纳税人是在中国境内书立、使用、领受印花税法所列举的凭证、并应依法履行纳税义务的单位或个人，可以分别确定为立合同人、立据人、立账簿人、领受人和使用人五种。

印花税是针对书立或领受应税凭证的行为而开征的抑制税，兼有凭证税和行为税性质。其范围主要包括：①书立各种合同或者具有合同性质的凭证；②产权转移书据；③营业账簿；⑤房屋产权证、工商营业执照、商标注册证、专利证、土地使用证、许可证照；⑥经财政部确定征税的其他凭证。

2. 计税依据和税率

印花税的计税依据印花税以应纳税凭证所记载的金额、费用、收入额和凭证的件数为计税依据，按照适用税率或者税额标准计算应纳税额。

我国的印花税实行比例税率和定额税率。比例税率适用于房地产产权转移书据，税率为 0.5‰，房地产租赁合同税率为 1‰。定额税率适用于房地产权利证书，包括房屋所有权证和土地使用证，其税率均为每件 5 元人民币。

3. 税收优惠

房地产印花税的税收优惠政策主要有：①对已缴纳印花税的凭证的副本或者抄本免税；②对财产所有人将财产赠给政府、社会福利部门、学校所立的书据免税；③无息、贴息贷款合同免税；④对房地产管理部门与个人签订的用于生活居住的租赁合同免税。

4. 税额计算

印花税税额计算公式：

应纳印花税税额=应纳税凭证记载的金额(费用、收入额)×适用税率

应纳印花税税额=应纳税凭证的件数×适用税额标准

(四)销售不动产营业税

按照我国2008年修订的《营业税暂行条例》规定，有偿转让不动产所有权的行为应该缴纳营业税。有偿，包括取得货币、货物或其他经济利益。

1. 纳税人与征税范围

销售不动产营业税的纳税人是指销售位于境内的不动产的单位或个人，既包括专门从事销售不动产的单位和个人，如房地产开发公司、住宅开发公司等，也包括一次性销售不动产，如行政事业单位销售自有房产的单位和个人。

销售不动产的征税范围包括：销售建筑物、构筑物及其他土地附着物。单位将不动产无偿赠与他人，视同销售不动产。在销售不动产时连同不动产所占土地及相连土地一并转让的行为，按照销售不动产征税。以转让有限产权或永久使用权方式销售建筑物视同销售建筑物。以不动产投资、入股、参加接受投资方利润分配，共担投资风险的行为，不征收营业税，但转让该项股权，应按本税目征税。

2. 计税依据和税率

销售不动产营业税的计税依据：①纳税人销售不动产的营业额为纳税人销售不动产时从购买方取得的全部价款和价外费用；②单位或个人销售或转让其购置的不动产，以全部收入减去不动产的购置原价后的余额为营业额；③单位或个人销售或转让抵债所得的不动产，以全部收入减去抵债时该项不动产作价后的余额为营业额。

3. 税收优惠

根据我国《营业税暂行条例》的规定，销售不动产时以下行为可以免交营业税：①合并、兼并企业行为；②拍卖企业行为；③个人无偿赠与不动产、土地使用权或者依法取得房屋产权的继承人；④个人自建自用住房。

二、不动产保有环节的课税

一般而言，房地产保有环节包括房地产居住、租赁等多种情况。在房地产居住行为中，现行税制设计的税种较少，主要有城镇土地使用税、房产税等，名义税负水平明显偏低，且免税范围较大，如对于个人所有非营业用的房产免征房产税；对于个人所有的居住房屋及院落用地免征城镇土地使用税等。

(一)城镇土地使用税

城镇土地使用税是以城镇土地为征税对象，对拥有土地使用权的单位或个人征收的一种税。我国现行的城镇土地使用税的法律依据是《城镇土地使用税暂行条例》。此条例是国家为了合理利用城镇土地，调节土地级差收入，提高土地使用效益，加强土地管理而出台的一个法律规定。

1. 纳税人和征税范围

城镇土地使用税的纳税人，是指在城市、县城、建制镇、工矿区范围内使用土地的单位或个人。拥有土地使用权的纳税人不在土地所在地的，由代管人或实际使用人纳税；土地使用权未确定或权属纠纷未解决的，由实际使用人纳税；土地使用权共有的，由共有各方分别纳税。

城镇土地使用税的征税范围，包括在城市、县城、建制镇和工矿区内的国家所有和集体所有的土地。

2. 计税依据和税率

城镇土地使用税以纳税人实际占用的土地面积为计税依据，即税务机关根据纳税人实际占用的土地面积，按照规定的税额计算应纳税额，向纳税人征收土地使用税。

城镇土地使用税采用定额税率，即采用有幅度的差别税额，按大、中、小城市和县城、建制镇、工矿区分别规定每平方米土地使用税年应纳税额。

3. 税额计算

城镇土地使用税根据实际使用土地的面积，按税法规定的单位税额交纳。该税采取按年征收，分期交纳的方法。

其计算公式如下：

$$应纳城镇土地使用税额=应税土地的实际占用面积\times 适用单位税额$$

例如：金媚服装公司占用土地面积为 1500 平方米，每平方米年税额为 6 元；税务部门规定城镇土地使用税在季末后 10 日内交纳，1 月 31 日计算本月应交城镇土地使用税额。

$$月应纳城镇土地使用税额=1500\times 6\div 12=750（元）$$

(二)房产税

房产税是以房屋为征税对象，按房屋的计税余值或租金收入为计税依据，向产权所有人征收的一种财产税。房产税的征税对象是房产。我国于 1986 年 9 月 15 日颁布了《房产税暂行条例》。但是该税种一直处于空转状态。2012 年房产税开始在部分城市试点。

1. 纳税人及征税范围

凡是中国境内拥有房屋产权的单位或个人都是房产税的纳税人。房产税由产权所有人缴纳。

房产税的征税范围为城市、县城、建制镇和工矿区。开征房产税的工矿区须经省、自治区、直辖市人民政府批准。为了减轻农民负担，房产税的征税范围不包括农村。

2. 计税依据和税率

房产税的计税依据是房产的计税价值或房产的租金收入。按照房产计税价值征税的，称为从价计征；按照房产租金收入计征的，称为从租计征。

我国之前的房产税采用的是比例税率。由于房产税的计税依据分为从价计征和从租计征两种形式，所以房产税的税率也有两种：一种是按房产原值一次减除 10%～30%后的余值计征的，税率为 1.2%；另一种是按房产出租的租金收入计征的，税率为 12%。从 2001 年 1 月 1 日起，对个人按市场价格出租的居民住房，用于居住的，可暂减按 4%的税率征收房产税。

3. 税收优惠

以下情况免征房产税：①国家机关、人民团体、军队自用的房产免征房产税；②由国家财政部门拨付事业经费的单位自用的房产免征房产税；③宗教寺庙、公园、名胜古迹自用的房产免征房产税。

4. 税额计算

房产税应纳税额的计算分为以下两种情况，其计算公式为

以房产原值为计税依据的

$$应纳税额=房产原值\times(1-10\%或30\%)\times税率(1.2\%)$$

以房产租金收入为计税依据的

$$应纳税额=房产租金收入\times税率(1.2\%)$$

扣除比例由省(自治区、直辖市)人民政府在税法规定的减除幅度内自行确定。这样规定，既有利于各地区根据本地情况，因地制宜地确定计税余值，又有利于平衡各地税收负担，简化计算手续，提高征管效率。

第四节　不动产评估方法

一、不动产评估概述

不动产评估是指专业估价人员，根据估价目的，遵循估价原则，选用适宜的估价方法，并在综合分析影响不动产价格因素的基础上，对不动产的合理价格或价值进行估算的活动。不动产价格是由土地的效用、相对稀缺性和有效需求三者互相作用、互相影响形成的。

(一)不动产评估原则

我们在探讨不动产估价方法之前，首先要掌握不动产估价的基本原则，认真分析影响土地价格的因素，灵活使用各种不动产估价方法，对不动产价格做出最准确的判断。

合法原则即必须以估价对象的合法使用、合法交易或者合法处分为前提进行。该原则要求在估价时必须确认估价对象具有合法的产权。如果无法确认，则必须在估价报告中说明估价过程和结论是在嘉定估价对象具有合法产权的情况下才是有效的。

替代原则是指不动产估价应以相邻地区或类似地区功能相同、条件相似的不动产市场交易价格为依据，估价结果不得明显偏离具有替代性质的不动产正常价格。

最高最佳使用原则是指法律上许可、技术上可能、经济上可行，经过充分合理的论证，能使估价对象的价值达到最大的一种使用。该原则要求评估价值应是在合法使用方式下，各

种可能的使用方式中，能够获得最大收益的使用方式的估价结果。

供需原则是指不动产估价要以市场供需决定的价格为依据，并充分考虑不动产供需的特殊性和土地市场的地域性。因为不动产不同于一般商品，具有地理位置的固定性、个别性等自然特性，使价格独占性较强，需求与供给都限于局部地区，供给量有限，竞争主要是在需求方面进行。

公平原则不动产估价涉及不动产所有人、国家、评估机构等多方面的利益，因此，在评估过程中要秉持公平、公正的理念，运用科学方法，综合分析各种影响因素，对不动产价值做出合理的估算。

预期收益原则，就是指不动产估价应以估价对象在正常利用条件下的未来客观有效的预期收益为依据。正因为不动产价格受预期收益变动的影响，投资者必须在预测该土地能为自己带来多少收益后才决定是否投资。这就要求估价者必须了解不动产的历史收益状况，并对不动产市场现状、发展趋势及政策规定等进行细致分析和预测。

(二)不动产评估程序

一般来说，对不动产估价主要包括明确估价基本事项、拟定估价方案、实地查勘估价对象、选择估价方法、确定估价结果、撰写估价报告等。

1. 明确估价的基本事项

明确估价对象的权利状态，如完全产权、已设定有某种他项权利的不完全产权等。

明确估价对象的范围。明确估价对象即明确待估对象的基本情况，包括物质实体状况和权益状况。不动产按实体存在形态分析，包括单纯的土地、土地与建筑物整体、附有建筑物的土地、单纯的建筑物这四种。待估不动产实体具体是哪一种，要弄清楚。

明确估价目的。不同的估价目的，其估价结果往往不同。所谓估价目的，是指为何种需要而估价。

2. 拟定估价方案

为保证估价工作高效率、有秩序地进行，根据估价目的、待估不动产基本情况及合同条款，估价方应及时拟定合理的估价方案。

3. 实地查勘估价对象

实地查勘是估价人员亲自去估价对象现场，对委托人先前介绍或提供的估价对象的有关情况，进行调查核实。由于不动产在实体上具有不可移动性和个别性等特点，仅仅根据委托人或当事人提供的情况，难以做到具体、准确地把握估价对象。

4. 选择估价方法

在前述工作的基础上，根据待估不动产估价目的和资料的翔实程度，就可正式确定采用的估价方法。要求：①同一估价对象一般需同时采用两种或两种以上的估价方法，以使估价结果相互补充和印证；②根据估价目的，若估价对象适宜采用多种估价方法进行估价，应同时采用这些估价方法进行估价，不得随意取舍；若必须取舍，则应在估价报告中予以说明并陈述理由；③有条件采用市场法进行估价的，应以市场法作为主要的估价方法；④具有收益性的不动产的估价，应选用收益法作为其中的一种方法；⑤在无市场依据或市场依据不充分而不宜采用市场比较法、收益法进行估价的情况下，可采用成本法作为主要的估价方法。

5. 确定估价结果

用不同估价方法测算出的结果可能有所不同。如果差异过大，应找出原因，消除不合理的差异。用不同估价方法对同一宗不动产进行估价，其计算结果肯定不会相同。估价人员应对这些结果进行分析、处理，以确定最终估价额。

确定估价结果可分三个步骤进行：

第一，分析不同估价方法计算出结果的可靠性，尤其是当这些计算结果差异较大时，应寻找并排除出现差异的原因。对不同估价方法计算出的结果进行检查应按下列从低级错误到高级错误的顺序进行：①计算过程是否有误；②基础数据是否准确；③参数选择是否合理；④是否符合估价原则；⑤公式选用是否恰当；⑥选用的估价方法是否适宜估价对象和估价目的。

第二，求出估价综合值。不动产估价的结果只能有一个。因此，该步骤是把各种不动产估价方法计算出的价格调整成最可能的单一金额或落入范围。调整的性质取决于估价事项、所采用的估价方法和所求出计算价格的可靠性。在确认所选用的估价方法计算出的结果无误后，根据待估不动产具体情况及估价师的判断，采用某种数值处理的数学方法，计算出一个估价的综合值。

第三，确定最终估价额。通过第二个步骤，虽然综合出了一个价格，但这个价格通常还不能定为估价对象不动产的最终估价额。因为影响不动产价格的因素很多，估价人员不能拘泥于用某些计算公式得出的结果，还需要依靠自己的专业经验及对不动产市场行情的理解来把握价格。因此，在第二个步骤的基础上，估价人员应考虑一些不可量化的价格影响因素，同时可听取有关人士的意见，对该估价综合值进行适当的调整，或取整、或认定，作为最终的估价结果。当有调整时，应在估价报告中明确阐述理由。

6. 撰写估价报告

估价人员在确定了最终的估价结果之后，应当撰写估价报告。估价报告质量的高低，取决于参数选取的合理性、估价结果的准确性、估价方法选用的正确性。

（三）不动产税基的确定

不动产税作为一种财产税，要解决的是对谁征税（税基）、征多少（税率）、如何征的问题。其中的关键因素是税基的确定。一般应尽量选择那些税源较为广泛、充裕的课税对象作为主导税基。不动产可供选择的税基有：面积、市场价值、租金收益等。只有少数的国家选择面积作为税基。因为面积具有易测度、记录全的特点，所以按面积征收不动产税十分简单。但面积相同的不动产，由于位置、质量、交通、外部环境等因素的不同，价值差异特别大。

大多数国家采用的是另一种办法，以不动产的市场价值或者租金作为不动产税税基。不动产作为耐用品，在市场中交易的数量占总量的比率不高，即很多的不动产是缺乏现值数据的，这就需要对不动产的现值进行评估。

二、不动产评估方法

（一）传统评估方法

不动产评估方法主要有三种，分别为成本法、市场法和收益法，分别适用于不同的不动产类型，在实际评估过程中，这三种方法也可以互相参考，以确定合理的评估价值。

1. 成本法

成本法又称重置成本法，是通过求取应税不动产在估价时点的重新构建价格，扣除折旧之后，以此来确定估价对象的合理价格或价值的方法。成本法适用于收益不明显、很少发生交易的不动产的估价，如学校、图书馆、医院、公园等公用、公益性不动产，以及化工厂、钢铁厂、发电厂、油田、码头、机场等具有独特设计而建造的不动产等。

评估重置成本通常包括取得成本、开发成本、管理费用、投资利息、开发利润、相关税费等内容。贬值因素包括实体性贬值、功能性贬值、经济性贬值。

按成本法评估不动产价值的基本公式为：

不动产价格=重新构建价格–折旧

具体到特定类型不动产的评估，可以依据以下公式：

对于新建不动产：

新建不动产价格=土地取得成本+土地开发成本+建筑物建造成本+管理费用
+投资利息+销售费用+销售税费+开发利润

对于旧不动产：

旧不动产价格=不动产重新构建价格–建筑物折旧

案例分析 7-2：不动产评估方法之一——成本法

某建筑物为钢筋混凝土结构，经济寿命为 50 年，已经使用了 8 年。经调查测算，现在重新建造全新状态的该建筑物的建造成本为 800 万元(建设期为 2 年,假定第一年投入建造成本的 60%，第二年投入 40%，均为均匀投入)，管理费用为建造成本的 3%，年利息率为 6%，销售税费为 50 万元，开发利润为 120 万元。又知其中该建筑的墙、地面等损坏的修复费用为 18 万元；装修的重置价格为 200 万元，平均寿命为 5 年，已使用 2 年；设备的重置价格为 110 万元，平均寿命为 10 年，已使用 8 年。假定残值率均为零，试计算该建筑物的折旧总额。

解：(1)计算建筑物的重置价格

①建造成本：800 万元

②管理费用：$800\times3\%=24$（万元）

③投资利息：

$$(800+24)\times60\%\left[(1+6\%)^{1.5}-1\right]+(800+24)\times40\%\times\left[(1+6\%)^{0.5}-1\right]=54.90\text{（万元）}$$

④建筑物的重置价格=$800+24+54.9+50+120=1048.9$（万元）

(2)计算建筑物的折旧额

①墙壁、地面等损坏的折旧费=18 万元

②装修部分的折旧费=$200\times2/5$=80（万元）

③设备部分的折旧费=$110\times8/10$=88（万元）

④长寿命项目的折旧额=$(1048.9-18-200-110)\times1/50\times80$=115.34（万元）

⑤该建筑物的折旧额=$18+80+88+115.34=301.34$（万元）

2. 市场法

市场法又称市场比较法，是指将被评估的不动产与在近期内已经交易的不动产加以比较、对照，并根据已发生交易的类似不动产的价格，经过因素修正得到被评估不动产价值的评估方法。如果不动产交易市场比较完善，在市场上能够收集到大量与被评估不动产类似的市场交易资料。那么，市场法不失为一种比较好的不动产评估方法。

用公式表示为：

区域因素修正系数×个别因素修正系数区

房地产评估价值=可比实例价格×交易情况修正系数×交易日期修正系数×不动产个别因素修正系数

其中：

交易情况修正系数=正常交易情况值/参照物交易情况值

交易日期修正系数=评估对象不动产日期因素值/参照物日期因素值

不动产个别因素修正系数=评估对象不动产个别因素值/参照物个别因素值

案例分析 7-3：不动产评估方法之二——市场法

采用市场法评估某块城市规划住宅用地的价格。已知土地总面积为 1500 平方米。

①收集有关资料：共调查了 A、B、C 三宗土地买卖实例作为比较实例。

②可比实例的成交价格如表 7-1 所示。

表 7-1 成交价格

项目	可比实例 A	可比实例 B	可比实例 C
成交价格(元/平方米)	1200	1150	1380
成交日期	2011 年 2 月 20 日	2011 年 4 月 20 日	2011 年 7 月 20 日
交易情况	正常	比正常价格低 3%	比正常价格高 5%

③该类土地 2011 年 1 月至 9 月的价格变动情况如表 7-2 所示。

表 7-2 价格变动情况

月份	1	2	3	4	5	6	7	8	9
价格指数	100	100.3	98.5	102.6	101.3	102.8	103.5	103.3	103.8

注：表中的价格指数为环比指数，均以上个月为 100。

④房地产状况的比较判断结果，如表 7-3 所示。

表 7-3 判断结果

房地产状况	权重	估价对象	可比实例 A	可比实例 B	可比实例 C
因素 1	0.40	100	95	92	106
因素 2	0.35	100	105	96	109
因素 3	0.25	100	110	98	97

试运用上述资料估算该土地 2011 年 9 月 20 日的正常市场价格。

解：(1)公式：比准价格=可比实例价格×交易情况修正系数×交易日期修正系数×不动产个别因素修正系数

(2)交易情况修正系数

可比实例 A=100/100

可比实例 C=100/97

可比实例 E=100/105

(3)交易日期调整系数为

可比实例 A=0.985×1.026×1.013×1.028×1.035×1.033×1.038=1.168

可比实例 B=1.013×1.028×1.035×1.033×1.038=1.156

可比实例 C=1.033×1.038=1.072

(4)不动产个别因素修正系数为

可比实例 A=100/(95×0.4+105×0.35+110×0.25)=100/102.25

可比实例 B=100/(92×0.4+96×0.35+98×0.25)=100/94.55

可比实例 C=100/(106×0.4+109×0.35+97×0.25)=100/104.8

(5)计算比准价格

比准价格 A=1200×(100/100)×1.168×(100/102.25)=1370.76 (元/平方米)

比准价格 B=1150×(100/97)×1.156×(100/94.55)=1449.51 (元/平方米)

比准价格 B=1380×(100/105)×1.072×(100/104.8)=1344.38 (元/平方米)

(6)将上述三个比准价格的简单算术平均数作为比较法的估算结果，则有

估价对象价格(单价)=(1370.76+1449.51+1344.38)/3=1388.22(元/平方米)

估价对象价格(总价)=1388.22×1500=208.33(万元)

3. 收益法

收益法又称收益还原法，是指通过估算被评估资产未来预期收益并折算成现值，借以确定被评估资产价值的一种方法。收益法适用于有收益或者有潜在收益的不动产，如住宅、写字楼、酒店、餐馆、影剧院等。

案例分析 7-4：不动产评估方法之三——收益法

某宾馆共有 400 个标准间和 100 个套间，标准间每个每天 200 元，套间每个每天 350 元，年平均空房率 25%。餐饮收益为客房收益的 30%。客房运营费用率为 35%，餐饮运营费用率为 55%。康体娱乐等其他方面的净收益为每年 200 万元。土地使用年限不限。搜集同类宾馆的价格和净收益资料如表 7-4 所示。

表 7-4 价格与净收益资料

可比房地产	价格(万元)	净收益(万元/年)
A	25200	3000
B	29400	3500
C	23800	2800
D	16600	2000

试依据上述资料用收益法估计该宾馆的现时价格。

解：(1) 按收益法公式求取该宾馆的价格，其公式为

$$V=A/R$$

(2) 计算客房与餐饮年总收益：

①客房年总收益 $=(400\times200+100\times350)\times365\times(1-25\%)=3148.13$（万元）

②餐饮年总收益 $3148.13\times13\%=944.44$（万元）

(3) 计算客房与餐饮年总费用：

①客房年总费用 $=3148.13\times35\%=1101.85$（万元）

②餐饮年总费用 $=944.44\times55\%=519.44$（万元）

(4) 计算年净收益 $=3148.13+944.44-1101.58-519.44+200=2671.28$（万元）

(5) 由所给资料计算报酬率：

可比房地产的报酬率：

$$A=3000/25200=11.9\%$$

$$B=3500/29400=11.9\%$$

$$C=2800/23800=11.76\%$$

$$D=2000/16600=12.05\%$$

以其平均数作为估价对象的报酬率：

$$(11.9\%+11.9\%+11.76\%+12.05\%)/4=11.9\%$$

(6) 从公式求得该宾馆价格为：

$$V=A/R=2671.28/11.9\%=22447.73\ (万元)$$

三种评估方法见表 7-5。

表 7-5 三种评估方法的比较

项目	成本法	市场法	收益法
适用范围	新开发的项目；很少在市场交易的不动产的评估	不动产市场化程度高，相关数据容易获取	多单元住宅、商业楼宇等收益性不动产的评估
优势	几乎不受房地产市场波动的影响；可用于评估特殊不动产	评估值最接近不动产的价值，比较客观	受不动产市场波动的影响较小，充分揭示不动产的经济价值
缺陷	对折旧的估计主观性较强，评估建造成本时会因相关材料价格的波动而出现大幅变化	较易受不动产市场波动的影响，某些交易数据可能难以找到	预期收益回报并不确定，资本化率等关键指标有较强的主观性

（二）评估技术

在实际的不动产税基评估过程中，需要应用相应的评估技术。从一次评估的数量角度，可以分为单量评估和批量评估两种。

1. 单体评估

单量评估是指房地产评估师根据特定评估目的，运用科学的评估方法，在一次评估中对单位不动产在估价时点上的特定价值进行分析、测算和判断。单体评估的程序较为简单，包括收集资料、实地勘察、评估方法选择、具体评估、评估报告撰写等步骤。质量控制更多地依靠评估人员自身的经验、业务水平等，结果易受到主观因素的影响。并且存在成本高、效率低的缺陷。

2. 批量评估

批量评估即在给定的时间，使用系统、统一并对结果进行统计检验与分析的评估技术方法，对多种类型的财产所进行的评估。批量评估技术强调一般性的共同因素，而忽略了评估对象的一些特殊差异，在时间和效率方面均优于单量评税方法。但这一评估技术的要求也较高，主要包括：相对成熟的房地产市场、完善的房地产信息系统、合理的房地产分类等。在具体操作过程中，在很大程度上依赖于制度设计和现代信息化手段。

下面简单介绍下不动产批量评估程序：①确立要评估的不动产；②定义市场区域；③确认影响价值的因素；④建立模型。模型一般可以分为三类：加法模型、乘法模型和混合模型。

加法模型

$$Y = b_0 + b_1x_1 + b_2x_2 + b_3x_3 \ldots + b_nx_n$$

式中，Y是指不动产税基的评估值，x_1、x_2、x_3、…、x_n是自变量，表示影响不动产税基的各种因素，b_1、b_2、b_3、…、b_n是自变量的系数，为各影响因素的影响程度，b_0是常数项。该模型适用于影响因素与评估值存在线性关系的情况下，其中的自变量由评估机构根据实际情形确定，常数项和自变量的系数值则由模型计算得到。

乘法模型

$$Y = b_0 \times \left(x_1^{b_1} \times x_2^{b_2} \ldots\ldots x_i^{b_i}\right)\left(b_{i+1}{}^{x^{i+1}} \times b_{i+2}{}^{x^{i+2}} \ldots\ldots b_{i+n}{}^{x^{i+n}}\right)$$

式中，Y是指不动产税基的评估值，x_1、x_1、…、x_i，x^{i+1}、x^{i+2}、…、x^{i+n}是影响不动产税基评估值的各种因素，b_1、b_2、…、b_n，b_i、b_{i+1}、…、b_{i+n}是影响因素的幂指数或指数的幂。该模型适用于不动产评估值与影响因素之间存在着非线性关系和交叉关系之时。乘法模型的优势在于能够更好地计算曲线的关系，对不动产的估价更加接近于真实价值。但是，该模型在建模和使用时比较复杂。

混合模型

$$Y = \left(b_0 + b_1x_1 + b_2x_2 \ldots\ldots + b_ix_i\right) \times b_{i+1}^{x^{i+1}} \times b_{i+2}^{x^{i+2}} \times \ldots\ldots \times b_{i+n}^{x^{i+n}}$$

混合模型是加法模型和乘法模型的综合，其中既考虑了影响不动产税基评估值的线性因素，又考虑了非线性因素，是更全面性更准确性的模型。但是在实践过程中，因相关的软件比较有限，因此在实践中应用的并不多。

资料链接：世界各国的不动产税

香港不动产税有物业税和差饷税。物业税的纳税对象是作为出租使用，获得出租收入的不动产。纳税人为在香港拥有出租房屋的业主。根据香港法例第116章《差饷条例》，香港所有地产物业，包括私人物业及公共房屋，均须缴纳差饷。自住物业的差饷由业主缴付，如果物业是出租，缴交差饷的责任则由双方所订的租约条款决定。日本主要有固定资产税、闲置土地保有税以及城市规划税。其中固定资产税的纳税对象是固定资产，主要为土地和房屋，纳税义务人为固定资产的所有人。闲置土地保有税的纳税对象为一定规模以上闲置的为开发的土地。城市规划税的纳税对象为市区域内的土地和房屋，不包括折旧资产，纳税人为市区域内的土地和房屋的所有者。美国的财产税纳税对象是房产和地产，以及房地产上附加的价值物。纳税人为房地产的所有人，无所有人的，纳税人为其实际使用者或控制者，包括承租人、保管人及受托人。各国还对税收的减免对象做了详细具体的规定，从单位看都是对政府机构和非营利性公益事业单位以及公共设施进行减免，从个人看包含了对低收入者的减免，对伤残退伍军人的减免等等。从以上对世界各国对纳税对象和纳税人的做法归纳中，我们可以得出以下经验：

纳税对象普遍包含了地产和房产，不仅包含了工商企业拥有的房地产，大部分国家和地区也包含了居民的住宅用房地产。对居民的住宅用房地产征税。

各个国家都实行了相应的税收减免内容，减免内容也大致相同，比如对公益性房产、政府房产等都实行免税或不同程度的减税。

许多国家还根据其土地政策目标或财政目标，开设了动态物业税，此时的纳税对象不仅仅是房地产，而是房地产的特殊动态行为。对特定的不动产动态行为进行征税，可以达到增加财政收入或促进资源配置或调节收入水平等不同目标。如韩国的土地增值税等等，都值得我国借鉴。

思 考 题

1. 请简略概述我国税收制度的建立与发展。
2. 请简述税收制度的构成要素。
3. 请简述不动产税收的属性与功能。
4. 不动产税收主要分为哪几类？请一一列出。
5. 什么是不动产评估，不动产评估有什么原则？

第八章　不动产经营管理

【章节介绍】企业根据其自身的不动产状况以及所处的市场竞争环境，对自身的长期发展进行战略性规划部署，制定企业远景目标，并按经营目的，以不动产为核心，合理组织运用其他企业资源，获得尽可能多的产出和尽可能高的经济效益，并为社会创造尽可能多的物质财富。这种经营活动就是不动产经营管理。不动产经营是企业(包括非营利组织)经营管理的重要组成部分。本章主要介绍不动产的租赁、投资、融资、不动产资本管理等经营管理问题，主要分析了不动产租赁管理、收益性不动产投资管理、不动产融资以及不动产抵押等问题。

第一节　不动产租赁管理

一、不动产租赁概述

(一)不动产租赁的含义

通常意义的不动产租赁指的是房屋租赁。即房屋所有权人作为出租人将其房屋出租给承租人使用，由承租人向出租人支付租金的行为。房屋租赁是不动产市场中的一种主要交易形式。在租赁市场上，业主或业主的代理人为了某种利益，授权租用者在规定的期限内占用不动产的权利时，租赁便产生了。

不动产租赁是商品交换的一种形式，其核心问题是租金问题。即不动产所有权人作为出租人把标的物在一定时期内的使用权一次或多次出租给承租人，承租人按照双方约定的期限和数额，向出租人支付房租作为购买一定时期的不动产使用权的行为。其中，出租人是房屋的供应者，承租人是房屋的需求者，房租是双方商品交换的价格。物业所有权人是为获得经济收入而出让物业的使用权，而使用权人则是为使用物业而以协商租金为代价向所有权人或经营者承租物业。租赁合同规定了业主和租户双方的责任，租户只拥有暂时的物业占有权，而没有所有权。

除房屋租赁外，不动产租赁包括对土地、房产和其他不动产的租赁行为。

(二)不动产出租与出售的区别

不动产出租和出售均是买卖交易形式，两者在经营中有以下区别：

1)不动产租赁实际上是不动产所有权人(业主)或授权经营者将不动产零星出售的一种形式，所不同的是，不动产出售是所有权的转移与让渡，而不动产出租让渡的只是使用权。房屋使用权从出租人手中让渡到承租人手中，双方就建立了一种租赁关系。而房屋出售却不同，它是将房屋的使用权和所有权一次性一并卖断。

2)在收回房屋的投资和利息方面，不动产的租赁是在房屋达到使用年限前，经过多次交换实现，而不动产的出售是通过一次交换，房屋即从实物形态转为货币形态。

3) 在流通过程与消费过程的相互关系上，不动产租赁的流通过程与消费过程是互相交叉、同步转变的，即一边交换一边使用。房屋出售中两者是分离的，它是在流通过程结束后才开始的消费过程。

(三) 不动产租赁的经济实质

出售和出租是商品流通的两种形式。基于租赁这一种商品交易形式，其交易过程简单灵活，适用于各种不同的环境和条件的特点及物业本身所具备的价格量大、使用期限长，以及不可移动性等特点，注定了租赁交换形式在不动产经营中有着广泛的应用。不动产租赁的经济实质就是其使用价值的零星出卖。

二、各类不动产的租赁与管理

(一) 土地租赁

随着土地使用制度改革的深化，我国国有土地有偿使用的方式存在着两种不同的方式。一是国有土地租赁；一是国有土地使用权出租。

1. 国有土地租赁

土地租赁是某一土地的所有者与土地使用者在一定时期内相分离，土地使用者在使用土地期间向土地所有者支付租金，期满后，土地使用者归还土地的一种经济活动。

2. 国有土地使用权出租

土地使用权出租是指土地使用者将土地使用权单独或者随同地上建筑物、其他附着物租赁给他人使用，由他人向其支付租金的行为。原拥有土地使用权的一方称为出租人，承担土地使用权的一方称为承租人。

土地使用权出租不是单一的出租土地，而是出租人将土地使用权连同地上建筑物及其他附着物租赁给承租人使用、收益，承租人以支付租金为代价取得对土地及地上建筑物、其他附着物的使用及收益的权利。出租人和承租人的租赁关系由双方通过订立租赁合同确定。

土地使用权出租的标的物具有复合性，即不仅包括土地使用权，还包括土地上的建筑物及其他附着物。土地出租一般是同房屋租赁结合在一起的。

由于在土地使用权出租中，土地使用权及地上建筑物、其他附着物所有权不发生转移，承租人以支付租金为代价取得对土地及地上建筑物、其他附着物一定期限使用的权利，期限通常较短，投资相对较少，方便灵活，出租人则通过承租人支付的租金收回投资，因而土地使用权出租十分普遍，具体形式也有多种多样。如商业柜台出租、各种铺面出租和住房出租等，都包含着土地使用权的出租。

3. 两者的比较

国有土地租赁和国有土地使用权出租之间存在以下主要区别(表 8-1)。

表 8-1　国有土地租赁和国有土地使用权出租的主要区别

项目	国有土地租赁	国有土地使用权出租
土地市场	一级市场	二级、三级市场
法律关系主体	土地所有者(国家)与土地使用者	不同的土地使用者之间
土地使用者权益	承租人取得土地使用权；可转租，转让、抵押	土地使用权为原承租人持有，第三人取得土地的他项权利

第一，所处的土地市场不同。国有土地租赁属于土地一级市场；国有土地使用权出租属于土地二级或者三级市场。

第二，法律关系主体不同。国有土地租赁的主体是土地所有者与土地使用者。国有土地使用权出租是在土地使用者之间进行，其主体——出租人是通过划拨、出让(或转让)取得土地使用权的受让人；承租人为取得一定年限的土地及地上建筑物、其他附着物的全部或者一部分的使用权，并定期向出租人支付租金的行为主体。

第三，土地使用者的权益不同。《规范国有土地租赁若干意见》第六条规定：国有土地租赁，承租人取得承租土地使用权。承租人在按规定支付土地租金并完成开发建设后，经土地行政主管部门同意或根据租赁合同约定，可将承租土地使用权转租、转让或抵押。承租土地使用权转租、转让或抵押，必须依法登记。

1)承租土地使用权的转租：承租人将承租土地转租或分租给第三人的，承租土地使用权仍由原承租人持有，土地承租人与第三人建立了附加租赁关系，第三人取得土地的他项权利。

2)承租土地使用权的转让：承租人转让土地租赁合同的约定的权利义务随之转给第三人，租赁合同经更名后继续有效。

3)承租土地使用权的抵押：单独的承租土地使用权可设定抵押权，即地上没有建筑物或构筑物的承租土地使用权可设定抵押权；地上房屋等建筑物、构筑物依法抵押的，承租土地使用权可随之抵押。抵押权实现时土地租赁合同同时转让。

4)划拨土地使用权的出租：根据《城镇国有土地使用权出让和转让暂行条例》的规定：划拨土地使用权，除了符合条件之外，不得转让、出租、抵押。符合条件的，经市、县人民政府土地管理部门和房产管理部门批准，其划拨土地使用权和地上建筑物、其他附着物所有权可以转让、出租、抵押。

5)出让或转让土地使用权的出租：按《城镇国有土地使用权出让和转让暂行条例》规定，取得土地使用权的土地使用者，在规定的期限内土地使用权可以出租，未按土地使用权出让合同规定的期限和条件投资开发、利用土地的，土地使用权不得出租。

4. 土地租赁的期限

集体土地租赁期限。根据《中华人民共和国农村土地承包法》第二十条规定：耕地的承包期为三十年。草地的承包期为三十到五十年。林地的承包期为三十到七十年；特殊林木的林地承包期，经国务院林业行政主管部门批准可以延长。

国有土地租赁期限。具体租赁期限由租赁合同约定，最长租赁期限不得超过法律规定的同类用途土地出让最高年限。

(二)房产租赁

从租赁的角度，不同类型的房产如住宅、商场、写字楼、工业厂房、仓库等有其经营管理的共性，这里以住宅租赁市场为例，关于商业物业租赁可参阅《商业物业管理》一书。

1. 住宅租赁市场需求

由于新房市场、二手房市场和住宅租赁市场是绝大多数人解决居住问题的主要渠道，而在目前房价高企，且政府致力于房地产市场宏观调控的形势下，商品住宅市场成交量的下降以及购买行为的受限，房屋租赁市场成为人们解决居住问题的主要渠道，再加上区域产业结构的调整，城市新增人口的进入，住宅租赁的需求总量作为刚性的需求，将会有稳定且持续增长，住宅租赁市场的作用明显强化，住宅租赁市场潜力巨大。

不动产租赁市场需求是指不动产租赁需求者顾客在一定的地区、一定的时间、一定的市场营销环境和一定的市场营销方案下愿意对不动产而且能够租赁的数量。行内普遍有一个共识，住宅租赁市场需求代表房地产市场的真实需求与购买力水平。

2. 房屋租赁的特征

房屋租赁作为一种特定的商品交易的经济活动形式，它具有以下特征：

(1)房屋租赁的标的是作为特定物的房屋

物业的特殊性是空间上的长远性和固定性，且具有资源上的稀缺性和经济上的保值、升值性，因此它是一宗不动产。出租人在供应房屋时，只能按合同规定的出租，而不能用其他区域、地段的房屋替代。租赁合同终止后，承租人也必须将原物奉还，而不能李代桃僵。

(2)房屋租赁让渡的是物业使用权而不是所有权

物业租赁不论时间长短和租金高低，始终不发生所有权的转移。在整个租赁期内，出租物业所有权始终属于业主，承租人拥有的只是使用权，“两权分离”关系通过租赁契约加以明确和肯定，出租人让渡物业使用权获得租金收入，承租人以缴纳租金为代价获得物业使用权。

(3)租赁双方都必须是符合法律规定的责任人

租赁作为一种民事法律行为，其主体是出租人和承租人。出租人必须是房屋所有权人，才能够有权将房屋的使用权转移给他人，同时享有收益权。代理他人出租，必须在产权人的明确授权下方可进行。而作为承租人(包括自然人、法人)既应是具有民事行为能力的人，即能够签订合同，也应是不属于限制承租的情况。

(4)租金的合理确定是物业租赁的核心问题

物业租赁实际是物业所有权人或授权管理物业的物业管理企业以获租金为代价将物业使用权零星、分期和有偿出让的一种形式。租金是一种特殊的价格表现形式，是物业所有权人或经营者分期让渡物业使用价值的补偿，因此合理确定租金具有特别重要的意义。

(5)房屋的租赁关系是一种经济的契约关系

房屋租赁的经济契约关系表现为：一是一种契约行为，即必须以租赁双方的协议或合同为依据，约定租赁期限用途、价格和修缮责任等。二是物业租赁必须充分体现租赁双方权利和义务对等的原则。物业租赁合同必须明确物业双方的权利和义务，并真正体现权利与义务的对等与一致。出租人有按期收取租金、监督承租人合理使用物业，以及收回出租物业等权利，同时要承担保障承租人合法使用物业，并对物业进行日常维护保养的义务；承租人有合法使用承租物业，要求居住安全以及承租物业优先购买和续租等权利，同时承担按期缴纳房屋，对物业妥善使用等义务。三是标的物的所有权和使用权的暂时性分离，占有权和使用权的临时性转移。因此，在房屋租赁期间，即使出租房屋的所有权发生转移，原租赁的合同关系依然有效，房屋的所有权人必须尊重承租人的合法权益。四是违约必须承担法律责任。除了承担民事责任外，有的出租房屋管理规定中还规定了具体的“罚则”。

3. 房屋租赁期限

《中华人民共和国合同法》第二百一十二条规定：租赁期限不得超过二十年。超过二十年的，超过部分无效。租赁期间届满，当事人可以续订租赁合同，但约定的租赁期限自续订之日起不得超过二十年。所以除特别主体以外，其他一般主体订立的合同不得超过二十年，超过二十年的，超过部分无效。因此，房屋租赁期限由租赁合同约定，最长租赁期限不得超过法律规定的最高年限。具体来说，房屋租赁的最长期限为二十年，如超过二十年，则超出部分为无效合同。

（三）不动产租赁的管理

1. 不动产租赁的法律特征

不动产租赁是指不动产所有权人作为出租人将不动产提供给承租人有偿使用，承租人按约支付租金，并在租赁关系终止时，将所租不动产交还出租人的一种民事法律行为。不动产租赁的法律特征主要表现在：

（1）不动产租赁的标的物是特定物

不动产租赁的标的物是出租人合法持有的不动产，是租赁双方权利义务共同指向的对象。不动产租赁不同于其他财产租赁，出租人只能向承租人提供特定的不动产，租赁期届满，承租人必须将原不动产交还出租人。

（2）不动产租赁的期限性

租赁期限是出租人与承租人权利义务开始与终止的界限，也是区分责任的时间依据。在租赁期限内，出租人不得收回不动产，如有特殊原因要收回不动产，应与承租人协商，并取得承租人同意，承租人有权要求因提前收回不动产所造成的损失。租赁期限届满，房屋租赁关系即行终止。

（3）不动产租赁是一种双务有偿的债权关系

在不动产租赁关系中，出租人负责如期交付租约所规定的不动产给承租人使用。承租人负有按期交付租金，并不得毁损、转让、转租租赁的不动产。

（4）不动产租赁是一种要式行为

不动产租赁是一种重要的民事法律行为。目前我国还没有出台专门的法律来规范不动产租赁行为。但在《中华人民共和国城市房地产管理法》和各部门规章制度中对此行为进行了严格的法律界定。

2. 不动产租赁的登记

在十八届三中全会之后，国务院常务会议即决定整合不动产登记职责、建立不动产统一登记制度。会议指出，整合不动产登记职责、建立不动产统一登记制度，是国务院机构改革和职能转变方案的重要内容，也是完善社会主义市场经济体制、建设现代市场体系的必然要求。

根据《中央编办关于整合不动产登记职责的通知》（中央编办发〔2013〕134 号）和《中央编办关于国土资源部不动产登记人员编制有关问题的批复》（中央编办复字〔2014〕36 号），在国土资源部地籍管理司加挂不动产登记局牌子，承担指导监督全国土地登记、房屋登记、林地登记、草原登记、海域登记等不动产登记工作的职责。新建立的不动产登记管理局将分散在住房和城乡建设、农业、林业、海洋等主管部门的不动产权属登记职能整合。同时，地方政府也将陆续开始对现有不动产登记职能进行归并，在有关工作完成后，将有望实现统一登记产权信息的“合法可查询”。不动产登记管理局除负担整合登记职能外，还将担负对外提供“合法查询、证明”等有关的社会服务职能。

2014 年 5 月 7 日，国土资源部办公厅下发《关于在地籍管理司加挂不动产登记局牌子的通知》。2014年8月，根据《中央编办关于整合不动产登记职责的通知》和《中央编办关于国土资源部不动产登记人员编制有关问题的批复》，国土资源部办公厅印发执行《地籍管理司(不动产登记局)主要职责内设机构和人员编制规定》(以下简称《规定》)，确定地籍管理司(不动产登记局)的主要职责、人员编制和内设机构等“三定方案”。

在“不动产统一登记”工作的推进中，林地、海域、农村承包地、农村集体建设用地的“统一登记”，因原有数据系统相对较为健全，所需解决的问题主要是将其技术标准统一，实现统一技术平台。相比之下，个人住房信息纳入不动产统一登记随着体制与技术手段的完善将会逐步全面推行。

第二节　不动产投资管理

一、不动产投资概述

不动产投资，是指投资者为了获取预期不确定的效益而将一定的资本收入转为不动产，以获得最大限度利润的经济经营行为，包括不动产的开发、经营、中介服务、物业管理服务等经济活动。

(一)不动产投资的特征

同一般投资相比，不动产投资具有以下特征：

(1)不动产投资对象的固定性和不可移动性

土地及其地上建筑物都具有固定性和不可移动性。不仅土地的位置是固定的，而且土地上的建筑物及其某些附属物一旦形成，也不能移动。这一特点给不动产投资带来重大影响，如果投资失误会给投资者和城市建设造成严重后果，所以投资决策对不动产投资更为重要。

(2)高成本性

投资不动产需要大量资金，不动产业是一个资金高度密集的行业，这主要是由不动产本身的特点和经济运行过程决定的。首先，由于土地的位置固定，资源相对稀缺程度较高以及其具有不可替代性，使土地开发具有高成本性。其次，房屋建筑需要巨大的材料成本、劳动力成本、设备成本。建筑施工周期一般较长，占用资金量较大，需要支付大量的利息成本。且在房地产成交时，由于普遍采用分期付款、抵押付款的方式，使房地产的投入资金回收缓慢，因此，房屋建筑具有高价值性。再次，房地产开发周期长、环节多，涉及的管理部门及社会各方面的关系也多，使得房地产经济运作中交易费用高。

(3)长周期性

整个不动产投资的实际操作，就是不动产整个开发过程。不动产投资过程中间要经过许多环节，如取得土地使用权、建造建筑物等，直到最终收回全部投资资金需要相当长的时间。

(4)低流动性和高保值性

不动产投资成本高，不像一般商品买卖可以在短时间内马上完成轻易脱手，不动产交易通常要一个月甚至更长的时间才能完成；而且投资者一旦将资金投入不动产交易中，其资金很难在短期内变现。所以不动产资金的流动性和灵活性都较低。但从另外一个角度来看，不动产投资也有既耐久又能保值的优点。不动产的交易必须在一旦在管理部门将产权登记入册，获取相应的产权凭证后，才能生效。这就得到了法律上的认可和保护，其耐久保值性能要高于其他投资对象。

(5)高风险性

由于房地产投资占用资金多，资金周转期又长，而市场是瞬息万变的，因此投资的风险因素也将增多。加上房地产资产的低流动性，不能轻易脱手，一旦投资失误，房屋空置，资金不能按期收回，企业就会陷于被动，甚至债息负担沉重，导致破产倒闭。

(6)强环境约束性

建筑物是一个城市的构成部分，又具有不可移动性。因此，在一个城市中客观上要求有一个统一的规划和布局。城市的功能分区，建筑物的密度和高度，城市的生态环境等等都构成外在的制约因素。不动产投资必须服从城市规划、土地规划、生态环境规划的要求，把微观经济效益和宏观经济效益、环境效益统一起来。只有这样，才能取得良好的投资效益。

(二)不动产投资的优点

与其他项目投资相比，不动产投资具有以下优点：

1)不动产具有不断增值的趋势。由于城市经济的发展、人口的集聚、生活水平的提高，供不应求成为未来中国房地产市场的主导趋势，投资不动产可以获得升值、租金、销售等多重收益，且利润率高。

2)不动产投资风险相对较小，具有保值增值作用。由于地价具有增值的趋势，且不动产用途具有多样性，相对其他投资而言，不动产投资能较好地躲避通货膨胀风险。

3)改变不动产投资方式可以合理避税。合理避税是纳税人从自身经济利益最大化为目的进行避税筹划。如在不动产投资经营活动中，可以利用合作开发方式、股权转让方式和签订合同装修费等方式合理避税。

(三)不动产投资的缺点

(1)流动性差

不动产不同于其他金融产品，可随时变现或较容易变现，一般出售或出租都需要一定的时间，甚至可能要损失收益乃至亏损才能达到快速变现的目的。所以，房地产作为固定资产投资，一般是长期投资项目。为了减少这种风险，一般会将不动产投资作为投资组合的一部分；此外就是在急需资金时，可把房地产抵押进行贷款。

(2)投资风险大

不动产投资额比较大，而且不动产投资是一项政策性很强的经济活动，如土地政策、城市规划、房地产税收、租金管制等的变化，都可能给不动产投资者带来一定的风险。同时，由于目前我国不动产市场不成熟，使得少数开发商有欺压投资者的机会，如房屋的质量、合同的不公正、产权的不完整等等，都可能给房地产投资带来损失。

二、收益性不动产的投资分析

1. 收益性不动产的含义

收益性不动产，又称投资性不动产，是指为赚取租金或资本增值，或两者兼有而持有的不动产。收益性不动产应当能够单独计量和出售。投资收益性不动产属于正常经营性活动，形成的租金收入或转让增值收益可以确认为企业的主营业务收入。但对于大部分企业而言，是与经营性活动相关的其他经营活动。

2. 收益性不动产的界定

在我国，收益性不动产主要包括：已出租的土地使用权、持有并准备在增值后转让的土地使用权和已出租的建筑物。自用不动产和作为存货的不动产则不属于收益性不动产。自用不动产，即为生产商品、提供劳务或者经营管理而持有的不动产。作为存货的不动产，若不能够单独计量和出售的、用于赚取租金或资本增值的部分，则不确认为收益性不动产。

已出租的土地使用权：是指企业通过出让或转让方式取得并以经营租赁方式出租的土地使用权。企业计划用于出租但尚未出租的土地使用权则不属于此类。

持有并准备在增值后转让的土地使用权：是指企业取得的、准备在增值后转让的土地使用权。按照国家有关规定而认定为闲置土地的，则不属于此类。

已出租的建筑物：是指企业拥有产权的、以经营租赁方式出租的建筑物。包括自行建造或开发活动完成后用于出租的建筑物。企业以经营租赁方式租入再转租的建筑物不属于此类。

企业将某个投资项目确认为收益性不动产，除了符合收益性不动产的概念，同时需要能够可靠地计量该收益性不动产的成本，且能够判断确定由该收益性不动产产生的经济收益是否流入企业。收益性不动产是在不动产投资中最佳的选项。

一般来说，住宅从来就不是也不该是收益性不动产，收益性不动产投资从来就没有把住宅列入重要选项。任何投资的根本目的都是为了取得收益，且最好是持续增长性收益。而住宅的最大功用是居住，即便投资购入大量住宅成为业主进行出租，使之成为有持续收益的物业，但实际居住者支付能力是有限的，租金不可能无限地持续增长。

作为收益性不动产是存在明确的投资市场，都是建立在实体经济基础上的，其投资价值需要专业的培育机制要不断与发展的实体经济相结合，需要刚性的商品流通需求来支撑。通过借助金融及其衍生品的杠杆作用，产生价格泡沫，最终也需要实体经济来消化，如若泡沫太多总会破灭，导致社会经济崩溃。

在我国现实状况中，一方面是对土地价格上涨的预期拉高了房价上涨的预期，一方面是日益增长的居住需求，使得住房市场化改革遇到了权益性需求的刚性增长，于是土地管理者与房屋出售者不断拉高房价，从而不断地刺激地价的上涨，最终使住宅这种物业，成了价格预期收益的不动产投资品，存在有收益的预期，可以说是人为制造致了住宅的投资属性和投资泡沫。所以，新建商品房市场的房价并不能完全代表真实的市场需求与实际购买力。

3. 收益性不动产的投资分析

为降低投资者的投资失误和风险，对收益性不动产进行投资的时候，必须建立一套系统科学的、适合自己的投资活动特点的理论和方法。主要分析的项目包括以下五个方面：

(1) 外部环境分析

外部环境分析即分析不动产投资的企业之外的情况，可分为宏观和微观两个层次。

企业的宏观环境因素有政治、法律环境、经济环境、社会文化与自然环境以及技术环境五类。其中，政治和法律因素是保障企业生产经营活动的基本条件。经济环境对企业生产经营有直接具体的影响。社会文化环境则关系到企业确定投资方向、产品改进与革新等重大经营决策问题。

企业的微观环境包括产业环境和市场环境两个方面，主要分析产品生命周期、产业“五种竞争力”、产业内的战略群体、成功关键因素等重要内容。

(2) 市场需求预测

市场需求预测即通过对不动产消费者的购买心理和消费习惯的分析，以及对国民收入水平、收入分配政策的研究，推断出社会的不动产市场总消费水平。主要预测不动产潜在需求和潜在供应、不动产产品的市场渗透程度等。

(3) 内部环境分析

内部环境分析即分析不动产投资的企业内部的情况。诸如企业内部的资源、规划投资的不动产项目的 SWOT 分析以及竞争战略等。

(4) 财务评价和融资策略

财务评价和融资策略即分析评价不动产投资项目的成本及费用、预期收入和税收、利润及分配、盈亏平衡以及财务盈利能力、投资资金的来源、投资资金的筹措、投资资金的运作计划等。

(5) 退出机制

退出机制即主要分析若是面对投资失败，如何减少投资损失。诸如不动产用途转化、出售不动产等。

第三节 不动产融资管理

一、不动产金融与不动产融资

(一) 不动产金融的定义

不动产金融是指在不动产开发、建设、经营、流通和消费过程中，通过货币流通和信用渠道所进行的筹资、融资及相关金融服务的一系列各种金融活动的总称。简单说，不动产金融是不动产产业与金融业密切结合的产物。不动产金融包括不动产信贷融资、不动产股本融资、不动产债券融资和运用信托方式融资等融资功能，以及不动产保险、不动产信托、不动产证券、不动产典当等其他金融功能。不动产金融运用多种融资方式和金融工具筹集和融通资金，支持不动产开发、流通和消费，促进不动产再生产过程中的资金良性循环，保障不动产再生产过程的顺利进行。

(二) 不动产金融的分类

1) 按服务性质，可将不动产金融分为政策性不动产金融和商业性不动产金融。所谓政策性不动产金融主要是指涉及住房制度改革的金融，它是与住房制度改革有关的一系列金融活动。政策性不动产金融不以盈利为主要目的，其资金的归集和运用必须符合住房制度改革的相关政策规定。而商业性不动产金融是经营性业务，以盈利为目的，资金归集和运作有自主权，所有风险也由自身承担。

2) 按融资对象可分为房产金融和地产金融。房产金融是指房屋或建筑物在生产、流通、消费过程中的各种资金融通活动。包括住房金融和房产商品生产与流通中的资金融通。住房金融是以住房作为信用的保证，在住房消费过程中的融资活动，如按揭贷款、住房储蓄、住房抵押贷款等。地产金融又称土地金融，是指围绕土地的有偿使用而产生的融资活动。按照土地性质，具体可分为市地金融、农地金融。市地金融，顾名思义，是指围绕城市土地的开发、建设、经营所展开的资金融通活动，包括市地获得金融、市地改良金融、市地转让与经营金融。农地金融则是围绕农地的开发、生产、经营而展开的资金融通活动。农地金融在国外又称农业金融，主要包括农地获得金融、农地改良金融、农地经营金融。在我国，农业金融包括农村领域内一切生产经营相关的吸收存款、发放贷款、办理结算、现金管理以及农村信用合作等金融活动。

3）按融资的渠道分。国内目前常见的房地产融资渠道主要有：国内商业银行贷款、信托投资公司发行信托计划、境内公司上市、发行企业债、金融租赁、典当、民间私募基金、外资银行贷款、海外私募基金、房地产投资信托基金（REITS）、公司海外上市等方式。

（三）不动产金融的特征

（1）集中性

不动产商品蕴含高价值，无论是在生产环节，还是流通环节，都必须投入巨额的资金。因此，在不动产金融活动中，不动产开发贷款、不动产流通贷款或者不动产消费贷款，都必须有金融机构的参与和稳定充裕的信贷资金来源。

（2）长期性

相对于其他商品而言，不动产开发的生产周期更长。且在流通领域，因其高价值，购买者可能无力一次性付清款项，常采用分期付款方式，资金回收周期更长。

（3）增值性

土地是不可再生的资源，随着社会经济的不断发展，对不动产的需求也日益增加，使得不动产价格也不断上涨。同时，不动产资金能带来利息收益，这就是房地产资金运动所带来的增值。在不动产生产过程中资金不断地运动，就能实现一次又一次增值。

（4）风险性

不动产金融活动的周期长，存在无法预料或虽能预料但难以避免的诸因素，可能导致融出资金难以收回，产生不动产金融风险。如政策改变带来的政策风险、投资策略错误带来的决策风险、突发性的地震、洪水、火灾等自然灾害导致不动产破坏或灭失带来的自然风险以及债务人无法偿债等的财务风险。

（四）不动产融资

1. 不动产融资的含义

不动产融资是指在不动产开发、流通及消费过程中，通过货币流通和信用渠道所进行的筹资，融资及相关服务的一系列金融活动的总称。包括资金的筹集，运用和清算。这是从宏观广义的角度来定义。而在实际运作、研究时，我们更倾向于微观狭义概念。从微观狭义概念上来看，不动产融资是指不动产企业及不动产项目的直接和间接融资的总和。

2. 不动产融资的现状

从近几年来的统计数据来看，我国不动产业融资规模持续增长，而且融资的主要渠道是银行信贷，而股票融资、债券融资等其他融资方式并没有在融资上占很大比重。也就是说，不动产企业在融资渠道上过于单一，且不动产企业更多地依赖于直接或间接来自银行的资金，这种高负债的财务结构，使得不动产企业的财务风险加剧，不利于整个不动产市场稳定发展。而银行业从不动产业获得的仅仅是固定的利息收益，但却承担了整个不动产业的财务风险，这同样不利于银行体系的稳定。而且就目前而言，缺乏多层次不动产金融体系，不动产金融市场的监管和调控机制尚不完善，相关的法律法规、制度建设仍有待制定实施。

因此，针对目前我国不动产业融资存在的种种问题，需要从多方面入手，建立多层次的房地产金融体系以及建立和完善相应法律制度配套措施，规范各种融资行为并加强监督管理。一者发展多元化直接融资，大力拓展多元化直接融资渠道，除适度放宽股票融资政策限制和培育完善不动产债券市场以外，还可以发展市场化直接融资(如不动产信托融资)，培育不动产金融二级市场，推动住房抵押贷款证券化。再者进一步完善间接融资，推进间接融资形式多样化，探索建立组合式融资模式。

3. 不动产融资方式

在市场经济条件下，不动产投资者主要通过金融市场实现资金的融通。金融市场交易的标的物是各种金融合同。金融合同的实质就是将资金的融通关系变成书面形式并通过法律手段予以保证。通常，不动产金融市场的融资方式有两种：直接融资和间接融资。直接融资是指筹资者直接从最终投资者手中筹措资金，双方建立起直接的借贷关系或资本投资关系；间接融资是指筹资者从银行等金融机构手中筹措资金，与金融机构形成债权债务关系或资本投资关系。就具体的融资方式来看，主要包括：

1)银行信贷。是指银行以借款人或第三者拥有的不动产作为抵押物而发放的贷款。抵押物担保的范围包括银行不动产抵押贷款的本金、利息和实现抵押物抵押权的费用及抵押合同规定的其他内容。不动产抵押人在抵押期间不得随意处置受押不动产，受押不动产的贷款银行作为抵押权人有权在抵押期间对抵押物进行必要的监督和检查。

2)股票融资。包括上市融资和增发、配股再融资。股票融资额较大，但门槛较高，股票融资在不动产融资中所占的比重较小。

3)债券融资。不动产融资的另一条传统途径是发行企业债和公司债。但国家对债券发行主体有严格的条件限制，债券市场规模小，债券融资比例很低，发展也较为缓慢。

4)其他融资方式。如项目融资、不动产信托与租赁、不动产证券化等。

案例分析 8-1：不动产融资租赁

融资租赁就是出租人根据承租人对出卖人、租赁物的选择，向出卖人购买租赁物后提供给承租人使用，由承租人向出卖人支付租金的交易方式。而房地产融资租赁就是租赁物为房地产的融资租赁，是一种较特殊的融资租赁。

如 2008 年 11 月，武汉地铁集团与工银金融租赁公司签订了 20 亿元人民币融资租赁协议，将武汉地铁 1 号线一期核心运营设备(包括机车等)所有权，以 20 亿元人民币的价格和 15 年期限让渡给工银金融租赁公司。在此期间，武汉地铁集团仍然保留经营、使用权，但需向金融租赁公司支付租金，到期后可按残值回购所有权。这在全国的轨道交通建设中，使用金融租赁的方式融资亦属首次。

关于不动产能否作为融资租赁标的物存在很多争议，如我国的《融资租赁法》就只是适用于动产租赁；《合同法》则规定“以不动产为租赁物的融资租赁合同无效”。而《金融租赁公司管理办法》中则规定租赁物件的范围是固定资产。在《物权法》出台之后，在法理上可以用使用权、用益权来解决这类问题。但这类问题的争议仍然存在，并且存在一定的政策性风险。

二、不动产抵押

不动产抵押(real estate mortgage)，顾名思义，是指以其合法的不动产为抵押标的物而设立，以不转移占有的方式向抵押权人提供债务履行担保的抵押行为。它是一种物权担保，抵押人可以不转移不动产的占有即可达到担保的目的，因此经常在融资上运用。但债务人(不动产抵押人)不履行债务时，抵押权人有权依法以抵押的不动产拍卖所得的价款优先受偿。

根据标的物可将不动产抵押大致划分为两种：土地使用权抵押和房屋所有权抵押。以土地使用权做抵押，其地上建筑物、其他附着物随之抵押；以房屋所有权做抵押，其占用范围内的土地使用权也同时抵押。以依法获准尚未建造的或者正在建造中的房屋或者其他建筑物抵押，当事人办理了抵押物登记的，则为不动产抵押权的效力所及。简单说，即是无法将土地和建筑物分开单独进行抵押。所以，基于主物之处分及于从物的原则，实行不动产抵押权拍卖时，其效力自应及于房地产的从物，不动产抵押权的效力也及于从权利。

(一)不动产抵押的特征

1. 物权性

虽然关于抵押权的性质，在法学上有不同的观点，大致可分为三类：物权，债权，有主张物上债务。但从我国立法实践来看，不动产抵押权被视为担保物权，其在性质上为物权。不动产抵押权具有物权特有的支配性、对世性、追及性及优先受偿性，从而使其在权利内容、权利实现方式、权利范围及权利保护方法上区别于债权。

2. 从属性

不动产抵押是为担保债务偿还而设立的，是从属于担保债务的，主要表现在三个方面：成立上的从属性，消灭上的从属性和处分上的从属性。在不动产抵押成立方面，需要以存在相应的债权为前提，不能摆脱主合同而单独设立不动产抵押合同。在不动产抵押消灭方面，被担保的主合同终止，抵押合同也终止。在不动产抵押处理方面，不能将抵押权从主合同分离而使其单独存在或单独转让，既不能离开主合同而单独转让抵押权，也不可只保留抵押权而转让主合同。

3. 优先受偿性

由于不动产抵押是为担保债务偿还而设立，所以有关不动产抵押担保制度的立法，通常以满足债权救济要求为立足点，当债务人不履行抵押担保的债务时，不动产债权人(抵押权人)有权比其他债权人优先从抵押的不动产得到清偿，从而保障了不动产债务人的权益。

4. 补充性

不动产所有人以不动产为他人做债务担保，只有在债务人不履行债务合同义务时，才会要求担保人(不动产所有人)履行担保责任的问题。因此，不动产担保人承担责任具有补充性，如果债务人履行合同义务，则不发生抵押人承担责任的问题。

5. 价值特定性

如果抵押物的价值小于被担保的债权，则债权人就可能无法全部清偿。在这种情况下，抵押权人虽可要求抵押人就超出抵押物金额部分作为普通债权偿还，但无疑增大了抵押权人受偿的风险。所以《担保法》规定："抵押人所担保的债权不得超出其抵押物的价值。"即是说，抵押物的价值与担保的债权要大体一致。

6. 不转移占有性

由于不动产抵押是以不动产为标的物，而不动产具有不可移动性，所以不动产抵押不需要像其他抵押一样，转移占有，抵押人对抵押的不动产仍能继续行使占有、使用、收益和处分等权利。不转移占有，有利于抵押人通过对抵押物的使用、收益而增加清偿债务的能力，有利于抵押权人避免因直接占有所带来的使用、收益、维护和保管等种种不便，减轻抵押权人的负担。

(二)不动产抵押的设立

不动产抵押的设立有其限制条件，主要包括以下四个：

1)主体资格：即抵押人应具备对抵押物完整的所有权和处分权；

2)客体资格：并非所有不动产均可设定抵押权，根据我国《担保法》和《城市房地产管理法》等相关法律规定，涉及公共福利、产权不明确、列入文物保护、列为拆迁改范围、被依法查封以及违法建筑物等不动产是不能作抵押的。

3)不动产价值评估：不动产的价值应该经过具有评估资格的评估机构进行评估，做出合理公允的评估报告，然后根据评估的价值确定抵押率和担保价值；

4)办理抵押登记：签订不动产抵押合同之后，不动产的抵押必须办理抵押登记，抵押合同自登记之日起生效。

(三)不动产抵押的效力

房地产抵押一经设定，即产生相应的法律效力，不仅在当事人之间设定了相应的权利义务，且对抵押物及与其有关的其他财产权也有影响。根据房地产抵押权效力的对象，可将其划分为对内效力和对外效力。

1. 对内效力

1)先受偿效力：即房地产抵押权人有就受担保的债权对抵押的房地产优先受偿的权力。房地产抵押权人在其债务人届期不履行债务时，无须经房地产抵押人的同意即可对抵押的房地产予以处分，并从变卖的价款中优先于普通债权人获得清偿。

2)房地产抵押权担保的债权范围效力：法定的债权范围效力包括主债权；利息，包括法定利息和约定利息、迟延利息(由于债务人迟延履行而导致的利息)；违约金；损害赔偿金；实现房地产抵押权的费用。若当事人在抵押合同中对房地产抵押担保的债权范围有约定的，按照其约定执行。

3)房地产抵押权所涉及标的物的范围效力：包括不动产本身以及其从物、从权利、孳息。

4)抵押物价值保持的效力：由于不动产抵押无需转移占有，抵押可以继续占有、收益。但抵押人的行为使所抵押不动产的价值减少，房地产抵押权人有权要求抵押人停止其行为。所抵押的不动产价值减少时，不动产抵押权人有权要求抵押人恢复其价值或者提供与减少的价值相当的担保。抵押人对抵押物价值减少无过错的，不动产抵押权人则在抵押人因损害而得到的赔偿范围内要求提供担保。

2. 房地产抵押权的对外效力

房地产抵押权的对外效力是指房地产抵押权对抵押关系外部有关抵押物的其他财产权的影响，具体包括对房地产的用益物权、其他抵押权和租赁关系的影响。

1) 房地产抵押权对用益物权的影响。房地产抵押不转移占有，所以对抵押物的使用价值没有影响，因此无论是在抵押权设定前或设定后，抵押人均可在抵押的房地产上设定用益物权。但用益物权只有在不动产抵押权设定之前已存在并经登记才能具有对抗不动产抵押权的效力。

2) 房地产抵押权对其他抵押权的影响。房地产价值巨大，足以担保数个债权，同时，抵押不移转房地产的占有，因此也有可能在同一个房地产上设定数个抵押权。在同一房地产上设定数个抵押权时，其担保的债权按抵押权设定的先后顺序受偿，顺序相同的则按债权比例受偿。关于房地产抵押权设定先受顺序的确定，应采用抵押登记申请日标准，凡提出房地产抵押权登记申请在先的抵押权，经登记后，其顺位先于后提出申请的房地产抵押权，而不论抵押登记簿所记载的登记日期以及抵押登记证书所载明的日期。

3) 房地产抵押权对房屋租赁的影响。不动产抵押人可以在已出租的房屋上设定抵押权，也可以将已设定抵押权的房屋出租。房屋租赁关系存在于抵押之前的，房地产抵押权的效力不及于该租赁关系，抵押的房地产拍卖后，原租赁合同对房地产的受让者继续有效。如果将已设定抵押权的房屋出租的，则房地产抵押权的效力及于该租赁关系，房地产抵押权实现，租赁关系解除。

三、不动产融资新发展——不动产证券化

1. 不动产证券化的含义

将不动产的价值形态由实物转化为证券，以投资和回报利率为基本价值杠杆，推动不动产的增值，这就是不动产证券化(real estate securitization)。

由于当前房地产融资主要渠道还是银行，这种状况在短时间内难以改变。中国投融资是一个高度管制的行业，其中四大国有商业银行占据了绝大部分的市场份额，是各行业融资的主渠道。目前，中国商业银行资产 280000 亿元左右，中国的信托机构、证券机构、保险机构所有的资产加起来不到商业银行的 1/10。特别在房地产领域，其他融资方式如上市比较严格，发行企业债也比较困难，产业基金尚未得到法律保护，这对于地产企业所急需短期资金的状况来说是难以解决实际问题的。因此开发企业更是高度依赖于银行信贷发展。

21 世纪，商业地产金融的主流模式应该是以信托为主线，其他金融配套的一种多元化的融资模式。在国内目前的房地产金融政策大环境下，商业地产开发商期待着更多的融资渠道和新型金融工具，而 REITs(房地产投资信托基金)必然成为我国商业地产融资的一条新通道。

与传统的不动产融资方式相比，不动产证券化这种金融创新成本低、风险小、流动性大(表 8-2)。更主要的是，这种金融创新有助于吸引中、小投资者进行不动产投资，从而为不动产市场的发展获得长期、稳定的资金来源。不动产证券化的重点在于结合不动产市场与资本市场，使不动产价值由固定的资产形式转化为资本形式，使小额投资者可参与不动产投资，而不动产市场本身也可扩大资金来源。

表 8-2 不动产证券化的优点

	不动产本身的特点	证券化的优点
物理形态	价值较高、难以移动	面额较小、流通便利
法律角度	不动产物权	多个小额债权、股权
经济学角度	固定资本	流动资本

2. 不动产证券化的特征

不动产证券化涉及不动产和证券化两个问题，具有以下基本特征。

(1)权利的集合性

权利的集合性是不动产证券化的基础，也是不动产证券化的首要特征。在不动产证券化过程中，首先需要将多个性质相同或相近的不动产物权或债权结合为一个权利集合，即“资产池”。然后再根据资产池的价值发行有价证券。在资产池中，所以进行组合的不动产权利需要性质相同或相近，即需要都是所有权、或都是使用权、或都是抵押权，而不能有的是所有权，有的是抵押权。

(2)权利的流通性

不动产证券化将不动产物权或与不动产相关的债权转换为多个小额股权或小额债权。在这一过程中，不动产证券化发起人应在原不动产权利人处取得权利后，方可进行资产组合，形成资产池。而后，不动产发起人将该资产池转让给特殊目的公司或有限合伙甚至信托机构。最后，由特殊目的公司、有限合伙或信托机构作为权利主体发行证券供投资者购买。更为重要的是投资者还可随时在特定市场上转让其债权或股权。因此在不动产证券化过程中，相关不动产权利内容发生了变换，权利主体也在随之变动，其结果必然表现为不动产资本的市场化和不动产权利的流通性。

(3)主体的特殊性

一般来说，不动产证券化需要经由特殊机构将原始不动产物权或相关债权组成资产池，并作为发起人通过特殊目的公司或合伙组织等就该权益集合发行证券，信用评级机构和保险及担保机构参与发行过程。最后由投资者购买证券。在这一结构中，存在着与一般证券发行不相同的两个特殊主体：一是作为权利集合者和发起人的特殊机构，二是作为发行人的特殊目的公司或特殊的合伙组织。

(4)收益的可靠性

不动产证券化以后，投资者的利益均来自于不动产资产集合的经营所得。由不动产证券化发起人将资产集合并转让给特殊目的公司，由特殊目的公司自己经营或委托给经营管理公司经营此不动产资产集合，经营者再以其经营收益支付投资者的债息或股息。通常，此现金收益的大部分应用配利息，并附有保险公司的保险或抵押权之担保或政府机构的保证，以确保投资者获得该利益。两者均以不动产的现金收益(现金流)作为投资者利益的来源。并且都附有可靠的保险和有效的担保。

(5)资产的安全性

不动产证券化的另一个重要特征，在于为保护投资者利益而设置了特殊的破产隔离制度。在不动产证券化的实践中，不仅将发行人的自有资产与该公司所经营管理的证券化资产相分离，亦将其经营的证券化资产与其母公司的资产相分离。当母公司破产或该特殊目的公司本身破产时，其的经营证券化资产不会被纳入破产者的财产用于清偿债务。如此才能确保投资者的利益不受侵害。

3. 住房抵押贷款证券化

住房抵押贷款证券化是一个相当复杂的过程，且技术性很强，主要包括构造基础贷款资产组合、设立特别目的载体、设计证券化产品、信用增级与评级、发售证券、管理资产池以及清偿证券等一系列流程：①构建基础资产池。选择合适的住房抵押贷款组成贷款组合是进行证券化的基础。一般会选择住房抵押贷款在期限、还款方式、利率、担保等特征上类似的资产，这样便于预测基础资产产生的现金流和基础资产的风险。②设定特殊目的载体。为了使抵押贷款与贷款发放者的风险隔离，必须设立特殊目的载体，进行资产的真实出售，从而提高抵押贷款证券的信用等级，降低融资成本。对于银行来说，将贷款资产从资产负债表中剥离，可以提高资本充足率，便于进一步发放贷款，提高收益，降低风险。③设计证券化产品。这是住房抵押贷款证券化技术性最强的一个环节。产品设计是否成功决定了资产证券化是否成功，通常需要考虑基础资产的质量、期限和结构等。④评估风险。提高住房抵押贷款支撑证券所需的信用，确定信用增级方式。信用增级方式可以分为内部和外部增级两种。⑤销售资产证券化产品。投资银行等证券承销商向投资者发行抵押贷款支撑证券，服务商定期向贷款者收取本息，并管理贷款组合。

案例分析 8-2：国有银行的住房抵押贷款证券化

国内商业银行中的建设银行和工商银行较早进行了住房抵押贷款证券化工作的探索。2005 年 3 月中国建设银行不动产证券化试点正式启动。建行发行的“建元 2005-1 个人住房抵押贷款支持证券”是我国首单获准发行的住房抵押贷款支持证券，基础资产为建设银行上海、江苏、福建三家分行所持有的个人住房抵押贷款，打包组合后以信托财产为基础发行的总量为 301668.31 万元的抵押贷款债券。

4. 房地产投资信托基金 REITs

REITs(real estate investment trusts，房地产投资信托基金)是一种以发行收益凭证的方式汇集特定多数投资者的资金，由专门投资机构进行房地产投资经营管理，并将投资综合收益按比例分配给投资者的一种信托基金。

房地产投资信托业务最早源于美国。房地产投资信托基金最早的定义为“有多个受托人作为管理者，并持有可转换的收益股份所组成的非公司组织”。由此将 REITs 明确界定为专门持有房地产、抵押贷款相关的资产或同时持有两种资产的封闭型投资基金。从国际上看，房地产投资信托基金是一种以发行收益凭证的方式汇集特定多数投资者的资金，由专门投资机构进行房地产投资经营管理，并将投资综合收益按比例分配给投资者的一种信托基金。

案例分析 8-3：“越秀 REITs”在香港上市

2005 年 12 月 21 日，越秀房地产投资信托基金(简称“越秀 REITs”)在香港联交所正式挂牌上市，成为国内在资本市场的第一只离岸 REITs。该基金以若干位于广州的甲级办公及商业楼宇如白马大厦、维多利广场、财富广场、城建大厦为资产包，为越秀 REITs 的上市开辟了房地产领域新的融资渠道，成为我国房地产行业具有划时代意义的事件之一(见“破冰者，越秀 REITs”，参阅经济观测网 http://www.eeo.com.cn/eeo/jjgcb/2006/01/11/

36684.shtml)。越秀 REITs 的管理人越秀房托资产管理有限公司为越秀投资于 2005 年 10 月 3 日在香港设立的全资控股公司。

第四节　不动产资本经营

一、不动产资本经营的定义与内涵

1. 资本

资本，在经济学意义上，指的是用于生产的基本生产要素，即资金及厂房、设备、材料等物质资源。资本的定义是指能够创造、带来新增价值的价值附着物。在金融学和会计领域，资本通常用来代表金融财富，特别是用于经商、兴办企业的金融资产。广义上，资本可作为人类创造物质、精神和信用财富的各种社会经济资源的总称。

2. 不动产资本经营

不动产资本经营，又称不动产资本营运、运作，是指以利润最大化和不动产资本增值为目的，以不动产价值管理为特征，将不动产资本，不断地与其他类型的资本进行流动与重组，实现生产要素的优化配置和产业结构的动态重组，以达到自有资本不断增加这一最终目的的运作行为。这一定义包含有两层意思：第一，不动产资本经营是市场经济条件下社会配置不动产资源的一种重要方式，它通过资本层次上的不动产资源流动来优化社会的资源配置结构。第二，从微观上讲，不动产资本经营是利用市场法则，通过资本本身的技巧性运作，实现不动产资本增值、效益增长的一种经营方式。

不动产资本经营的主体可以是不动产资本的所有者，也可以是不动产资本所有者委托或聘任的经营者，由他们承担不动产资本经营的责任。不动产资本经营往往不单单是其本身，还需要其他各种形态的资本组合参与，同其他生产要素相互组合，优化配置，并投入到某一经营领域、产业之中，或多个经营领域、产业之中，才能发挥资本的功能，有效利用不动产资本的使用价值。

二、不动产资本经营的目的

不动产资本经营的目的与其他资本经营的目的相似，都是为了实现不动产现存资本最大限度的增值，利润最大化。主要体现在三个方面：利润最大化、股东权益最大化、不动产价值最大化。企业在不动产资本运营过程中，不仅要注重利润和股东权益的最大化，更要重视企业不动产价值的最大化。

(一)利润最大化

企业将不动产资本投入生产经营后，将所得收入与耗费相比，如果收入大于耗费，企业实现利润，如果收入小于耗费，则发生亏损。在不动产资本运营中，企业为实现不动产资本最大限度的增值，就必须降低不动产资本的成本，不仅要注重增加不动产资本的当期利润，更要注重增加不动产资本的长期利润；不仅要注重增加不动产资本的利润额，同时要注重提高不动产资本的利润率。企业在不动产资本运营过程中，不仅要注重利润和股东权益的最大化，更要重视企业不动产价值的最大化。

(二)股东权益最大化

股东权益是投资者对企业净资产的所有权，包括实收资本、资本公积金、盈余公积金和未分配利润。企业实现的利润越多，从税后利润中提取的盈余公积金和分配就越多。盈余公积金既可用于弥补企业亏损，也可用于转增资本，使投入企业的资本增多。

将企业期末股东权益总额大于期初股东权益总额，则企业的自有资本发生增值。两者之差即为本期股东权益增加额，本期股东权益增加额除以期初股东权益总额，即为本期股东权益增加率。对于不动产资本而言，其计算与其他一般的股东权益计算类似。

(三)不动产价值最大化

企业不动产价值的评估，是指企业在连续经营的情况下，将未来经营期间每年的预期收益，用适当的折现率体现、累加得出某一估值，据以估算出企业不动产的价值。如果企业不动产价值大于企业不动产的账面价值，那么企业不动产资本增值，反之则贬值。将企业不动产价值减去与不动产相关的负债后得出的数值与企业股东权益的不动产账面价值相比较，如果前者大于后者，表明企业的自有不动产资本增加。

三、不动产资本经营的特征

不动产资本经营与其他类型的资本经营有紧密联系，但也存在着区别。具体说，具有以下三大特征。

(一)低流动性

资本是能够带来价值增值的价值，资本的闲置就是资本的损失，资本是有时间价值的，一定量的资本在不同时间具有不同的价值，今天的一定量资本，比未来的同量资本具有更高的价值。同样的，不动产资本也要求如此。但由于不动产自身难以移动这一特性，使得不动产资本的流动性低于其他类型的资本。所以，为了解决这一特性，常常会将不动产证券化。

(二)增值性

实现不动产资本增值，这是不动产资本经营的本质要求，也是不动产资本的内在特征。不动产资本流动与重组的目的就是为了实现不动产资本增值的最大化。在企业的不动产资本经营中，不动产资本与其他类型的资本一同参与企业再生产过程并不断变换其形式，参与产品价值形成运动，在这种运动中使劳动者的劳动与生产资料物化劳动相结合，实现不动产资本的增值。

(三)风险性

在资本经营活动中，风险的不确定性与利益是并存。任何投资活动都是某种风险的资本投入，不存在无风险的投资和收益，不动产资本经营也是同样的。这就要求经营者要力争在进行不动产资本经营决策时，必须同时考虑不动产资本的增值和存在的风险，应该从企业的长远发展着想，尽量分散不动产资本的经营风险。

四、不动产资本经营的分类

按照不同的标准，可以将不动产资本经营分为不同的类型(表 8-3)。随着我国市场经济的发展和成熟，企业只有以资本形式、优化配置、增强核心竞争力，以最大限度地实现增值。在企业的不动产资本经营中，最常见的两种经营类型有不动产资本扩张型与不动产资本收缩型：

表 8-3　不动产资本经营分类

分类标准	经营类型
对企业规模的影响	扩张型，收缩型，内变型
与企业功能相结合	资本增量投入型，管理增量投入型
资本市场	金融证券交易型、产权交易型

(一)不动产资本扩张型经营模式

不动产资本扩张型经营，是指在现有的不动产资本结构下，通过内部积累、追加投资、兼并收购等方式，使企业实现不动产资本规模的扩大。根据不动产产权流动的不同轨道可以将不动产资本扩张分为以下三种类型：

1)横向资本扩张：是指交易双方属于同一产业或部门，产品相同或相似，为了实现规模经营而进行的产权交易。横向资本扩张有利于减少竞争者的数量，增强企业的市场支配能力，也可以解决市场有限性与行业整体生产力不断扩大的矛盾。

2)纵向资本扩张：是指交易双方处于生产、经营不同阶段的企业或者不同行业部门，是直接投入产出关系的产权交易。

3)混合型资本扩张：是指两个或两个以上相互间没有直接投入产出关系和技术经济联系的企业间所进行的产权交易。混合资本扩张有利于分散风险，提高企业的市场适应能力。

(二)不动产资本收缩型经营模式

收缩型资本运营，是指企业为了追求企业不动产价值最大化以及提高企业运行效率，把自己拥有的部分不动产转移到公司之外，缩小公司不动产的规模。不动产资本收缩型经营是不动产资本扩张型经营的逆向操作，主要实现形式有：

1)不动产剥离：是指企业把所属的部分不适应企业发展战略的不动产出售给第三方的交易行为。一般来说，使得企业财务状况恶化的不动产，明显干扰其他业务运行和发展的不动产，以及当企业面向行业间竞争激烈需要通过收缩产业战线来确保企业的正常运营。

2)公司分立、分拆上市：当公司需要将原经营业务分离时分立公司，或公开招股上市，原公司所拥有的不动产也按经营需要分配给新公司。

案例分析 8-4：为“越秀 REITs”上市准备的资本经营案例

为了让“越秀 REITs”在香港上市，广州市城市建设开发集团有限公司(“GCCD 集团”)进行了系列资源整合筹策。最初，广州市城市建设开发集团有限公司(“GCCD 集团”)将持有的资本首先注入越秀 REITs 的物业资产。2001 年 9 月 25 日，原国家计委批准将广州市政府持有的GCCD集团95%权益注入越秀企业(集团)有限公司(越秀投资控股股东，下简称“越秀”)，越秀将重组后的GCCD集团的权益出让予越秀投资。

在重组完成后，越秀投资通过城市建设开发集团(中国)有限公司(下简称“GCCD BVI”)和广州华振，持有白马大厦的物业持有者白马合营公司的100%权益；越秀投资通过GCCD BVI的子公司Acon BVI与GCCD集团合资成立中外合营企业广州市城市建设开发有限公司(下简称“GCCD”)持有财富广场、城建大厦、维多利广场三座物业，双方在GCCD中的权益分别是95%和5%。2005年10月19日，白马合营公司将白马单位的所有权转让予柏达BVI；GCCD分别于2004年9月10日和2005年8月8日将财富广场单位的所有权转让予金峰BVI；GCCD分别于2005年10月20日、21日、22日及26日，GCCD将城建大厦单位的所有权转让予福达BVI；GCCD分别于2005年7月6日及15日，GCCD将维多利广场单位的所有权转让予京澳BVI；作为物业单位受让方的上述四个BVI公司都是GCCD BVI的全资子公司。最后，越秀投资通过GCCD BVI将四个BVI公司的股权转让予越秀REITs。

在这一系列的股权变动、组织架构和业务调整后，越秀REITs才得以修成正果。值得指出的是越秀投资如此复杂的变动，除了清晰所有权结构以符合香港证监会《房地产投资信托基金守则》“使用特殊目的投资工具”章节的监管要求外，使用BVI公司而非注册于内地的公司持有物业单位还有着显著的税收优势。

思　考　题

1. 不动产租赁的含义。
2. 土地租赁和土地使用权出租两者有何区别?
3. 不动产投资具有哪些特征?
4. 请简述如何进行不动产投资分析。
5. 不动产融资的基本方式。
6. 请简述不动产抵押的设立以及其效力。
7. 不动产证券化具有什么特征和优点?
8. 不动产资产经营的含义。

第九章　不动产综合服务管理

【章节介绍】不动产综合服务管理是指为满足不动产之房屋产权人或使用者的服务需求，保证物业正常运转，发挥物业基本功能的公共服务、常规服务和特约服务，包括适应现代物业发展趋势的设施管理。综合服务管理既是不动产管理的基础性服务，又是专业化程度较高的服务，包括物业服务管理、现代设施管理和房地产经纪三大服务内容。物业服务管理涵盖不动产项目的各类日常管理的内容；设施管理是楼宇现代化、自动化、智能化建设趋势下的新型服务模式；房地产经纪则是一项历史悠久的不动产管理服务。

第一节　物业服务管理

在美国，real property 或 real estate 被称为不动产，我国在房地产服务管理中常常使用物业一词。1994 年，中华人民共和国建设部颁布第 33 号令《城市新建住宅小区管理办法》，在全国范围全面推进物业管理服务。第一部《物业管理条例》于 2003 年颁布。2007 年 3 月 16 日全国人民代表大会通过了《中华人民共和国物权法》，随后，国务院颁布〔2007〕第 504 号《国务院关于修改〈物业管理条例〉的决定》，将物业管理改为物业服务，建设部则在 2007 年 164 号令《建设部关于修改〈物业管理企业资质管理办法〉的决定》中明确，“物业服务企业，是指依法设立、具有独立法人资格，从事物业管理服务活动的企业。”从此，物业服务走向市场化和规范化管理。广义的物业服务泛指一切有关房地产开发、租赁、销售及售租后的服务。狭义的物业服务则指建筑物的管理、维修及相关机电设备和公共设施的管护，治安保卫、清洁卫生、绿化等服务内容。

一、建筑物管理

建筑物是物业服务的核心对象。传统的房屋管理其主要内容就是建筑物的管理。现代建筑投入大、价值高，功能先进、使用寿命长，在管理上的要求更高。对建筑物的管理包括档案资料管理、质量管理和修缮管理三大部分。

（一）物业档案资料的管理

一般建筑物体量大，结构复杂，设施多样。随着科学技术的发展和使用需求的提高，现代建筑工程越来越高科技化和专业化，楼宇设施以及埋入地下和建筑物内部的管线越来越多，越来越复杂，因此一旦发生故障，资料档案便成了维修时唯一的依据。

1. 物业档案资料管理的重要性

1）物业档案资料的管理是开展物业管理的前提。物业是一个复杂的建筑物有机系统，要发挥其正常的功能，要根据物业的性能、设备设施的设计要求合理使用，常规保养、定期修缮、科学管理。

2)健全有序的资料档案是提高管理效率的重要条件。

3)搞好资料档案的管理，有利于提高管理水平，开展评优、创优工作。

2. 物业档案资料的管理内容

物业服务企业确定接管物业后，要对其建设工程文件材料进行交接和整理，建立健全的物业工程资料的档案管理制度。建设工程文件材料主要包括：①基建依据文件；②竣工验收文件；③勘察、设计文件；④施工技术文件；⑤竣工图纸；⑥声像材料。

3. 建立资料档案的方法与要求

物业档案资料的建立主要抓好收集、整理、归档、利用四个环节。资料收集是指从规划设计到工程竣工的全部工程技术资料，从地下到楼顶、从主体到配套、从建筑物到环境，整理力求真实可靠。归档就是根据资料本身的内在规律、联系进行科学的分类与保存，并在日后的管理过程中使用并加以充实，具体包括组卷和编目两项工作。

(二)房屋质量管理

房屋竣工交付使用后，由于各种原因影响，房屋逐渐破损，使用价值逐步下降，房屋的使用功能逐渐失去。通常房屋损坏的原因分为自然因素和人为因素两大类：自然因素的损坏主要有：气象因素、地理因素、生物因素和灾害因素；人为因素包括对物业的使用不当、设计施工质量低劣、维修保养不善等。因此，必须对房屋实施有效的维护和修缮，目的是为了全面或部分地恢复房屋失去的使用功能，防止、减少和控制其破损的发展，延长房屋使用寿命，经常地、及时地对房屋进行的维修与养护工作，以达到物业保值增值的目的。

房屋质量管理的主要内容包括房屋完损等级的评定，房屋维修施工管理、房屋维修责任管理。

1. 房屋完损等级的评定

1)房屋完损等级。房屋的完损等级就是房屋的质量等级，其划分的依据是各类房屋的结构、装修和设备。房屋的结构是指基础、承重构件、非承重墙、楼地面、屋面等；房屋装修是指门窗、墙的内外饰面、顶棚、细木装修等；房屋设备是指水、电、照明、空调和一些特殊设备(消防、电梯、水泵、监视器等)等。其他的房屋组成部分如烟囱、楼道、大台等，可自行决定归并到某一部分。房屋的完损等级划分为五类，即完好房、基本完好房、一般损坏房、严重损坏房和危险房。

2)房屋完损等级的评定。房屋完损等级评定是指对房屋的使用状况进行安全程度的检查和满足使用功能方面的质量评定，为房屋的使用、管理、维护和修缮提供科学的依据。房屋完损的等级，反映了房屋质量的好坏，它是根据房屋各个组成部分的完损程度来综合评定的。

3)计算房屋的完好率。通过房屋的完损等级的评定，可计算房屋的完好率，即完好房、基本完好房的面积之和，占总物业面积的百分比。房屋完好率的高低，既反映了房屋的质量等级，也反映到物业服务公司的房屋管理水平。

房屋完好率 = (完好房 + 基本完好房)面积/房屋总面积

4)危房管理。所谓危险房屋，即结构已严重损坏或承重构件已属危险构件，随时有可能丧失结构稳定和承载能力，不能保证居住和使用安全的房屋。房屋危险程度的划分，是一项技术强、责任重大的工作，一定要根据房屋构件损坏范围大小、变形和损坏程度及对周围环境和整个房屋的危险程度而定。

一般情况下将危房划分为以下三种：整幢危房、局部危房和危险点。整幢危房是指房屋结构大部分均有不同程度的损坏，已危及整幢房屋的安全，整幢房屋随时有倒塌的可能，无维修价值。局部危房是指房屋构件大部分结构尚好，只有局部结构损坏，一旦发生事故，整幢房屋无太大影响。只要排除局部危险，就可继续安全使用。危险点是指房屋某个承重构件或某项设施损坏，但对整幢房屋结构未构成直接威胁。

危房管理工作主要有危房的排查、危房的鉴定、确定解危办法、监督检查排险工作等。

5)装修管理。房屋装修指房屋已建设完成，业主办理收楼手续后，在正式入住前，根据其个性化需求，对房屋进行重新设计、分隔、装饰、布置等。房屋装修还指房屋使用相当一段时间或权属变更，或非业主使用人调换后，往往又要将原来的装修推倒，按自己的意愿进行房屋的重新修缮。习惯上人们常称之为“二次装修”。装修管理是指在房屋建筑物的管理中，对业主权属范围内的修缮行为进行规范管理，以确保物业内及公共部位、公共设施安全的物业服务管理。

业主进行二次装修，必须遵守有关的管理规定。建设部 1995 年 8 月颁布《建筑装饰装修管理规定》、1997 年 4 月颁发的《家庭居室装饰装修管理试行办法》，以及地方性的装饰装修管理规定等。这些条文的颁布施行，目的是规范人们的装修行为，明确装修活动的各种要求和工作程序，以利于装修管理工作开展。

物业服务企业在业主收楼时就必须制订物业的《住户装修管理规定》，向业主派发《装修须知》、《装修流程图》等资讯。有关装修管理的常用文本表格有《装修申请表》、《装修验收书》、《动用明火申请表》等。装修管理的主要流程包括申请、批核、办理施工队人员进出证件、施工现场管理、装修工程验收等。

2. 房屋维修施工管理

(1)房屋维修施工管理的含义

房屋维修施工管理，是指按照一定施工程序、施工质量标准和技术经济要求，运用科学的方法对房屋维修施工过程中的各项工作进行有效、科学的管理。由于房屋维修施工的方式有自行完成、发包完成两种，维修施工管理的任务、方法和要求也不同。维修施工管理依据是建设部颁发的《房屋修缮工程施工管理规定》。

(2)房屋维修施工工程的种类

根据维修的范围与费用标准，房屋维修工程一般可以划分为以下几种类型：

1)小修工程是指对房屋轻度损坏及时修复，保持房屋原来的完损等级为目的的日常养护工程，且综合年均维修费用为所管房屋现时造价的 2%以下。

2)中修工程是指需要牵动或拆换少量主体构件，但保持原房屋的规模和结构的工程，其一次维修费用在该建筑物同类结构的新建造价的 20%以下。中修工程主要适用于一般损坏房屋，中修后的房屋 70%以上必须符合基本完好或完好的标准要求。

3)大修工程是指需要牵动或拆换部分主体构件的工程，其一次维修费用在该建筑物同类结构的新建造价的 25%以上。大修工程主要适用于严重损坏房屋，其大修后的房屋必须符合基本完好或完好标准的要求。

4)翻修工程是指原来的房屋需要全部拆除，另行设计，重新建造或利用少数主体构件在原地或移动后进行更新改造的工程。这类工程具有投资大、工期长的特点。由于翻修工程可尽量利用原房屋构件和旧料，因此其费用应低于该房屋同类结构的新建造价。一般翻修后的房屋必须达到完好房屋的标准。

5）综合维修工程是指成片多栋或面积较大的单栋楼房大部分严重损坏而进行有计划的成片维修和为改变成片（栋）房屋面貌而进行的维修工程，也就是大修、中修、小修一次性应修尽修（全面修理）的工程。维修工程应根据各地情况、条件，考虑一些特殊要求，如抗震、防灾、防风、防火等，在维修中一并解决。其竣工面积和数量在统计时可不单独列出，可计入大工程项目中，经过综合维修后的房屋应达到基本完好或完好房的标准。

（3）维修施工管理的内容

维修施工管理主要是计划管理和工程程序管理两类。

计划管理，就是要根据维修任务编制好年度计划，同时根据年度计划和施工任务的情况，编制月、季施工作业计划，把各项工作都纳入计划管理的轨道，这样可以使房屋维修工作有条不紊地进行。

工程程序的管理，就是对于大、中修及更新改造工程要坚持按施工程序施工，使各工序统筹安排，合理交叉；同时还要进行施工组织设计，统筹规划，科学组织施工，建立正常的生产程序，充分利用空间、时间，推广采用先进的施工技术等。

3. 房屋维修的责任管理

房屋维修的责任管理是指依据国家和地方的有关规定和物业管理合同的相关约定，明确房屋维修的责任及其费用的承担的管理工作。

根据房地产商品的特点，新建的房屋有一定的保修期，并且房屋内的不同部分、不同的设备的保修期也不同，因此，房屋维修责任可分为两种情况：

（1）在保修期内

新建房屋，自其竣工验收合格到保修期满前，由建设工程施工单位负责房屋的质量保修。所谓建设工程质量保修，是指建设工程竣工验收后在保修期限内出现的质量缺陷（或质量问题），由施工单位依照法律规定或合同约定予以修复。其中，质量缺陷是指建设工程的质量不符合工程建设强制性标准以及合同的约定。建设工程实行质量保修制度，是《建筑法》确立的一项基本法律制度。《建设工程质量管理条例》则在建设工程的保修范围、保修期限和保修责任等方面，对该项制度作出了更具体的规定。根据《建设工程质量管理条例》第16条的规定，“有施工单位签署的工程保修书”是建设工程竣工验收应具备的条件之一。

（2）保修期满后

保修期满以后，应由业主或非业主使用人承担房屋的维修责任，并承担相应的费用。同时，业主或非业主使用人与物业管理企业，应就不同情况明确各自的责任。

二、物业设备管理

房屋的设备设施包括给排水设备，供配电、照明等用电设备，供暖与燃气设备，消防设备，通信设备和智能化管理系统等。房屋设备设施的管理指根据设备的性能，按照一定的科学管理程序和制度，以一定的技术管理要求，对设备进行日常养护、维修与更新。

(一)设备运行与保养管理

1. 设备接管验收

设备验收工作是设备安装或检修停用后转入使用的一个重要过程，把好这一关，对日后的管理和使用有着很重要的意义。因此，在进行房屋设备设施的运行管理和维修管理之前，首先要做好房屋设备的接管验收工作，接收好房屋设备的基础资料。

接管验收不仅包括对新建房屋设备的验收，而且还包括对维修后房屋设备的验收以及委托加工或购置的更新设备的开箱验收。

房屋设备的第一次验收为初验，对发现的问题应商定解决意见并确定复验时间。对房屋已经复验仍不合格的应限定解决期限。对设备的缺陷及不影响使用的问题可作为遗留问题签订协议保修或赔款补偿。这类协议必须是设备能用，且不致出现重大问题时方可签订。验收后的验收单与协议等文件应归档保存。

2. 设备设施的日常性维修保养

房屋设备设施的日常性维修养护管理是指物业管理企业对房屋设备设施进行日常的常规性保养和日常巡视、检查、修理，以排除运行故障。房屋设备设施日常性维修养护分为日常巡视修护和定期检查保养两方面，可分别规定日常巡视范围和定期检查项目。一般来说日常巡视侧重易出现故障的部位和薄弱环节；定期检查则侧重操作系统易损、易磨、易动等的部位和操作步骤。房屋设备的日常性维修保养工作量虽小，但关系到业主用户使用是否便利、正常，这是一项服务性很强的工作。物业管理企业必须精心养护并及时修理，以使设备正常运行发挥使用功能。

3. 预防性计划维修保养

为延长设备设施的使用寿命，防止意外损坏而按照预定计划进行一系列预防性设备修理、维护和管理的组织措施与技术措施叫做预防性计划维修保养制度。实行预防性计划维修保养制度可以保证房屋设备设施经常保持正常的工作性能，防止设备设施在使用过程中发生不应有的磨损、老化腐蚀等状况，充分发挥设备潜力和使用效益，正确掌握设备设施状况，提高设备设施运转效率；实行预防性计划维修保养制度，可以延长设备的修理间隔期，降低修理成本，提高维修质量。实行预防性计划维修保养制度，还可以保证房屋设备的安全运行，也是延长设备设施使用寿命、树立物业管理企业良好形象的保证。

(二)设备的维修与更新

1. 物业设备的维修

1)维修的分类。目前对房屋设备设施维修工程分类尚无统一规定，一般可分为设备设施大修工程、中修工程、更新与技术改造工程和日常零星维修保养工程。

2)设备维修的责任。设备的维修责任要视具体情况分析，明确责任所在。在设备运行的早期，设备运行有相当时间的保质保养期，这种情况，应由原厂家负责维修保养；一般情况下由物业公司工程部负责或由当班的工程师负责，其费用应房屋维修基金或业主的管理费中的设施保养费用预算中支付。

2. 物业设备的更新与改造

物业设备的使用寿命可分为技术寿命和经济寿命。技术寿命是指设备设施的设计使用年限；而经济寿命是指设备使用到一定年限后，其效率低、耗能大、年限使用维修费提高或污染(腐蚀、排气、粉尘、噪音)等问题严重，设备要提前报废，设备的实际使用年限比设计年限要低。设备设施更新与技术改造工程就是为使其技术性能得到提高改善，并降低年使用维修成本而进行的更新改造。

对房屋设备维修工程中大、中修和更新改造工程，工程设备管理部门，应在每年年末的设备普查基础上，提出下一年度的房屋设备大修、中修或更新改造计划，上报公司批准，并经业主委员会审议通过后方可实施。

(三)物业设备管理制度

物业设备的管理制度包括：物业设备接管验收制度、物业设备预防性计划维修保养制度、物业设备的运行管理制度、值班制度、交接班制度和报告记录制度。

(四)物业设备管理模式

当前，随着物业管理产业化的发展趋势，出现了四种物业设备管理模式：

1)物业管理公司自有独立的专业人员队伍，使用所收取的物业管理费(在美国还包括能源费)，或利用业主所批准的物业维修基金对物业设备设施实行统一的管理。

2)由社会建立的物业设备设施专业管理公司承包整幢楼宇或小区设备系统全部或部分的运行管理，专业公司与业主或物业服务企业之间用契约形式确定彼此的责权利、确定服务质量标准和赏罚规则。

3)几家中小型物管公司共同出资建立设备管理公司，吸引高质量人才，降低各家公司管理成本，专门为各出资方解决设备设施的维修与保养问题。

4)物业设备设施专业管理公司带资参建，成为业主的合作伙伴。公司投入的是设备系统，取得的回报是投运以后的物业管理费、设备折旧费和能源费(美国)。用户入户之后就如同缴付水电费、电话费一样按月或按年度向物业设施管理公司缴付设备管理费。设备系统的产权归物业设备设施专业公司。

三、环境管理

在物业服务管理中，环境管理包括绿化管理、车辆管理和环境卫生管理。

(一)绿化管理

在城市的绿地生态系统中，居住区绿地是一个重要的组成部分，也是居住环境中其他成分所不能替代的自然因素。居住区绿地系统包括公共绿地、公共建筑和公用设施专用绿地、宅旁和庭院绿地和街道绿地四类。居住区绿化能够为居民创造卫生、安静、安全、舒适、美观的居住环境。它不仅有改善小气候、净化空气、减少污染、防止噪声等作用，而且植物的生产又有一定的经济价值，在组织居住区建筑群体空间的多样化和赋以居住区地方特色方面有其独特作用。一个美好的绿化环境还有利于人们消除疲劳，振奋精神。

1. 园林绿化的养护

从职能上分析，对园林绿化的养护是物业绿化工作的核心，又是日常性的服务内容之一。

物业园林绿化功能的正常发挥，体现在植保的技术和水平上。

园林绿化的养护管理工作内容，一般包括浇水、施肥、整形、修剪、除草、松土、防治病虫害等。不同类型的绿化养护又有不同的要求。

园林绿化的建设与养护离不开广大住户的参与、配合。同时，它又是一项专业技本性很强的工作，当物业服务企业不具备独立作业能力，或管理的规模效益无法实现时，常常将其中的部分或全部工作，委托专业承包商去完成。

2. 园林绿化的管理

为了搞好园林绿化管理工作，物业服务企业需制订并切实有效地贯彻执行有关规章制度，包括岗位制度和工作管理制度两大类。岗位制度包括园林绿化服务中心主任副主任工作职能与岗位职责、园林绿化服务中心管理员岗位职责(内、外)、花圃园艺工(景观设计师)岗位职责、园林修剪工职责、绿化养护人员职责等岗位职责。园林工作管理制度有：绿化管理规定、绿化管理考核标准、绿化美化达标要求、绿化工作程序及检查标准、绿化养护要求和达标标准、绿化草地养护标准、园林机械的操作规程等。

(二)车辆管理

1. 车场的规划与管理需求

随着人们生活水平的提高，对用车的需求越来越广泛，物业区域内停放车辆不断增多。随之而来，用户对车场的需求就日显迫切。早期开发的不动产，由于缺乏停车场或车位严重不足，给使用者带来诸多不便，并且停泊位置的规划没有从环境质量的全局上考虑，结果出现小区交通组织不当，噪声干扰严重，以及由车位配置不合理造成使用不便等问题，给物业服务工作带来很多麻烦。因此，搞好车场的规划与车辆的安全管理是不容轻视的问题。

商业不动产项目整体形象要求高，局部空间假日活动组织频繁，具有经营空间与活动空间车流量大、人流量更大的特点，安防与消防不论在“人防”、“物防”与“技防”(即“三防”)制度与管理措施方面都有较高标准的要求。停车场管理与车辆进出疏导在“车满为患”的情况下显得尤为重要。

2. 停车场的规划及设置

进入 21 世纪，不动产项目建设的一个明显的趋势就是注重物业的配套建设。停车场合理规划、人车分流是现代人居环境的一个重要指标之一。

3. 停车场的分类

停车场本身又是一种特殊的不动产，同时又是不动产项目建设的功能配套项目。认识停车场的分类与权属是开展管理工作的前提。

按车辆的类型不同可分为：汽车、摩托车、自行车和特殊车辆的停车场。按停车场的分布又可分为：私人车库、路旁停车区、区内露天专用停车场、绿化草坪停车场、架空层停车场、裙楼停车场、地下停车场等。按停车场的权属可分为：独立所有权停车场和区分所有权停车场,公共临时停车场(道路旁和地下防空设施)和私有停车场(开发商权属或已出售转移的业主权属)。

随着我国关于停车场管理的法律法规的逐步健全，将有利于开展科学有效的停车场管理，减少因此而产生的各种矛盾与纠纷。

4. 停车场管理制度

停车安全管理需要有完善的制度，如停车场安全管理制度、停车场经营管理制度、停车场安全服务规范等管理制度。

(三)环境卫生管理

环境卫生管理是指物业服务企业或专业清洁公司运用科学的方法、专业的清洁队伍在辖区或承包区域内定时、定点、专人地进行规范化的日常保洁、消毒，废弃物的收集与清运，以维持区域的整齐、洁净的清洁卫生工作。在现代物业管理的新理念下，环境卫生管理还包括对空气、水资源、噪音状况等的检查、控制、监督，进而为用户创造良好的生活生存空间。

1. 环境卫生管理的工作对象、范围

环境卫生管理的工作对象包括户外道路、地面铺装、庭院绿化、景观小品、挡墙围(护)栏、环卫设施、物业管理设施及用房等。环境卫生管理工作的范围，一般应包括室外卫生管理、楼内保洁与消毒、垃圾的分类收集和清运、有毒、有害物质的预防与整治等四个方面。

开展环境卫生管理必须具备专业化的工具、设施和用材。这些工具设施可以包括清扫车、垃圾运输车、洒水车、吸尘器等环卫设备，垃圾清运站、垃圾桶、果皮箱等便民设施。随着建筑用材的材质多样化和高档化，清洁卫生工具和清洁剂供需市场越来越大，需要更多专业的知识与操作技能。

2. 环境卫生管理制度

科学完善的管理制度是环境卫生管理工作顺利进行的有力保障。为此必须做到：明确要求，规定标准，计划安排，定期检查。

物业服务企业应依法制定相关的环境卫生管理工作的规章制度。例如：保洁卫生操作程序和标准、岗位职责、员工服务规范、清洁设备领用制度、操作规程以及奖惩规定等。

四、安全管理

安全管理是一个广义的概念，包括日常的治安管理、消防管理和突发事件的处理等。

(一)治安管理

现代治安管理是依靠各种先进设备与工具、训练有素的管理人员，为防止和终止任何危及或影响物业服务辖区内的业主或使用人的生命财产与身心健康的行为与因素，确保住户或使用人人身安全、财物不受损失，工作生活秩序正常而进行的管理工作。

1)治安管理的目的是保证和维持物业的业主及非业主使用人有一个安全舒适的工作、学习、生活环境。通过物业治安防范管理服务，确保物业及其附属设备、公共场所、环境设施等不受人为损坏、破坏；防止或阻止任何危及业主或非业主使用人的生命财产的行为出现；终止任何影响业主和非业主使用人身心健康的行为，如大声嘈杂喧哗、汽车鸣笛、排放废气等；协助社区打击各种犯罪活动，维护社会的安定团结；协助和教育业主遵守户籍管理规定，对外来人口的寄住、房屋租住者要指引到派出所办理有关手续。

2)治安防范管理的特点：①综合性强，管理难度大。诸如大型住宅小区、商住区等物业，楼宇多、楼层高、面积大、进出口多，而且物业区域内的服务设施、娱乐场所等人员流动量大、成分复杂。同时，众多的进驻单位又自成体系，物业管理企业不宜过多干预，只能密切配合。所有这些，必将给保安消防管理工作带来相当的难度。②服务性强。从本质上讲，保安消防管理，就是为保障住户的人身和财产安全而提供的服务。因此，管理人员必须真正树立“服务第一，用户至上”的思想，既要保持警惕，又要礼貌待人。③管理人员素质要求高。

3）治安管理要四个坚持：①坚持“预防为主、防治结合”的治安防范管理方针；②坚持物业内的治安防范管理与社会治安工作相结合的原则；③坚持“服务第一、用户至上”的服务宗旨；④坚持治安工作硬件与软件一起抓的原则。

4）治安防范管理的主要内容：第一，建立完善而有效的安全管理制度。物业管理公司应根据物业的实际情况，建立并完善保安员岗位责任制和各项治安保卫制度，如针对用户的有：①用户非办公时间出入登记管理制度、大件物品出入管理制度等；②对内部保安员的有：保安员交接班制度、保安员值班岗位责任制、对讲机使用制度、中央监控室的管理制度、巡逻岗的工作要求和管理制度、大堂、门卫保安班的工作程序等；③应对突发事件的有：应急事件投诉处理程序制度；④日常管理的有：保安部会议制度、保安员培训工作制度等。第二，完善辖区内安全防范设施。物业的治安管理除了靠人防力量外，还应注重治安硬件设施的技术防范。如在商住小区四周修建围墙或护栏，在综合性商业大厦内安装闭路电视监控系统，在物业内的一些重要部位、重点单位安装防盗门、防盗报警系统等。第三，明确保安员的岗位职责。①依据有关法律法规，积极配合公安部门打击辖区内及辖区周围的违法犯罪活动，维护物业区域内的人身、财产安全，如负责维护辖区内的治安秩序、预防和查处治安事故等；②严格执行值班、监视、巡逻等制度，及时发现并排除安全、消防隐患，如管理、养护消防器材、设备、水源，定期检查并及时更新消防器材、设备；发现保安、消防等隐患，应及时责令当事人整改，并根据需要申请相关政府管理部门处理；③制止不遵守业主公约等物业区域规章制度的各种行为；④检查出入物业区域的车辆，维护其停放秩序；⑤经常向物业区域内的居民进行安全、防火、宠物管理等教育与宣传。

（二）消防管理

消防管理的基本目的是预防火灾的发生，最大限度地减少火灾损失，为用户的工作、生活提供安全环境，增强城市居民的安全感，保护其生命和财产的安全。

在高层楼宇中消防管理系统的配备比较完整，通常由以下七个部分组成：①消防控制中心；②火灾报警系统；③消防栓系统；④喷洒自动灭火系统，它由喷水泵、供水管网和喷头等组成；⑤防排烟系统，主要由防排烟阀门、排风机、正压送风机组成；⑥安全疏散系统，一般由安全疏散指示灯、防火门、防火卷帘门等组成；⑦手提式灭火器，多为干粉和泡沫灭火器。

消防管理的主要内容包括如下三方面：

1）建设高素质的消防队伍。为加强物业的消防管理，物业管理企业有条件的应在保安部内成立一个专职的消防班来负责此项工作。同时要做好义务消防队的建立和培训工作。

2）制定完善的消防制度。物业服务管理中的消防制度包括：消防中心值班制度、防火档案制度、消防岗位责任制度、定期进行消防安全检查制度、专职消防员的定期训练和演习制度和其他有关消防的规定。

3）消防设备的保养与维护。现代建筑物内部都设有基本的消防设备，以保证其消防工作的需要。随着科技的发展，各种先进的消防设备被普遍使用，政府部门也对消防工作越来越重视，制定了严格的消防法规。对新建大厦，必须经检查确认消防设备符合法规和安全规定，才发给合格证，容许使用。建立消防管理制度的目的就是为加强消防设施的管理，有效地对消防设施进行检查、维护和使用。

消防的日常管理工作包括：①定期检查和更换消防器材；②适时安排消防演习；③加强消防教育培训等。

(三)突发事件的处理

1. 突发事件

大的突发事件如计算机病毒对网络轰击、恐怖分子的炸弹袭击、非典型肺炎的全球漫延等；小的突发事件如煤气泄漏、电梯困人、饮食中毒等问题，已日益引起人们的关注，政府相关行政管理部门的高度重视。国家有关的《非典型肺炎应急处理预案》、《突发公共卫生事件应急处理条例》等相继颁布，标志着从地方到中央、从企业到政府，都意识到应急处理在组织管理中的重要性。

2. 应急处理

应急处理是属于控制管理职能的范畴，适用于任何层级与组织的突发事件处理。应急处理应该有一套完整的系统程序。如《非典型肺炎应急处理预案》，依据“非典”发生的病例数、传播速度、流行速度、流行范围和趋势将“非典”疫情划分为一、二、三级；并根据这三级疫情建立了三级应急处理方案。一旦疫情发生，接到疫情报告后，经主管领导确认后启动应急处理程序，及时有效予以控制。应急处理的系统程序是由以下一系列制度和程序组成：突发事件的预警机制；报告制度；组织制度；程序规范；应急措施；善后处理等。

五、居住行为管理

居住行为的管理包括业主及非业主使用人的信息管理、情感管理和规范管理。

(一)信息管理

以户建档，即以每户(商铺则每档位)建立一个档案，对业主及非业主使用人基本资料进行全面详尽的信息化管理，也是现代物业服务管理不可缺少内容之一。档案内容包括房屋(档位)预售合同；收楼资料；与业主签订的《管理公约》、《业主守则》；房屋装修所需的资料，包括装修申请表、装修承诺书、装修图纸等；租赁情况及资料，包括租赁合同、租户情况等资料等。归档原则是业主档案必须分楼盘、楼层，按顺序编号并排列，以便查询。搜集业主资料及时、齐全、准确，注意资料信息的更新与完善。

(二)情感管理

过去认为物业服务只是买得起商品房的有钱人才可能的消费，现在普遍为大众所接受，一方面是物业管理质量和水平不断提高，服务态度和意识的增强，物业服务的“大众管家”的亲切形象为社会民众所接受；另一方面，行业管理越来越规范，法制建设不断健全，业主和非业主使用人的权益得到尊重和保护，物业服务成为人们投资置业的信心保证。

随着物业管理行业的专业化、社会化和品牌化发展，物业服务企业既注重管理的质量，更注重服务的多样化和个性化，使业主和非业主使用人的心理、精神需求得到更大的满足。有的物业服务企业为了增加本公司的信誉度，树立自身形象，与住户加强情感沟通，开展社区文化活动，编印杂志、组织旅游服务等。有此企业推出的专项服务系列、特约服务项目，既满足了业主的个性化需求，又使物业管理的功能得到充分发挥，同时也利于物业管理企业形象的建立和提高。

（三）规范管理

物业管理的成功与否，其前提条件之一是能否得到用户认同与配合。作为物业的业主或使用人在履行自己的权利时，不能损害他人的利益。为管理好物业，就必须有全体用户共同遵守的行为规范。物业服务公司要从全体住户共同利益的角度出发，制定规范住户行为的有关规定，以确保物业长期保持环境优美，生活、工作有序，服务方便；确保管理活动的顺利进行，从而维护全体住户的共同利益。

六、共同事务的管理

（一）临时管理规约与管理规约

1. 临时管理规约

临时管理规约一词是2007年颁布的《物业管理条例》（国务院令〔2007〕第504号修订）中明确规定的：根据《中华人民共和国物权法》的有关规定，将“物业管理企业”修改为“物业服务企业”，将“业主公约”修改为“管理规约”，将“业主临时公约”修改为“临时管理规约”，并对个别条文的文字作了修改。

可见，临时管理规约的前称是“业主临时公约”、或“物业管理公约”（香港地区使用“公共契约”），通常用于前期物业管理或商业性的物业管理项目，其含义是指通过物业管理各方约定、大家共同遵守的行为准则，反映约定人的共同意志和利益，具有道德和法律约束力。新颁布的临时管理规约主要是通过文本的形式，明确建设单位、业主和物业服务企业各方面的权利、义务和责任。临时管理规约是物业前期管理过程中必须制定的。对各方具有道德和法律约束力的文件。其适合各种类物业管理中使用。这是开展有效管理的基础。

2. 管理规约

管理规约原称业主公约，是全体业主对物业的使用、维修和其他管理服务活动，以书面形式订立的具有约束力的自治性行为规范。主要用于住宅性物业的管理。一般而言，管理规约具有以下特点：

1）管理规约的主体是物业管理区域内的物业所有人和使用人。尽管起草管理规约时，可能会邀请房地产管理部门、物业管理企业的人员参加。但他们均不是管理规约的主体。

2）管理规约的客体是物业行为。即，基于物业的所有权和使用权，而产生的物业的使用、维修、管理服务行为。以及应有的权利和义务关系。

3）管理规约的效力范围涉及物业管理区域内的全体所有人和使用人。

4）管理规约规定的权利义务，既包括法律范畴的权利义务，也包括道德范畴的准则。例如，邻里和睦、互助互谅等。

管理规约作为一种自治规范，不能设定罚款、拆除违章建筑等行政处罚措施。但可以约定恢复原状、赔偿损失等民事责任方式，在须涉及实施行政处罚措施时，可及时报请有关行政管理部门；管理规约是针对物业的使用、管理等行为而设定的，故该物业区域内的所有人和使用人均应受到管理规约的约束。

(二)管理规定与《用户手册》

“管理规定”是物业管理制度中的一份综合性的管理文件。制定管理规定的目的是为了规范业主或使用人的行为，监督管理人员的工作质量、保障物业、公共设备和设施的正常使用，创造一个安全、方便、文明、舒适的工作环境或生活环境。“管理规定”在对业主及业主使用人的管理方面起到重要的作用。

管理规定由一系列具体到某一方面的管理规定所组成。物业管理规定的主要内容包括：治安管理规定、消防管理规定、电视监控管理规定、机动车辆管理规定、非机动车辆管理规定、进出物品管理规定、清洁卫生管理规定、绿化管理规定、楼宇维修养护管理规定、设备养护管理规定、室内装修管理规定、电梯使用管理规定、禁止违章用地及违章搭建管理规定、费用分摊与缴纳管理规定、物业服务项目管理规定等。在物业管理工作中常常把这些规定印制成一份综合文件，发放到业主手中，让业主和使用者知晓，并共同遵守。

《用户手册》或用户指南、楼宇使用说明书，这是一本关于物业的功能、管理企业提供的配套服务和业主的日常行为准则的指导性文件。目的是使用户更好地了解和使用此物业。通过业主和管理企业的共同努力，创造安全、方便、优雅、宁静与舒适的生活和工作环境。

(三)业主投诉与纠纷管理

1. 投诉处理

由于商品房产权性质的根本变化，物业管理企业与业主之间的关系是聘任与被聘的关系，业主是聘任者，而物业管理企业是被聘者。因此，物业管理企业的管理权是业主授予的，业主可以在认为必要时收回这一权力。物业管理企业应该清醒地认识到这个问题，摆正自己的位置，以周到热情的服务，赢得业主的支持。

由工作性质所决定，物业管理企业必须得接受业主的投诉，对投诉持什么态度，反映了物业管理公司的管理意识。美国著名企业家沃特克·纽西曾经说过：顾客肯上门来投诉对企业而言实在是一个难得的纠正错误的好机会，是恢复信誉和塑造企业形象的好机会。这可以说是有长远眼光、明智的管理者们的共识。因此，对待业主的投诉，一定要十分重视，抱着积极、负责的态度来解决，要给业主一个满意的答复。

案例分析 9-1：万科物业的投诉管理

自 2005 年 12 月 12 日起，万科物业在全国 16 个城市展开统一行动，将其属下物业管理公司的 70 多个“物业管理处”统一更名为“物业服务中心”，以此表明万科物业“尊重客户，服务为本”的态度，让物业服务在投诉中完美。在万科物业，就有着一套令所有员工“闻之色变”的制度——客户投诉体系。上至万科董事会高层，下到各级员工，再到社会群众，只要登入万科网络投诉论坛，就可以看到各地万科项目的具体信息，包括物业服务和客户反馈情况等。这不仅有利于集团高层及时了解项目运作状况，对各公司的工作迅速给予有效指示，对于促进万科物业管理工作的进一步完善也非常重要。由首问责任制到专责制，万科对业主与客户的投诉管理也在追求精致管理的理念。万科人表示："投诉论坛有专人负责客户投诉的回复，客户无小事，我们对于客户的投诉百分百会处理，而且要求的是24小时内一定要有回复，与客户取得联系，告知其解决方案。此外，在各个项目小区内的醒目位置，我们会公布物业管理投诉热线，多种渠道让万科物业在投诉中更加完美。"

2. 纠纷的调解

由于居住人员的分散性，不同职业、不同素质的人往往对居住环境的要求和态度是不一样的，有的人注重邻里关系，配合管理，遵守公共秩序，而有些人就唯我独尊，不注意他人的利益，因此往往会引起一些纠纷，各执一词。在处理这些问题时物业管理公司要以法律、条文、公约等为依据、准绳，以公正的立场，做耐心仔细的工作，必要的时候要与街道、居委会及派出所取得联系，以取得政府的支持。坚决不能向不良行为让步，要维护大多数人的利益。

第二节　设 施 管 理

一、设施管理的定义

设施管理(facility management，FM)一般是指以保持业务空间高品质的生活和提高投资效益为目的，以最新的技术对人类有效的生活环境进行规划、整备和维护管理的工作"，它综合了工商管理、建筑、行为科学和工程技术的基本原理"。供不动产(物业)"有效率"的达成其设置或使用目的机能的管理服务。设施管理服务除了基本的物业管理外，服务内容往往涉及设置或使用目的机能的"作业流程规划与执行、效益评估与监督管理"。

二、设施管理出现的背景

传统的物业服务侧重于对人居环境的管理，包括人员现场管理，以保安、保洁以及采暖、通风、空调、电气、给水、排水等设施设备的维护保养为主要工作内容，以设施设备的正常运行为工作目标，具有"维持"的特点。随着全球化的发展和业务外包模式的影响，随着不动产产业价值链分解和不动产服务专业化发展，物业管理出现精深精细化趋势，并从劳动密集型逐渐转化为知识密集型，在物业服务提升的基础上，产生了一个新型的领域——设施管理。

进入20世纪80年代后，国际不动产管理行业发生了一系列变革，促成了设施管理的产生。不动产管理行业变革主要体现在以下三个方面：

1)建筑领域的技术革命使得物业管理的对象越来越复杂。随着建筑业的发展和4C(Computer、Control、Communication、CRT图形显示)技术的应用，智能大厦开始出现，并且在美、欧、日及全球蓬勃发展。伴随智能建筑的蓬勃发展，信息化的现代建筑设备很快地进入各种建筑，使物业管理范围内的设施设备形成庞大而复杂的系统，各项传统产业的业务也由于结合了信息技术而出现很大的变化。面对庞大而复杂的建筑系统，传统的物业管理应接不暇。

2）社会发展要求物业提高能源利用效率。能源危机以来，如何提高能源利用效率一直是社会所关心的热点问题，“物业节能”被提高到前所未有的高度。但许多物业能源利用效率仍不尽人意。路灯彻夜通明、用电负荷失衡、给排水管道跑冒漏滴、公用水阀细水长流、供暖空调温度不稳、室内空气严重恶化、自控设备失常运行等现象普遍存在。面对新的要求，传统物业管理粗放的经营模式显得捉襟见肘。

3）产业价值链分解与非核心业务外包促进了设施管理行业的产生。随着经济全球化的发展，企业之间的竞争越来越激烈。为了有效面对竞争，企业不得不集中精力关注其核心业务，而将以不动产为主的非核心业务外包给专业公司进行管理。同时，公司的不动产部门或者被解散，或者独立成专业的物业管理或设施管理提供商。产业价值链分解和非核心业务外包推动了不动产行业的专业化，促进了设施管理行业的产生。

面对物业管理行业的变革，传统的粗放型管理方式日渐力不从心，不得不向专业化、集约化、精细化发展，并由劳动密集型逐渐转化为知识密集型，设施管理应运而生，形成具有相当潜力的新兴行业。

三、设施管理的特点

1）具有战略性。设施管理是从客户的需求出发，对企业所有非核心业务进行总体性策划，以达到降低运营成本、提高收益的目的，最终实现提升客户营运能力的目标，具有很强的战略性。

2）提供专业化、精细化管理。设施管理从物业的成本分析、空间规划、标准制定、能源审核、风险许诺和发展策略方面为投资者提供专业化、精细化的服务，与建筑、不动产、经营、财务、心理、环境、信息等多个领域密切相关。另外，设施管理基于信息化技术，运用科学的方法对客户的业务流程进行研究分析，寻找控制重点并进行有效的优化、重组和控制，实现质量、成本、进度、服务总体最优的精细化管理目标。

3）实现保值与增值。设施管理应用各种高新技术，向客户提供各种高效增值服务，以改善客户运营能力，提高收益。它从战略层次的高度和动态发展的全局整合的理念出发，在保证物业“保值”的基础上，还要实现物业的“增值”。

4）关注生命周期。设施管理关注物业的整个生命周期，提供策略性长期规划，贯穿到物业或设施的可行性研究、设计、建造、维修及运营管理的全过程之中。

5）信息化的管理设施管理大量采用信息系统，通过信息化手段，在降低成本提高效率的同时，保证了管理与技术数据分析处理的准确，属于知识密集型产业。

四、设施管理的业务范畴和服务对象

设施管理涉及范畴广，包括客户所有的非核心业务。国际设施管理协会提出设施管理的业务范畴主要包括八方面：策略性年度及长期规划；财务与预算管理；公司不动产管理；室内空间规划及空间管理；建筑及改造工程；新的建筑及修复；保养及运作；保安、通信及行政服务。除此之外，设施管理的业务还包括能源管理、支援服务、高技术运用及质量管理等。

尽管设施管理的业务范畴比较广泛，但这些业务都是围绕着两个中心内容展开的：其一，通过对建筑设施的管理，延长设备设施的使用年限，确保其功能的正常发挥，节约能源，降低成本及运行费用；其二，应用各种高新技术，向客户提供各种高效增值服务，使客户工作更加合理化和简洁化，生活更方便和舒适。针对不同类型的物业，设施管理内容的侧重点也有所不同。

目前设施管理主要应用于业权相对单一或集中的物业，主要包括城市公用设施，如医院、学校、体育场馆、博物馆、会展中心、机场、火车站、公园等；工业设施，如工厂、工业园区、科技园区、保税区、物流港等。

案例分析 9-2：国际设施管理协会 IFMA

国际设施管理协会(International Facility Management Association，IFMA)成立于 1980 年，是一家致力于设施管理业发展的非盈利性协会，总部设在美国的休斯顿。国际设施管理协会注册设施管理师职业资格证书是专门为从事设施管理工作的高级管理人员设计的，由 IFMA 开发并提供培训和资格认证。国际设施管理协会注册设施管理师职业资格证书认证是世界上在设施行业内唯一的全球通认的证书。

国际设施管理协会自创建伊始一直致力于培育各类组织机构中的设施管理意识，促进和强化设施管理是一个被广泛认可的职业这一理念。

国际设施管理协会的主要业务范围：对设施管理者资质进行认证，从事研究，提供教育项目，审查设施管理认证项目，举办 World Workplace 全球最大的设施管理会议与展览。

2007 年中华人民共和国劳动和社会保障部办公厅同意批准国际设施管理协会的设施管理职业资格证书在劳动和社会保障部注册登记。

第三节 房地产经纪

一、房地产经纪的含义

(一)房地产经纪的概念

房地产经纪是指以收取佣金为目的，为委托人提供房地产信息和居间代理业务的经济活动。房地产经纪是基于不动产这个特殊的市场而产生的，是房地产经纪机构和房地产经纪人员向进行房地产开发、转让、抵押、租赁等房地产经济活动的当事人有偿提供不动产咨询、居间、行纪、代理服务的经营性服务。房地产经纪通常指二手房的中介业务，包括二手房买卖中介业务和二手房租赁中介业务。

(二)房地产经纪的发展

房地产经纪的历史悠长久远。早在元代时从事房屋等不动产经纪活动的人已是大量存在，当时从事房屋买卖混合的中介经纪活动即被称之为“房牙”。不管年代的更迭，这项经济活动一直延续下来。直到 1840 年鸦片战争之后，上海、天津等地的通商口岸以及租界纷纷设立。随着不动产市场的兴旺，房地产经纪活动便随之兴旺，最先出现在中国房地产经纪人历史舞台的 “二房东”就在上海租界。1999 年的住房制度改革，我国房地产市场蓬勃发展，房地产的一级、二级及至多级市场的交易、咨询、代理等经纪活动日趋普遍。

二、房地产经纪活动的主要内容与形式

(一)房地产经纪活动的主要内容

房地产经纪是一种专业性的营业或职业活动。其活动的主要内容有：①从事现房交易活动，为买者代买或为卖者代卖，交易成功，获取一定佣金；②从事期房交易，代买者买进或代卖者卖出，交易成功，按一定比例提取佣金；③从事地产交易，为用地者找到地源；④从事房地产抵押业务，为产权人申请抵押贷款，办好有关手续；⑤从事房屋租赁代理；⑥从事有关房地产的合资、合作或联营的项目交易活动；⑦从事有关房地产的广告策划、过户纳税、产权调换、售后服务等代理活动。

(二)房地产经纪活动的形式

根据房地产经纪活动的特点，以及我国当前房地产市场发展的程度，通常分为两种形式，即房地产居间和房地产代理。

1. 房地产居间

居间，通俗地说就是做中间人。居间是一手牵两家：上家和下家，并在两者之间起一种沟通、促进和平稳的作用。房地产居间，是指房地产经纪人在房地产经营活动中以自己的名义、作为中介人为委托方提供房地产成交机会或撮合委托方与他方成交，并取得报酬的商业服务活动。在房地产居间活动中，一方当事人为居间人(中介人)，即房地产经纪人，另一方为委托人，即与居间经纪人签订居间合同、协议的当事人，或为委托人，或有可能为委托人交易的交易方。

2. 房地产代理

房地产代理是指房地产经纪人受委托人的委托，在委托权限内，以委托人的名义与第三方进行交易，并由委托人承担相应的法律责任的经纪活动。

随着我国房地产产业的迅猛发展和人民生活水平的逐步提高以及生活的个性化，房地产无论是作为生活的必需品，还是作为投资品种，经营对象，已成为社会经济中最活跃的因素之一。为了适应不同职业投资需要，房地产经纪根据其服务内容的不同进一步又可以细分为房地产买卖居间、房地产投资居间、房地产抵押居间、房地产租赁居间等形式。

3. 房地产经纪收入的来源和性质

房地产经纪收入主要是佣金，其次还包括信息费。

佣金是经纪收入的基本来源，其性质是劳动收入、经营收入和风险收入的综合体。它是对经纪机构开展经纪活动时付出的劳动、花费的资金和承担的风险的总回报。

佣金可分为法定佣金和自由佣金。法定佣金是指经纪机构从事特定经纪业务时按照国家对特定经纪业务规定的佣金标准收取的佣金。法定佣金具有强制力，当事人各方都必须接受，不得高于或低于法定佣金。

自由佣金是指经纪机构与委托人协商确定的佣金，自由佣金一经确定并写入合同后也具有同样的法律效力，违约者必须承担违约责任。经纪机构在签订经纪合同时，应将佣金的数量、支付方式、支付期限及中介不成功时中介费用的负担等明确写入合同。经纪机构收取佣

金时应当开具发票，并依法纳税和缴纳行政管理费。经纪机构可以在签订合同时预收部分佣金和费用，也可与委托人签订“专有经纪合同”。

佣金的收费标准各国的制度各不一样，如在美国，任何房地产经纪人交易机构不可强迫订立最小佣金比例，否则便违反了反托拉斯法的规定。一般来说，经纪人收费即佣金通常是按总售价的百分比确定，一般为6%左右，如是租赁，则占1年租金的6%左右。其具体标准随所销售的房地产种类而有所不同。单栋独立住宅的佣金通常为3%～8%；大型商用房地产收取的佣金则比较低，为3%～6%；未开发的土地，佣金则高达6%～8%。日本房地产经纪人的业务报酬，法律明确规定：在交易完成和契约订立之后，由经纪人向委托的一方或双方收取。一般来说，交易金额小于200万日元的，收费上限为5%；200万～400万日元的，收费上限为4%；400万日元以上的，收费上限为3%，而且规定租赁业务的报酬最高不超过1个月的租金。国内的住宅租赁佣金通常以月租的倍数来计算，收费有0.5～1.5月租金不等，可向出租或承租方收取，具体以租赁合同的确定为准。

信息费是经纪人为客户提供有用信息而取得的信息服务费。在多数情况下，佣金和信息费都是用户为获取某种服务或信息而支付的费用，是收集、加工信息所耗费的人力、物力的补偿，是出卖信息商品的销售收入。无论信息以何种介质为载体，也无论信息有何种用途，只要将信息售出，即可收取，它从属于信息咨询业。

三、房地产经纪制度

随着我国房地产经纪行业的发展，多个相关的行业制度颁布实施，行业管理和法律法规建设对行业的健康、有序发展，起到了积极的作用。

1.《房地产经纪管理办法》

《房地产经纪管理办法》由中华人民共和国住房和城乡建设部、中华人民共和国国家发展和改革委员会、中华人民共和国人力资源和社会保障部三部委于2011年1月20日联合颁布，自2011年4月1日起执行。

《房地产经纪管理办法》是房地产经纪行业发展多年以后，第一部全国统一管理法规，使房地产经纪公司在业务操作时有了明确的统一标准，房地产经纪行业的规范框架有了突破性的进展。《房地产经纪管理办法》第一章第五条明确了房地产经纪活动的各主管部门及应“各司其职”的监督和管理。《房地产经纪管理办法》的内容更加全面、具体。例如：《房地产经纪管理办法》对房地产经纪合同的形式和基本内容提出了具体要求；“阴阳合同”、“合租、群组”等的管理及查处被首次提及。更加具体的内容有利于对房地产经纪活动的指导，更有利于房地产经纪行业的规范发展。该办法的颁布与实施，有助于进一步规范房地产经纪行为，让广大群众买房放心、买房省心、租房安心。

2. 房地产经纪人资格认证管理制度

自20世纪80年代后期以来，随着房地产交易量日益扩大，房地产经纪人从业人员队伍迅速发展成为一支数以十万计的职业大军，在房地产开发、销售、租赁、购买、投资、转让、抵押、置换及典当等各类经济活动过程中，以第三者的独立身份，从事顾问代理、信息处理、售后服务、前期准备和咨询策划等工作，而且其从事的职业活动也随社会经济发展而进一步拓展，从规划设计、建造运筹、经营促销到物业管理的咨询策划，全方位地融入房地产经营开发的全过程，对促进房地产业的正常发展，日益发挥着不可替代的巨大作用。

为了适应市场经济发展需要，规范和发展房地产市场，加强对房地产经纪人员的管理，提高房地产经纪人员的业务水平和职业道德，保护消费者合法权益，人事部、建设部颁布了《房地产经纪人员职业资格制度暂行规定》和《房地产经纪人执业资格考试实施办法》，实行房地产经纪人执业资格认证管理。

房地产经纪人执业资格认证是房地产经纪业管理的核心内容，有利于对房地产经纪业进行规范化管理，集中表现为房地产经纪人员的执业资格认证管理。

随着市场的规范化、制度化、现代化建设，2014 年 8 月 12 日国务院发布关于取消和调整一批行政审批项目等事项的决定，其中包括取消房地产经纪人的职业资格许可和认定。

3. 房地产经纪服务市场监管制度(即营业保证金及其管理)

房地产经纪发达的国家和地区先后建立起房地产经纪保证金制度，为房地产经纪服务的规范化运作起到了重要的保障性作用。

美国的房地产经纪服务市场监管制度建设始于 20 世纪初，作为该市场监管制度重要组成部分的房地产经纪保证金制度是其一大特色。美国的房地产保证金称为“复原基金”或“恢复基金”，是对房地产经纪服务市场监管的有效制度之一。该基金由政府主办，大约有 40 个州参与，要求房地产经纪人员交纳保证金或加入州设立的复原基金，由领照人在申请注册时所缴纳的特别费用积累而成，每个持有牌照缴纳 0.2 万～10 万美元，大多数州在 2.5 万～5 万美元的范围。

当持有销售员牌照或经纪人牌照的房地产经纪人员的违规违法行为给客户造成损失，除会受到暂停或吊销牌照的相应处罚外，受害人可以起诉牌照持有人或其所属公司，从而获得法律判决。但有个别情况，由于被告偿还能力不足，导致一些判决不能执行，这时可以动用房地产保证金来偿还那些不能执行的判决，以保护公众的利益。

1952 年日本出台关于规范房地产经纪人的法规《不动产交易法》，明确和交易人员必须将营业保证金寄到事务所附近的信托所，办妥依托储备后，向建设部长或地方市政府首脑报告，才准予正式营业，其目的也是保护公众的利益。

1998 年 1 月我国台湾颁布了《不动产经纪业管理条例》，也规定了企业开业前应缴存营业保证金，目的是建立房地产经纪从业人员的信用机制。

四、房地产经纪人的职业技能与职业道德

(一)房地产经纪人的职业技能

1. 收集信息的技能

信息是房地产经纪人开展经纪业务的重要资源，房地产经纪人只有具备良好的信息收集技能，才能源源不断地掌握大量真实、准确和系统的房地产经纪信息。

2. 市场分析的技能

市场分析技能是指经纪人根据所掌握的信息，采用一定的方法对其进行分析，进而对市场供给、需求、价格的现状及变化趋势进行判断。对信息的分析方法包括：数学处理分析、比较分析、因果关系分析等。

3. 人际沟通的技能

包括了解对方心理活动和基本想法的技能、适当运用向对方传达自我意思方式(如语言、

表情、身体动作等）的技能、把握向对方传达关键思想的时机的技能等。

4. 供求搭配的技能

房地产经纪人是以促成交易为己任的，因此不论是居间经纪人，还是代理经纪人，都需要一手牵两家，其实质也就是要使供求双方在某一宗（或数宗）房源上达成一致。在实际工作中，供求搭配技能较高的房地产经纪人，成交量高，每笔业务的进展速度也快，工作效率高，而供求搭配技能较差的房地产经纪人则常常劳而无功，工作效率低。

5. 把握成交时机的技能

房地产经纪人应能准确判断客户犹豫的真正原因和成交的条件是否成熟，如果成交条件已经成熟则能灵活采用有关方法来消除客户的疑虑，从而使交易达成。

（二）房地产经纪人职业道德

房地产经纪人员职业道德的基本要求主要体现在职业良心、职业责任感和执业理念三个方面。根据中国房地产经纪行业当前的实际情况，目前房地产经纪人员在职业道德方面应符合以下基本要求：

1. 守法经营

遵纪守法本是每个公民的基本道德修养，但是，作为房地产经纪人员，更应牢固树立这一思想观念，并理解其对于自己职业活动的特殊意义。

2. 以“诚”为本

经纪人员提供的服务是促成他人交易，这种服务实质上是一种以信息沟通为主的动态过程。因此，经纪人员要促成交易，首先必须使买卖双方相信自己。“诚”的第一要义是真诚，从“真诚”的要求出发，房地产经纪人员一定要树立“不成交不收费”、“佣金是唯一收入”的观念。“诚”的第二要义是坦诚，即诚实地向客户告知自己的所知。

3. 恪守信用

在现代商业社会中，信用是保持经济活动运行的重要因素。房地产经纪人员应牢固树立“信用是金”的思想观念。一方面，要言必行，行必果；另一方面，应注意不随意许诺，避免失信。

4. 尽职守责

经纪活动中的许多环节都是必不可少的，因此经纪人员决不能为图轻松而省略，也不能马马虎虎，敷衍了事。其次，房地产经纪人员是以自己拥有的房地产专业知识、信息和市场经验来为客户提供服务的。因此，房地产经纪人员要真正承担起自己的职业责任，还必须不断提高自己的专业水平。第三，房地产属于大宗资产，一些房地产交易活动，常常是客户的商业机密或个人隐私，应该替客户严守秘密，充分保护客户的利益。第四，在中国目前的体制下，房地产经纪人员都是以自己所在的房地产经纪机构的名义来从事业务活动的，因此房地产经纪人员对自己所在的机构也承担着一定的责任。

5. 公平竞争，团结合作

房地产经纪活动中，也存在激烈的同行竞争。房地产经纪人员首先必须不怕竞争、勇于竞争。通过合作，房地产经纪人员和经纪机构可以以他人之长，补己之短，在做大业务增量的同时，提高自己的市场份额和收益。而“公平竞争，团结合作”是制胜的前提。

案例分析 9-3：21 世纪不动产的经营管理模式与创新

21 世纪不动产体系是两个美国房地产传奇人物——经纪商亚瑟·E. 巴特利特(Arthur E. Bartlett)和马歇尔·D. 费舍尔(Marshall D. Fisher)在加利福尼亚州的奥兰治县(又译：橙县)创立，迄今已有 43 年的历史。由于这两位当地市场上杰出的房地产经纪人敏锐地觉察到特许经营的巨大威力，果断地采用特许经营的方式复制自己的成功经验，创立了金色的 21 世纪品牌(CENTURY 21®)，从此创造了房地产中介行业的一个传奇。目前，它拥有遍布全球 72 个国家和地区的 7700 余家特许加盟店，121000 名身着金色制服的专业经纪人已经成为全球公认的不动产专家。

21 世纪不动产 2000 年 3 月进入中国。截至 2008 年 11 月，21 世纪不动产已覆盖全国 33 个区域，拥有过千家门店，万余名经纪人。2007 年，21 世纪不动产全国不动产交易额已达到 800 亿。

每个地区加盟中介机构充分利用 21 世纪不动产体系开展二手房买卖、租赁、新楼盘代理、房屋按揭、抵押贷款、装修、写字楼、商业用房租售、不动产评估与咨询等相关衍生服务。在郑州市，其二手房交易量的市场占有率达到 80%。

在基础特许经营业务稳步发展的同时，该公司于 2003 年着手试点开展金融及其他衍生服务。2004 年 2 月在上海正式成立了按揭服务中心(MMC)，与银行、保险公司、评估机构等合作，基于体系内加盟店二手房交易资源，开展包括按揭代办、过户、担保等在内的衍生服务。2014 年 9 月，光大银行温州分行与 21 世纪不动产温州区域分部(温州英特莱特许经营咨询服务有限公司)日前签署合作协议，推出二手房屋交易资金网上托管业务。

思考题

1. 简述物业基本资料管理的重要性。
2. 简述房屋修缮管理的作用。
3. 分析治安管理的人员应具备的专业素质和要求。
4. 简述消防的日常管理工作。
5. 简述房地产经纪的形式和职业技能。

第十章　不动产的资产管理

【章节介绍】不动产资产管理是不动产管理的重要内容。但是，由于我国不动产资产管理提出较晚，目前还没有形成完整的理论体系。本章主要介绍三方面内容：国有不动产资产管理、公司不动产资产管理和商业地产资产管理。国有不动产资产管理，从国家的角度进行分析，包括国有土地和公有房产的资产管理。公司不动产资产管理从公司的角度进行分析，包括公司不动产的投资管理、处置管理、使用管理和价值管理。商业地产资产管理从商业地产所有者的角度分析，包括商业地产的租赁价格策略和商业地产运营管理模式。

第一节　不动产资产管理概述

一、资产与不动产资产

1. 资产及不动产资产的含义

资产按照《辞海》的解释：其一是资产即财产；其二是会计用语中的“负债”的对称。《经济学新词典》把资产解释为资本机能形态，如存款、债权、商品材料、半成品及生产设备等。《现代经济词典》提出：“资产是由企业或个人拥有并具有价值的有形的财产或无形的权利”，并认为“资产之所以对物主有用，或者是由于它是未来事业的源泉，或是由于它可用于取得未来的利益。”《国际资产评估准则》第三款指出“资产是由投资者所拥有的或者由投资者控制的资源，可以合理预计未来可获取的经济利益。”西方国家普遍认为，“资产是某一特定主体由于过去的交易或事项控制的资源，可以合理预计未来可获取的经济利益。”

国内学者罗生宝则认为：“资产一般是指依法归属特定主体所有，并能由自主支配使用乃至于能为之带来收益的财产。”

王德起认为资产有广义和狭义之分。狭义的资产是某一时点或者某一特定时期，某特定主体拥有和支配的投入经济运营并可以带来增值的财产；而广义的资产则是指动态观念上的自然、社会和经济意义上的财产。并且，对于宏观管理者来说广义的资产比狭义的资产更加重要。

资产最一般的特性是收益性，即与普通意义上财产的根本区别在于，资产能够通过生产经营活动不断增值，成为资产拥有一笔源源不断的收益来源。

资产的另一个特征是具有明确的产权关系，资产的所有者有对资产占有、使用、收益和处分的权利。在所有权和使用权分离的情况下，资产使用者虽然不具有资产的所有权，但可以通过某种方式取得资产的使用权，并享有资产使用权所衍生出的一定权益。

资产还表现出多样化的特征。从形态上看，既有以实物形态存在的资产，如土地、房屋、建筑物、机器设备等，也有以非实物形态存在的资产，如专利权、商标权、著作权等。通常称前者为有形资产，称后者为无形资产。显然，不动产属于有形资产的范畴。

2. 不动产资产管理的含义

不动产作为一种有形资产，不仅是人类赖以生存和发展的物质基础，而且通过合理地开发利用，能够为社会带来巨额收益。因此，要从不动产资产性的特性出发，对其实施资产化管理。

从国家行政管理的角度，不动产资产管理是指国家对不动产资产的占有、开发、利用、流转和收益分配等经济活动，进行计划、组织、监督和控制的一系列活动。对不动产实行资产化管理的实质是对属于国家、集体和个人所有的不动产实施所有权管理，其核心是以产权职能规范政府的管理行为，以合理的产权制度引导不动产使用者的经济行为。从不动产权益的角度看，不动产资产管理是指不动产的资产所有人自己或委托专业机构将其有形的房地产资产进行管理，以实现资产所有人所期望的资产增值目标的行为。

二、不动产资产管理的特点

1. 服务于不动产资产增值的整条产业链

不动产资产管理是一个针对资产的管理增值过程，其中包括了一系列密切相关的管理、增值活动，从房地产资产或项目并购前的战略管理到房地产资产或项目并购再开发中的项目咨询，再到房地产资产或项目并购后的市场整合及营销管理，形成了一个严密的服务于房地产资产增值完整管理链条。

2. 不动产资产管理是一个系统行为

区别于传统房地产行业的一次性开发获利行为，不动产资产管理要求在资产管理过程中，做好每一环节的工作，弥补前面工作的漏洞(负反馈)，为后面工作的开展打好基础(正反馈及输出)；空间上的整合要求资产管理当中的各组织部门要达到有效协调、沟通，充分发挥团队精神及作用。不动产资产管理是针对房地产资产进行的一系列收购、转让、经营、管理、开发等管理行为，需要很强的系统操作能力和运作能力才能够支配。

3. 不动产资产管理的核心任务是实现不动产资产增值

不动产资产管理过程是以资产增值为核心进行的管理过程，而不动产资产管理企业则是以最大限度地增加股东价值为目标的企业。以资产增值为核心的房地产资产管理行为不仅仅是某些解决方法的简单运用过程，而是通过不动产资产管理使企业自身强大的投融资实力、解决经济法律问题的专业能力和对市场问题的良好解决能力，为不同形式的不动产资产提供整体解决方案。

案例分析 10-1：国内首家房地产资产管理公司成立

2001 年 8 月，一家以收购、管理、处置银行不良房地产资产的房地产专业资产管理企业，上海房地(集团)公司控股的上海房地产资产管理有限公司，在上海挂牌成立。这是迄今为止中国第一家从事房地产资产管理的专门企业，业内人士认为，困扰上海城市建设和房地产市场发展的存量空置房问题，有望借此途径得到有效解决。

该公司着眼于房地产业和金融业的整体发展，充分利用专业化优势，对不良房地产资产进行评估和审核，力求形成一整套能够降低风险系数的评估体系；对已收购的不良房地产资产，综合运用置换、资产重组、债转股、证券化、销售等多种方法，对其进行有效处置和盘活。通过将不动产“动产化”，使之在资本市场的运作过程中得到充分消化，最终实现不良房地产资产重新进入良性资金流通领域，从根本上解决上海房地产市场的空置房问题。

第二节 国有不动产资产管理

一、国有不动产资产的范围

（一）国有土地

根据《中华人民共和国土地管理法》第 8 条和《土地管理法实施条例》第 2 条规定，下列土地属于全民所有土地即国家所有土地：①城市市区的土地；②农村和城市郊区中已经依法没收、征收、征购为国有的土地；③国家依法征用的土地；④依法不属于集体所有的林地、草地、荒地、滩涂及其他土地；⑤农村集体经济组织全部成员转为城镇居民的，原属于其成员集体所有的土地；⑥因国家组织移民、自然灾害等原因，农民成建制地迁移后不再使用的原属于迁移农民集体所有的土地。

（二）国有房产

国有房产是指归国家所有的房产。包括由政府接管、国家经租、收购、新建以及由国有单位用自筹资金建设或购买的房产。国有房产分为直管产、自管产、军产三种。直管产是指由政府接管、国家经租、收购、新建、扩建的房产（房屋所有权已正式划拨给单位的除外），大多数由政府房地产管理部门直接管理、出租、维修，少部分免租拨借给单位使用。自管产是指国家划拨给全民所有制单位所有以及全民所有制单位自筹资金购建的房产。军产是指中国人民解放军部队所有的房产，包括由国家划拨的房产、利用军费开支或军队自筹资金购建的房产。

二、国有不动产资产的取得

（一）国有土地的形成

1949 年以前，旧中国属于半殖民地半封建社会，被帝国主义、封建主义和官僚资本主义统治，城市土地的所有制形式复杂多样，有帝国主义国家的资本家、大房地产业主所有的土地，有官僚资本家所有的土地，有民族资本主义性质的房地产公司和大房地产业主所有的土地，有资本主义商业、银行业等民族资本家所有的土地，有国民政府机关及其各部门所有的土地。新中国成立后，针对不同性质的土地，分阶段有分别地逐步实现了城市土地国有化。

1. 部分城市土地无偿接管为国有土地

随着全国各个城市的先后解放，各城市根据人民政府根据《中国人民解放军布告》、《中国人民政治协商会议共同纲领》等政策、法令和文件关于取消帝国主义国家在中国的一切特权和没收官僚资本归人民的国家所有的规定，接管了一批国民党政府所属的城市土地，接管或者没收了帝国主义在中国占有的大批地产，没收了一批官僚资本家以及战犯、汉奸、反革命分子在城市中的土地。

2. 采用赎买方式变为国有土地

新中国成立以后，没有没收民族资本主义工商业、私营房地产公司和房地产业主的城市地产。后来，这类资本主义性质的地产，是通过社会改造，用赎买的办法变为国有的。但改造资本主义工商业的地产与改造私营房地产公司和私有房地产业主的地产在具体做法上有所不同，改造的时期也不尽相同。

改造城市资本主义工商业的地产，是从 1950 年开始的，在从加工订货、经销代销到公私合营的改造资本主义工商业的过程中，随同工商业资本家的财产收归国有的。1956 年以后，在全国行业公私合营中，私营企业的厂房、仓库、商店、办公用房以及职工宿舍等占用的土地，同企业的机器、设备和房屋等一起经过清产核资后，由国家每年支付 5%的利息。在如此公私合营中，资本家的土地所有权仅表现在每年获得的定息上，地产的实际占有和使用已转给国家。1966 年 9 月 23 日，中共中央批转《关于财政贸易和手工业方面若干政策问题的报告》，其中提出了取消给资本家的定息问题。停止定息后，资本家的土地所有权完全被取消了，其地产也就变成了国家的财产。

城市私营房地产公司和私有房地产业主的地产，是在国家对私有出租房的社会主义改造中，随同房屋一起收归国有的。根据 1956 年 1 月中共中央批转的《关于目前城市私有房产基本情况及进行社会主义改造的意见》和 1958 年 8 月《人民日报》刊登的《中央主管机关负责人就私有出租房屋的社会主义改造问题对新华社记者发表的谈话》，对房地产业的改造，除少数大城市对私营房地产公司和某些大房地产业实行公私合营外，绝大多数采取国家经租的形式，由国家统一租赁、统一分配使用和统一修缮维护。房地产由国家经租后，国家采用定租的办法，按期付租金给房地产业主。这如同对工商业资本家支付定息一样，房地产的土地所有权受到很大限制。1966 年停止付租后，私营房地产公司拥有的建筑物及其地产和私有出租房屋者出租的房屋及其地基，就最终完全变为国有财产。

3. 通过法律程序，将城市其余尚未国有化的土地变为国有土地

经过接管和没收以及社会主义改造，并经过征收土地，绝大多数土地已成为国有，但还有少量土地仍属于集体和个人所有。属于集体所有的土地主要是城市中的个体劳动者在组成合作社时，将他们的作业场所入股，并为合作社的作业场所所占用的土地。属于个人的城市土地，主要是个人自住房屋及当时在社会主义改造起点以下的个人出租房屋的宅基地。1982 年 12 月 4 日第五届全国人民代表大会第五次会议通过的《宪法》第 10 条规定："城市的土地属于国家所有。"这项规定，不仅明确了城市土地的所有权，而且把城市少量非国有土地在法律上也宣布为国有。由于涉及土地面积小，而且长期以来就对私人土地所有权做了严格限制，只能使用，不得买卖、出租或者以其他方式转让，土地私有权就只有象征意义了。因此，通过这一法律程序将城市国有土地收归国有是无偿的、平稳的，没有引起社会波动。

4. 通过购买和拨用两种方式将非国有土地变为国有

在 1953 年 11 月《国家建设征用土地办法》公布以前的时期，当时国家机关(公私合营企业)、学校、团体等使用的民族资本家、房地产业主或其他私人的土地，是通过购买取得的。购买后的土地所有权，还不是直接归国家所有，而是归各使用单位所有或作为各企业的投资。1953 年《国家建设用地征用办法》颁布后才明确规定产权属于国家。拨用是把交给农民耕种的农村国有土地从农民手里收回来转为城市国有土地。这类土地包括三部分：一是 1950 年 11 月《城市郊区土地改革条例》规定"城市郊区所有没收和征收得来的农业土地，一律归国家所有"的土地；二是国家历年建设征而不用、多征少用、早征晚用退还给农民使用的土地；三是农村中其他规定为国有的土地。

5. 非国有土地变为国有土地

新中国成立后，国家在城市进行了大量的经济、文化和国防建设，兴办了许多社会公共事业，开辟了许多新的工业区，新建了一大批城市。截至 2008 年年底，全国有设市的城市 655 个，是 1949 年 132 个的 4.96 倍，城市建成区面积由 1952 年的 3900 平方公里，增加到 2008 年的 36295.3 平方公里，增长了 8.3 倍。城市建设需要的土地，少量是靠原国有土地解决，大量需要依靠征收城市非国有土地。征收的土地所有权属于国家，用地单位和个人只有使用权。

对于土地征收的原则、程序、审批权限以及补偿标准，国家有严格规定。早在 1953 年，政务院就颁布了《国家建设征用土地办法》，1958 年国务院公布施行了新的《国家建设用地征用土地办法》，1982 年第五届全国人民代表大会常务委员会第二十三次会议批准，国务院公布施行《国家建设征用土地条例》。1986 年 6 月该条例并入《土地管理法》中。2007 年 3 月颁布的《物权法》再次对土地征收的补偿做出明确规定。

（二）国有房产的形成

国有房产又称为公产房，按照产权人的不同又分为三种：

第一种是直管公有住房，指由政府接管，国家出租、收购、新建、扩建的住房，大多数由政府房地产管理部门直接管理出租、修缮，少部分免租给单位使用的住房。

第二种是单位自管产。自管产由全民所有制和集体所有制等单位建设，以实物的形式分配给城镇居民，收取低廉租金。

第三种公产房是由行政事业单位作为产权人，分配或出租给单位员工居住使用的房屋。

三、国有建设用地的供应

（一）国有土地供应的基本条件

国有建设用地供应的基本条件包括以下几个方面：①符合规划。建设用地的供应必须符合土地利用总体规划和城市规划等项规划的要求；②符合国家的土地供应政策。应根据不同类别的项目和国家产业政策进行供地；③符合建设用地标准和集约利用的要求。供地前应充分核实项目用地是否符合用地标准和集约利用的要求；④划拨方式供地必须符合法定的划拨用地条件。划拨用地应根据《土地管理法》、《城市房地产管理法》、《物权法》规定，严格按照《划拨用地目录》范围和要求供地；⑤新增建设用地符合农用地转用和征收条件。新增建设用地属于农用地的，必须按照《土地管理法》规定，办理农用地转用和征收手续后，才能供应。

（二）国有建设用地的供地方式

1. 国有建设用地使用权的划拨

划拨土地使用权是土地使用者经县级以上人民政府依法批准，在缴纳补偿、安置等费用后所取得的或者无偿取得的没有使用期限限制的国有土地使用权。

建设单位使用国有土地，应当以出让等有偿使用方式取得；但是，经县级以上人民政府依法批准，可以以划拨方式取得，具体见《土地管理法》第 54 条。国有土地使用权划拨供应具有如下特点：①以划拨方式取得的土地使用权没有期限的规定；②以划拨方式取得的土地使用权不得从事转让、出租、抵押等经营活动，即不得流转，如果需要转让、出租、抵押的，应当办理土地出让手续或者政府批准，土地使用者不需要使用该土地时，由政府无偿收回土地使用权；③划拨土地使用权用途未经批准不得改变，需要改变用途的需批准。改变用途后，不属于划拨范围的，要实行有偿使用；④取得划拨土地使用权，只需缴纳国家取得土地的成本和国家规定的税费。

2. 国有建设用地使用权出让供应

国有土地使用权出让是土地使用者以向国有土地所有者代表支付出让金为代价而原始取得土地的有限期的国有土地使用权。

土地公开出让方式包括招标出让、拍卖出让、挂牌出让和协议出让。按照《招标拍卖挂牌出让国有土地使用权规定》的解释，招标出让国有土地使用权是指市、县人民政府土地行政主管部门(以下简称出让人)发布招标公告，邀请特定或者不特定的公民、法人和其他组织参加国有土地使用权投标，根据投标结果确定土地使用者的行为。拍卖出让国有土地使用权，是指出让人发布拍卖公告，由竞买人在指定时间、地点进行公开竞价，根据出价结果确定土地使用者的行为。挂牌出让国有土地使用权，是指出让人发布挂牌公告，按公告规定的期限将拟出让宗地的交易条件在指定的土地交易场所挂牌公布，接受竞买人的报价申请并更新挂牌价格，根据挂牌期限截止时的出价结果确定土地使用者的行为。出让国有土地使用权，除依照法律、法规和规章的规定应当采用招标、拍卖或者挂牌方式外，方可采取协议方式。协议出让国有土地使用权，是指国家以协议方式将国有土地使用权在一定年限内出让给土地使用者，由土地使用者向国家支付土地使用权出让金的行为。根据《协议出让国有土地使用权规定》规定，协议出让最低价不得低于新增建设用地的土地有偿使用费、征地(拆迁)补偿费用以及按照国家规定应当缴纳的有关税费之和；有基准地价的地区，协议出让最低价不得低于出让地块所在级别基准地价的70%。

国有土地使用权出让最高年限按土地用途确定，其中居住用地70年，工业用地50年，教育、科技、文化、卫生、体育用地50年，商业、旅游、娱乐用地40年，综合或者其他用地50年。

3. 国有土地使用权租赁供应

国有土地使用权租赁，是指国家将一定期限内的土地使用权让于土地使用者使用，由土地使用者按年度或定期向国家缴纳租金的行为。

国有土地使用权租赁可以根据具体情况进行短期租赁和长期租赁。对短期租赁或者用于修建临时建筑的土地，应实行短期租赁，短期租赁一般不超过5年。对需要进行地上建筑物、构筑物建设后长期使用的土地，应实行长期租赁，具体期限由租赁合同确定。采取国有土地使用权租赁方式，出租的年限一般较短，每年缴纳的租金较少，满足了中小投资者的需要，具有较强的灵活性。

4. 国有土地使用权作价入股(出资)供应

国家以土地使用权作价出资(入股)，是指国家以一定年期的国有土地使用权作价，作为出资投入改组后的新设企业，该土地使用权由新设企业持有，可以依照土地管理法律、法规关于出让土地使用权的规定转让、出租、抵押。土地使用权作价出资(入股)形成的国家股股权，按照国有资产投资主体由有批准权的人民政府土地管理部门委托有资格的国有股权持股单位统一持有。

5. 国有土地授权经营方式供应

国家以一定年限的土地使用权作价后作为投资授权给经国务院批准设立的国家控股公司，作为国家授权投资机构的国有独资公司和集团公司经营管理。被授权的公司和投资机构负责该土地的保值、增值，并可以凭政府主管部门发给的授权委托书向其他企业已作价出资(入股)或者租赁方式配置土地。

四、国有土地使用权的收回

(一)收回土地使用权行为的法律性质分析

1. 行政处罚的“收回”

行政处罚的“收回”，是指因土地使用者违反了法律法规禁止性规定，被人民政府或土地行政主管部门依照法律法规的规定收回土地使用权。这种“收回”，首先，是因为土地使用者发生了法律法规禁止的行为，其次，法律法规规定，对这种违反法律法规的行为必须给予无偿收回土地使用权的惩处。《土地管理法》第 37 条第 1 款、《基本农田保护条例》第 18 条的收回，是对违反了“禁止闲置、荒芜耕地”、“禁止闲置、荒芜基本农田”的规定的惩处。《城市房地产管理法》第 25 条的“收回”，是对违反了“必须按照土地使用权出让合同约定的土地用途、动工开发期限开发土地”这一规定的惩处。《城市国有土地使用权出让和转让暂行条例》第 17 条第 2 款的“收回”，该条款本身已明确是“处罚”。

2. 土地使用权期满的“收回”

土地使用权期满的“收回”，是指出让的国有土地使用权期满后，由于土地使用者未申请续期，或者虽申请续期但未获批准，依照出让合同的约定，土地使用权由国家无偿收回。《土地管理法》第 58 条第 1 款第 3 项、《城市房地产管理法》第 21 条第 2 款、《城镇国有土地使用权出让和转让暂行条例》第 40 条的“收回”，属于土地使用权期满的“收回”。

3. 其他法定事由的“收回”

其他依法定事由的“收回”，是指土地使用者在没有违反法律法规禁止性规定的情况下，因发生某种法律法规规定应当收回土地使用权的事件，而被土地行政主管部门收回土地使用权。依据《土地管理法》第 58 条第 1 款、《城市房地产管理法》第 19 条、《城镇国有土地使用权出让和转让暂行条例》第 42 条、第 47 条第 1 款规定的收回土地使用权，属于其他依法定事由的“收回”。

(二)收回国有土地使用权的具体范围

为公共利益需要使用土地的，包括城市基础设施、公共事业建设、国家重点扶持的能源、交通、水利、矿山、军事设施等建设需要使用土地的，不管是划拨土地还是出让未到期的土地，经过政府批准都可以行使国有土地收回权。

为实施城市规划进行旧城改建，需要调整使用土地的。城市国有土地使用权是城市旧城改造中遇到的难题。实际上旧城改造不是将土地使用权收回，而是要对土地使用权进行重新调整。

土地出让等有偿使用合同约定的使用期限届满，土地使用者未申请续期或申请续期未经批准的。这在《城市房地产管理法》中规定“土地使用权出让合同约定的使用权界限届满，土地使用者需要继续使用土地的，应当迟于届满前一年申请续期，除根据社会公共利益需要收回该幅土地的，应当予以批准”。关于这类土地使用权收回的，土地使用权国家将不予补偿。

因单位撤销迁移等原因，停止使用原划拨的国有土地的。因法律规定，国有划拨土地不得出租、转让等，只能供批准的用地单位按批准的用途使用，如果单位撤销或迁移不再需要使用，则交回国家。因划拨土地不适有偿使用的，土地使用权不予补偿。如果单位需要将土地和地上建筑物转让，应当补办出让手续，对土地按有偿使用的办法处理。

公路、铁路、机场、矿场等经核准报废的。按规定这部分土地是采用划拨方式提供的，不给予补偿。

违约收回土地使用权。是指国家对土地使用者不按合同约定日期和用途使用土地的，收回土地使用权。以出让方式取得的土地使用权，必须遵守出让合同约定的土地用途、开工期限。不按批准的用途使用土地的，或者满二年未动工开发的，可强制性收回土地使用权。划拨土地使用权未经原批准机关同意的，连续两年未用或不按批准的用途使用土地的，经县级以上政府批准，收回用地单位的土地使用权。

五、闲置土地的管理

闲置土地，是指国有建设用地使用权人超过国有建设用地使用权有偿使用合同或者划拨决定书约定、规定的动工开发日期满一年未动工开发的国有建设用地。已动工开发但开发建设用地面积占应动工开发建设用地总面积不足 1/3 或者已投资额占总投资额不足 25%，中止开发建设满一年的国有建设用地，也可以认定为闲置土地。

根据《闲置土地处置办法》的规定，未动工开发满一年的，由市、县国土资源主管部门报经本级人民政府批准后，向国有建设用地使用权人下达《征缴土地闲置费决定书》，按照土地出让或者划拨价款的 20%征缴土地闲置费。未动工开发满两年的，由市、县国土资源主管部门按照《中华人民共和国土地管理法》第 37 条和《中华人民共和国城市房地产管理法》第 26 条的规定，报经有批准权的人民政府批准后，向国有建设用地使用权人下达《收回国有建设用地使用权决定书》，无偿收回国有建设用地使用权。闲置土地设有抵押权的，同时抄送相关土地抵押权人。

但是，属于政府、政府有关部门的行为造成动工开发延迟的，国有建设用地使用权人应当向市、县国土资源主管部门提供土地闲置原因说明材料，经审核属实的，依照《闲置土地处置办法》第 12 条和第 13 条规定处置。因自然灾害等不可抗力导致土地闲置的，依照前款规定办理。

因属于政府、政府有关部门的行为造成动工开发延迟、土地闲置的，市、县国土资源主管部门应当与国有建设用地使用权人协商，选择下列方式处置：①延长动工开发期限。签订补充协议，重新约定动工开发、竣工期限和违约责任。从补充协议约定的动工开发日期起，延长动工开发期限最长不得超过一年；②调整土地用途、规划条件。按照新用途或者新规划条件重新办理相关用地手续，并按照新用途或者新规划条件核算、收缴或者退还土地价款。改变用途后的土地利用必须符合土地利用总体规划和城乡规划；③由政府安排临时使用。待原项目具备开发建设条件，国有建设用地使用权人重新开发建设。从安排临时使用之日起，临时使用期限最长不得超过两年；④协议有偿收回国有建设用地使用权；⑤置换土地。对已缴清土地价款、落实项目资金，且因规划依法修改造成闲置的，可以为国有建设用地使用权人置换其他价值相当、用途相同的国有建设用地进行开发建设。涉及出让土地的，应当重新签订土地出让合同，并在合同中注明为置换土地；⑥市、县国土资源主管部门还可以根据实际情况规定其他处置方式。

六、公房资产管理

（一）公房租赁

我国公房制度是在20世纪50年代后期高度集权的计划经济体制下实行的一种福利型住房分配制度。当时，城市住房建设资金完全来源于国家基本建设资金，政府承担了为城市居民提供住房的责任，住房建设完全被纳入到国家基本建设计划。地方政府和单位从国家预算中获得住房投资，然后建造公房并分配给职工，分房的标准以级别、工龄、家庭人口等非经济因素为依据，职工只支付名义上的租金，因此住房被视为职工的一项权利和福利。但随着改革开放的深入和社会主义市场经济体制的逐步确立，原有的单一公房供应体系已不再符合市场经济条件下的住宅属性，也无法满足市场经济条件下的居住需求。国家、单位统包住房的建设、分配和管理诸环节，严重违背了商品经济规律，公房制度的“高福利、低租金”也使国家财政不堪重负。人口的快速增长、住房投资和供应不足和土地使用的无序造成了包括房屋匮乏、居住空间小、住房质量低下、房屋缺乏维护等问题。1978年开始，国家对住房制度进行一系列改革，稳步推进住房商品化、社会化，逐步建立适应社会主义市场经济体制和我国国情的城镇住房新制度。

目前我国的公房租赁主要是直管公房。1978年以后，城市公房由市房管部门统一经营管理。国家城市建设总局印发《关于加强城市公房管理工作的意见的通知》提出“以租养房”的原则，也就是公房的租金收入除去其他必要的开支外，不仅要能够保证房屋的正常保养修缮，而且在房屋使用年限终了时，能够收回投资，重建房屋。

廉租房是政府以租金补贴或实物配租的方式，向符合城镇居民最低生活保障标准且住房困难的家庭提供社会保障性质的住房。作为廉租房的住房归国家所有，也属于公房。廉租住房制度通过租赁补贴、实物配租和租金减免三种方式提高保障对象的住房支付能力，改善城镇最低收入家庭居住条件。其中，实物配租的廉租住房租金实行政府定价，租金标准原则上由房屋的维修费和管理费两项因素构成，并与城镇最低收入家庭的经济承受能力相适应。具体租金标准由各地根据实际情况自行确定。城镇最低收入家庭廉租住房保障方式以发放租赁住房补贴为主，实物配租、租金核减为辅。实物配租的廉租住房来源主要包括：①政府出资收购的住房；②社会捐赠的住房；③腾空的公有住房；④政府出资建设的廉租住房；⑤其他渠道筹集的住房。实物配租的廉租住房来源应当以收购现有旧住房为主，限制集中兴建廉租住房。实物配租应面向孤、老、病、残等特殊困难家庭及其他急需救助的家庭。享受廉租住房保障的承租人有下列行为之一的，由房地产行政主管部门收回其承租的廉租住房，或者停止发放租赁补贴，或者停止租金核减：①将承租的廉租住房转借、转租的；②擅自改变房屋用途的；③连续6个月以上未在廉租住房居住的。

（二）公房销售

公有住房的出售是我国住房制度改革的重要内容之一。住房制度改革的主要目的之一，是推动职工个人购买住房，把群众的购买力引导到改善居住条件上来，以便通过国家、企业和职工的共同努力，加快解决住房困难。1988年发布的《全国城镇分期分批推行住房制度改革实施方案》提出要合理确定公房售价。向职工出售新建住房，按标准价计算。新建住房的标准价包括住房本身建筑造价及征地和拆迁补偿费。其他公共设施建设费用和建筑税、能源交通重点建设基金等不应摊入标准售价之内。住宅区内的公共建筑，凡属经营性设施（如商店、粮店、邮局、储蓄所等），应由使用单位购买或租赁，其他非经营性房屋及配套的市政设施投资，应逐步理顺渠道加以解决。旧住房的标准价，按重置价成新折扣和环境因素等按质计价。砖混结构的单元套房，每平方米建筑面积售价一般不能低于120元。严格防止贱价出售，搞不正之风。

1988年《国务院办公厅关于转发国务院住房制度改革领导小组鼓励职工购买公有旧住房意见的通知》制定了公有旧住房的政策和措施。在售价上，旧住房应与新住房售价拉开差距，按重置价的成新折扣计算。在付款方式上，首次付款不得低于售价的30%，其余部分可向银行申请住房低息抵押贷款。单位自管房卖给本单位职工，也可委托银行贷款，或由本单位采取分期付款办法。首次付款超过30%，可给予相当于超过部分存款利息的优惠折扣。职工购买旧住房贷款期限一般最长不超过10年，利率要根据贷款期限长短分开档次。免征房产税和一次性的契税。

到1991年，《国务院关于继续积极稳妥地进行城镇住房制度改革的通知》，提出凡按市场价购买的公房，购房后拥有全部产权。职工购买公有住房，在国家规定住房面积以内，实行标准价，购房后拥有部分产权，可以继承和出售；超过国家规定住房标准的部分，按市场价计价。对新竣工的公有住房，实行新房新租、先卖后租、优先出售或出租给无房户和住房困难户。各单位出售公有住房回收的资金，一律存入当地政府指定的金融机构，其使用权不变，作为单位的住房基金，用于住房建设和维修，不得挪作他用。

第三节　公司不动产资产管理

一、公司不动产和公司不动产管理

公司不动产是指使用不动产作为经营、研发、生产场所的公司，在公司经营过程中涉及的不动产。

公司不动产和商业不动产的主要区别在于运营主体的主营业务不同，商业不动产是由房地产开发企业运营，构成了房地产开发企业的主营业务，是企业主营业务收入来源。但公司不动产的用户大多是企业，每个企业都会因为经营需要通过自建、租赁或购买等不同方式持有不动产，拥有使用权或所有权，并进行相应的管理和日常经营，为公司的主营业务提供辅助工作。公司不动产已经在企业全部资产中占有很大比重。

公司不动产按照业态分类，可以分为：办公楼、工业厂房、商铺、研发中心、仓库等，也有混合多种业态的公司不动产类型，如工业园区等，不动产具有自身独具的特征，包括自然属性和经济属性。①公司不动产具有自然属性。首先是空间上的固定性，即具有不可移动性。地段决定了公司不动产的现在资产价值和未来价值增值潜力。其次，不动产及其设施相对其他资产来说，不动产的使用周期、开发周期长，公司不动产从选址、策划设计到竣工建成，开发周期一般需要 2 ~ 4 年，即使是原有不动产的翻新改造也需要 1 ~ 2 年的时间。再次，不动产具有稀缺性和排他性，由于土地位置、条件、环境、气候等不同，由于建筑物的设计、结构、空间布置等不同，公司不动产在特定位置具有垄断性和独占性。②公司不动产还具有经济属性。首先不动产的价值规模大、价格高，是企业资产的重要组成部分。公司不动产的经济价值不仅需要考虑企业本身的需要，而且受到建筑物的物业情况、商圈、城市基础设施等外部环境的影响。其次，不动产具有多层次性，不动产即是企业的消费品又是企业的投资品，既是企业的成本又是企业的资产，公司不动产管理是企业资产管理的基础。再次，公司不动产的价值会随着土地的价值升值，具有价值增值潜力。

公司不动产管理是指企业因为主营业务而涉及的不动产经营与管理，并以不动产保值、增值为目的的经营活动。公司不动产管理主要包括公司的选址、不动产购置、租赁和新建、不动产收购与出售回租、不动产的投融资、不动产的处置等相关活动。

公司不动产管理的意义在于改善公司外部环境，满足公司内部、外部使用者的商业需要，在不动产管理、公司业务发展之间实现协同效应等主要方面，目的是为了充分挖掘和实现公司不动产的最大价值。对公司而言，加强公司不动产管理有以下几方面意义：①满足企业基本的空间需要和发展需要；②在不动产经营和主营业务之间能获得协同效应；③不动产是企业的重要战略资源；④不动产的长期投资可以获得良好的投资收益。

三、公司不动产资产管理的内容

（一）公司不动产的投资管理

公司如果需要获得或使用不动产，就要先在不动产上进行投资。首先要做的事情是对不动产的需求做出评估，以计算出实际需要的不动产数量和最小成本，在经过公司的需求评估后，公司会希望获得不动产最佳位置选址，同时公司的不动产管理部门会做出决策采取如购置、租赁还是自建等不同的方式来获得不动产。

1. 公司不动产的需求评估

公司不动产管理部门需要根据公司的整体战略规划来制定经营层面的整体规划，并在某一特定市场区域围绕主营业务进行需求评估。公司不动产的需求评估是不动产管理的决策基础，公司不动产的需求评估包括评价公司的业务需要变化、评估公司的外部环境变化，如成本因素等，另外还需要评估公司现有的不动产使用状况。

2. 公司不动产的选址

公司不动产的选址一般包括办公场所、生产基地、研发中心、成立分公司、库房等的选址。选址往往是经营的第一步，是决定企业的效率和成本的重要因素，有时甚至会决定企业的成败，如餐饮连锁、加油站、百货超市等面向市场的企业，错误的选址也往往会导致企业经营的失败。公司不动产的选址需要从宏观、中观和微观三个层面多个因素进行综合考虑。

宏观因素包括企业在选址时要考虑当地的气候、自然条件，当地的地理环境、环保和市场情况，以及区域的经济发展状况和未来发展潜力。另外，地区的交通状况和水电、能源等供给状况也是重要的考虑因素。公司在选址时还应考虑该区域的人力资源及人力资本状况、政府的产业政策、税收政策等。企业的产业环境主要有成本因素、产业链的集聚度、政府的产业政策等。成本因素包括土地成本、人力成本、水电，还有物流成本、交易成本等。产业链的集聚度越高就会为企业提供更成熟的市场、提供更专业的配套服务、产业政策有当地政府的税收优惠政策、土地政策，环境保护等。

中观层面，选择决策还应考虑公司所属的产业群属问题，相关产业的聚集能够产生外部经济性，而且供应链相关的上下游企业让公司能够降低物流、交易和时间成本，使得企业获得较高的收益。公司选择还要考虑配套设施。企业适合入驻的办公场所必须具备完善的配套设施，包括市政配套、商务设施和文化教育设施等。

在微观层面，首先公司要考虑自身企业的产业定位，是面向市场的、面向原料、面向劳动力的产业还是自由产业，因为不同的产业形态对公司选址考虑的重点是不一样的。办公物业的租金和日常的运营成本的高低，是企业选址从微观层面考虑的影响因素之一；微观层面考虑的第二个因素是办公物业的硬件设施条件，如可以从物业的智能化角度考虑，即从OA（办公自动化）、BA（楼宇自动化）、CA（通讯传输自能化）、FA（消防智能化）、SA（安保智能化），除此之外，还包括所用的建筑技术、建筑材料、标准层高、标准承重、弱点系统等。公司不动产的选址还需要好的软件来配套，即是否提供优质高效的设施管理、物业管理及人性化、专业化的商务服务，包括不动产的用水、用电、安保、垃圾清运、空调供应、车位管理等各方面问题。另外，企业形象也是选址的一个重要微观因素。

3. 公司不动产的取得

对于需要不动产的企业来说，获得不动产的主要方式有三种：租赁、购置和自建。自建和购置不动产都需要企业外部融资来支付价款，这对公司的偿债能力、流动能力要求很高。在公司做出决策时，需要考虑自身的长远战略规划，需要做细致的财务分析，另外还需要考虑公司的企业文化需要、融资能力等方面。不动产的不同获得方式各有利弊，管理者需要进行多维度衡量。

采用购置和自建方式取得不动产，需要公司借债来支付不动产价款，债务利息可以从收入中扣除，企业可以对不动产进行计提折旧，而且可以获得城市发展带来的不动产增值。购置和自建的主要差别是获得不动产的时间成本不同，自建不动产需要更长久的时间，需要整合更多的外部资源，也对企业提出更高要求，但是自建能有更多的主动性，有利于培养企业文化和向公众树立良好的企业形象。

采取租赁的方式，企业可以避免借债和承担债务成本，而且租金可以从公司收入中扣除，同样可以达到避税目的。

影响公司做出购置、自建还是租赁等策略的主要因素有四个，包括不动产的特性、市场状况，以及公司状况和财务状况。①不动产的特性。公司使用不动产的用途是首先需要考虑的因素，如果公司需要使用不动产满足其专门要求的，适合进行购置或自建。对于标准的办公空间、平面变化要求低的办公场所，租赁较适合。如果是短期使用，适宜于租赁；如果需要长期使用不动产，如作为公司总部、研发中心等，则购置或自建较好。②市场状况。能够在需要的时间和地点租赁得到符合公司自身需要的场所，如果市场没有企业现成的经营场所，则企业可以自己购置和新建。③公司的总体状况。公司增长率、市场份额、产品周期、利润率等，都会影响企业对不动产的要求。对于高成长企业，倾向于在高增长时采取短期租赁的方式。降低经营成本对企业十分关键，在这种情况下，拥有自有不动产的总成本相对租赁较低。④公司的财务状况。公司的债务总额以及融资能力、资金成本，都是影响公司不动产获取的重要因素。

(二)不动产的处置管理

随着主营业务的发展、内部资源整合等公司内部环境的变化，或者由于政府的环保要求、税收政策，以及新的市场机会出现、产业链新的聚集趋势等外部环境的变化，公司需要对原有的不动产进行处置。另外公司不动产的价值变现也会涉及不动产的处置，不动产的处置方式主要有迁址、出售、出租分租等。

1. 公司不动产的出售

公司出售其拥有的不动产主要出于两点考虑，一是公司战略调整需要退出部分市场，二是企业为了获取不动产投资的资本利得，另外做出迁址的同时也面临如何出售以期卖个好价钱的问题。①公司的战略调整需要。当公司的外部环境发生变化、竞争加剧，企业需要在某些地区做出战略收缩，将资源集中在重点区域市场、并消减成本，往往需要做出出售部分不动产的决策，以利于公司整体战略调整。②由于现有的不动产利用效率降低、价值被低估，公司出售不动产获取资本利得；另外也有可能在过去购买了低价的不动产，在不动产市场升值时通过出售获得资本利得，获取不动产的投资收益。

2. 公司不动产的出租与分租

公司不动产管理部门一项很重要的工作就是寻找合适的租户，将公司闲置的不动产出租、分租出去，以获得持久和稳定的租金收入。首先，不动产管理部门需要制定一个管理计划，包括公司不动产本身情况分析、周边商用不动产情况分析、营销策略以及公司对不动产的财务目标，最后是管理者制定的应对策略。

出租剩余不动产对公司而言是非常重要的，一般需要三步来完成。①设定租金水平。公司不动产管理部门可以根据不动产的特征、位置、功能、周边商用不动产的供给情况、市场价格等因素来设定合理的租金要求，同时根据不动产内部空间来灵活掌握；②通过营销手段寻找潜在承租户。公司不动产管理者需要在合适的媒体进行广告宣传，并向潜在的承租户展示不动产的情况，通过与潜在承租户的沟通和交流更准确地了解租户的需求想法；③签订出租协议。公司不动产管理者需要参与出租合同的签署，同时也是和承租企业保持持续地联系。公司不动产的管理部门需要保证承租企业满意，对租户企业的合理服务要求采取快速反应。每份出租合同都会涉及续租问题，而较高的周转率会给公司带来损失、增加经营费用。

(三)公司不动产的使用管理

公司在拥有不动产之后，在使用过程中需要进行科学管理，包括日常的基础管理和对不动产的翻新改造，以充分利用其不动产，达到节约成本、有效利用的目的。

1. 公司不动产的使用、维护与管理

公司不动产的使用、维护管理主要包括三部分内容：物业管理、基础设施管理和公共服务设施管理。公司不动产管理部门应该把精力更多集中在战略层面，而不是在具体的管理工作执行上，所以将基础管理等外包给下游的专业公司，对大多数公司来说是明智之举。

2. 公司不动产的更新改造

公司新购置的二手不动产或者不动产的再出租、原有不动产的再利用等，都涉及公司不动产的翻新改造。翻新改造能提供更美观的场所、更能满足公司的未来空间需求，如果出租给外部企业还可以提高租金收入。

1)公司不动产的翻新。翻新提高了公司不动产的利用效率，带来新的价值和收益的增长，不动产翻新有以下作用：①通过不动产的内部翻新以及设施的改善，完善和提高不动产的附加功能，使得公司不动产的使用效率更高，能够满足公司对空间的需求；②创造美观的场所空间，更符合公司发展的需要或者满足未来承租者的需要；③公司不动产在翻新过程中，可以伴随着不动产的用图改变、扩建交叉进行，以达到空间的综合利用。

2)公司不动产的改造。公司不动产改造有很多原因，如建筑物已经陈旧，设施已到使用年限，或者现有的建筑空间无法满足公司需要，必须进行内部改造。引入新设备、新设施也需要对原有的建筑物进行改造。不动产进行改造的作用有方面：改变不动产的原有用途、在功能上进行革新。

(四)公司不动产的价值管理

公司从不动产的使用角度看，需要以最低净成本满足企业的空间需要，从公司资产管理的角度看，不动产的管理者必须以实现公司不动产的价值增值。

1. 公司不动产的价值评估

不动产价值评估包括对现有不动产的价值评估和对新持有不动产的价值评估，通过对现有不动产价值评估来为公司做出相关决策提供依据，如现有不动产的利用效率、如何选址定位、是否出租部分不动产等。对新持有不动产的价值评估，利于判断该不动产是否达到公司的整体价值目标。

2. 公司不动产的出售回租

出售回租是融资租赁的一种形式，是指拥有不动产的企业通过出售回租协议出售不动产，然后再租回使用，出售回租在不动产管理中具有重要地位。

3. 公司不动产证券化

不动产证券化是将在实物形式上不能流动、切割的不动产，转变为证券投资形式，物权关系转变为债权或者所有权关系。

证券化后，原本不能分割、流动的不动产成普通投资者可以投资、交易的金融产品，不动产证券化为公司直接融资提供了另外一个途径，便于小投资者投资商业地产，同时便于企业处置不动产。

不动产证券化是一种新的融资手段。公司独立开发或者与开发商共同开发，通过发行小份额、可流通的证券获得直接融资，可以降低企业的筹资成本。通过证券化，对于难以直接进入资本市场发行债券、股票来融资的企业来说意义更加明显。

不动产证券化也是一种资本运作手段。一般认为不动产的收益率比较稳定，收益率较高，不动产证券受到越来越多的投资者，尤其是投资受限的机构投资者的青睐。

增强了不动产的流动性。不动产是非流动性资产、价值量大、投资周期长、变现能力差，证券化后不动产就变成了动产，加诸于证券化工具，公司可以在短期内筹集所需资金，减少投资风险，普通投资者也同时分享公司不动产的投资收益。

第四节　商业地产资产管理

一、商业地产资产管理

（一）商业地产的概念

商业地产是房地产中的一类，指各种非生产性、非居住性物业。商业地产是经营者为顾客提供商品交易、服务及或感受体验的场所。

商业地产作为商品交易的场所，易于被绝大多数人理解。如百货商场、超级市场、专卖店及汽车销售店等都是规模不等的商品交易场所。

商业地产作为提供服务的场所。如餐饮设施、美容美发设施等，消费者在这种商铺物业里，通过得到经营者提供的服务，享受服务的品质。

商业地产作为提供感受体验的场所，如电影城、KTV 量贩、健身娱乐设施等，消费者在这类商业地产里充分感受经营者创造的特别的情景、设施、氛围等，从中得到美感、娱乐、健康等，而经营者在此过程中实现收益。

相对于住宅房地产而言，商业地地产具有以下特点：

1）收益性强。住宅用房地产收益主要在售价与建造成本的差价上，而商业地地产则主要是租金收入。租金收入的高低主要并不在于售出价与建造成本的对比，而受到多种因素的影响。地段的繁华程度、建成后的经营管理、商业企业的品牌商誉都会对租金收入产生影响。同时，商业地地产的收益性还来自物业价值的上升，特别是在一些大都市，如我国的北京、上海、广州、重庆等。住宅房地产的收益是一次性的，虽然推行分期付款，但是只是收款期的延后，收益仍然是房屋出售时就确定的。商业地地产收益则是一系列的现金流，而且具有不确定性的特点。

2）经营方式多种多样，以租赁经营为主。住宅房地产一般采用出售的方式，就算有住宅租赁的存在，也是租赁商先向房地产开发商购买后进行租赁，一般不存在房地产商直接兴修住宅租赁的现象。而商业地地产则以租赁为主，通过将各个店铺出租给商业经营主体获取收益和价值补偿。商铺只租不售不仅可以科学地对整个商场进行业态业种配置，而且能保证及时进行商业布局调整。这是商业经营发挥集聚效应的首要条件，有利于顺利度过商场培育期。

3）风险大。住宅用房地产在房屋出售后，开发商就可以获得价值补偿和收益，而商业地产的回收期更长，甚至延续到整个商业地产的存续期。住宅房地产在建筑完工房屋售出后就可以确定损益，价格的高低主要受到区位、建筑结构、建筑面积等因素的影响，这些因素在施工之前可以预先确定，施工和售出过程中不会发生太大的变化；而商业地产的收益除了受上述因素的影响外，还会受到其他因素的影响。例如，在商业地产很长的投资回收期内，周边经济环境、交通状况、人流状况、居住人群乃至政府的政策都会对收益产生极大的影响。此外，建成后商业地地产的经营状况也会大大影响收益。而且，商业地产的经营一般要经过 2～3 年的过渡期才能趋于成熟，在这一期间内随时可能面临调整和亏损。因此，商业地产经营的风险比较大。

4）投资规模大。购物中心、特色商业区、Shopping Mall 等的建设一般都需要大量资金，而且，如前所述，商业地产经营一般还要经过 2～3 年的过渡期，需要有雄厚的资金准备。而且，投资收益的回收期较长也需要占用大量的资金。

5)经营管理要求高。住宅用房地产在售出后，主要是物业管理方面的内容，而商业地产的经营，其成败直接关系到商业地产的盈利状况。同时，商业经营直接面向市场，本身就具有极大的风险，竞争也相当激烈，因而对商业地产的经营管理要求比较高。目前的商业地产开发商或者将商场出租给商业集团，或者引进具有丰富商业经验的高级人才进行商业管理，将商业作为房地产之后的后续投资项目。

6)经营内容多种多样。在同一宗商业地产中，往往会有不同的经营内容，即包括各种各样的商业经营方式和商品，有时还会涵盖大部分第三产业的内容。餐饮、娱乐、金融等服务业都会出现在商业地产的经营中。

(二)商业地产资产管理

1. 商业地产租赁价格的确定

商业地产租赁价格的高低将直接影响到商铺物业的出租率和租金收入，所以商业地产租赁价格的确定也是销售策划的一项重要工作。开发商在决定某一商业地产的租金前，都要针对具体影响其租金的因素进行详细的市场调查，并预测其未来的发展趋势，所以了解影响商业地产租金的因素是十分必要的，通常有以下几个方面：

1)投资成本。商场的租金收入必须能在投资者预期的时间内抵偿投资成本并带来一定水平的投资回报，一般可以采用资金流量现值法估算成本租金。

2)周边商业地产价格。周边商业地产的价格水平往往反映了该区域内商业地产供求状况和商业环境。新的商业地产租金若高于或低于周边市场一般租金水平，可能都会导致投资者利益受损，因此，新商业地产租金的确定很难摆脱其周边商业地产租金水平的影响。

3)周边同类型商业地产的供求状况。如果周边同类商业地产很多，租金上涨的可能性就低，并且有时往往还会造成租赁价格的恶性竞争；如果该商业地产业态比较新或经营产品利润前景好，则租金上涨的可能性较大。

4)商业地产所处的具体位置。有时商铺物业处于同一区域的不同位置，其租金水平的差异也会很大，通常在同一幢建筑中的不同楼层，其租金也会有很大差异。

5)商店的业态。业态不同的商场，获利能力和租金承受水平都不一样。有研究资料表明，经营化妆品、珠宝首饰等商品的商店，其租金承受能力最强。

6)经营商的类型。一般租给一个独立的大型经营商比分散小商家的租金水平低。

2. 商业地产租赁价格策略

在商业地产租赁招商过程中，为了实现预期的战略目标，开发商经常会根据不同的产品、市场需求和竞争状况，采取灵活多变的租赁价格策略。

1)动态租赁价格策略。动态租赁价格策略是商业地产租赁中惯用的手法，即是指低价入市，逐年调整的租赁价格策略。一般来说，一个新的商业地产，其经营状况都有一个由冷到热的市场培育过程，快则几个月、半年，慢则二、三年甚至更长。采用低价入市、逐年调整的租价策略，与商场经营发展趋势相切合，易于得到经营者的认同，同时由于首年租金低，也容易给商家造成低成本经营的印象，便于市场的租赁招商工作。采用这种策略时，根据租约期的长短，和该商业地产未来的发展趋势，提出调整租金水平的合理方案，保证整体租金水平均衡。

2) 静态租赁价格策略。所谓静态租赁价格策略，就是指在租约期内租金保持同一标准不变。一般所处地段位置较好或有经营特色的商业地产都采用这种租金策略。采用静态租赁价格策略，不仅可以提升开发企业的社会形象，而且还可以显示出商场开发商对商场的未来充满信心。此外，对于一些地段好、定位高的商业地产采用静态租赁价格策略，可以预先淘汰部分实力较低的经营者，起到对经营商的筛选作用，为后续顺利经营打下基础。

3) 免租策略。免租策略，就是在商场刚开始营业的一定经营期内。免除经营者缴纳铺位租金的义务。这种策略常被用于初始招商比较困难的商业地产，免租其实就是以最大程度的降低经营成本来吸引商家承租。免租策略实际上是一把双刃剑，一方面它可以使商业地产在短期内达到很高的出租率；另一方面，靠免租策略招来的商家忠诚度很低，经营状况如果不理想，很快就可能撤场，商场在今后的一段时间内会面临很大的经营压力。在上海七浦路兴旺服饰市场中，由于当时其四楼和五楼租赁招商十分困难，所以最后采取了免租一年的策略，由于其主要经营的是外贸服饰批发，业态比较独特，利润较高，所以在免租的一年后商家纷纷的开始续租，而且租金甚至达到了每年 2.5 万元/平方米。

3. 商业地产租赁营销策略

为了能够成功实现商业地产招商租赁目标，往往会采用多种促销方式，现在项目租赁招商中通常采用的方式有以下几种：

1) 广告媒体策略。广告是企业用来向招商目标群传递招商信息的一种推介方式，这种方式涉及范围广，受众多。它常常会通过报纸、杂志、广告牌、电视等表现方式，将有关招商租赁信息传递给相关的商品经营商，从而激发经营商租赁经营的冲动。

2) 招商人员推销。招商人员推销是指招商人员通过商品标牌寻找目标经营商，并与目标经营商面对面的交谈，在向其推介本商业地产租赁信息的同时，了解经营商对本商业地产的意见和建议的一种租赁营销方式。一般采用这种方式进行租赁营销的成功率比较高，但这种方式所涉及的市场范围有限，且成本(时间、资金成本)高，此外对招商人员素质要求较高。现在很多大型的高级商场主要都采用该种招商租赁的方式引进国际国内的一流品牌经营商。

3) 租赁促销策略。租赁促销是指商业地产通过减免租金、广告费、管理费或者建设费等直接的优惠活动来刺激目标经营商租赁本物业的租赁促进活动。

4) 公共关系策略。公共关系策略是借助于公共传播媒体，由有关新闻单位或社会团体进行的宣传活动，由于它是以新闻形式出现，可以引起公众的高度信赖和注意，消除其戒备心理。现在有些公司在媒介刊登的软广告就属于该种类型的租赁营销策略。

二、商业地产运营管理模式

1. 零散销售、统一经营模式

商业地产选择这种商业运营管理模式，其销售模式选择零散销售，资源获得方式选择自筹资金并依赖销售回款来进行滚动式开发，其后期的商业运营采取统一运营的模式。这种模式主要应用于国内企业开发的商业街、批发市场等类型的大型商业地产项目，也是应用较广的一种运营管理模式。

零散销售是目前大部分商业地产开发公司采取的办法。物业一旦被分割出售，就意味着一个完整的商业设施在所有权和经营权上都被彻底分割，失去了它的整体性。物业被拆零销售后，一般有两种选择，一是由开发公司招一家或多家主力商户，采取返租的形式对全部或部分物业统一经营；二是由各个业主各自经营，开发公司提供指导意见并实施物业管理。这一策略的优点是能很快收回投资，单位售价很高，同时能保证商场经营规范和经营档次，适合规模较大!潜力大的物业。采取这一方式存在的风险是，由于整体物业被拆成一个个小块，给日后的商业经营管理埋下隐患，一旦经营业绩不佳，不仅开发商品牌受损，楼盘及附近住宅物业的品质都会下降，业主和投资者也不能获得稳定的租金收益。

2. 零散销售、各自经营模式

主要是由购买商铺的业主各自进行自主经营自我管理，开发商将不再对各个业主进行指导或干预。这一模式适合规模不大、档次一般的底端商户和商业街等类型的商业地产。采用这一运营策略的优点是开发商能尽快收回投资，且平均售价较高，可以获得较多的利润。风险是开发商缺乏对项目的整体控制力，不容易对项目进行后期干预。散户自身调节的经营风险也很大。因为一个整体性差、经营格局紊乱的商场是不会有好的效益的，由于缺乏主力店，影响力相对较弱，业主受短期利益的驱动，各自小规模经营很容易改变整个商场的预期用途，容易变成街头的大排档，实际回报与预期收益可能远不如预期所得。另外，如果是商住相结合的物业，底端商户层次的下降有可能导致住宅商品房价值的下跌。

3. 整体出售、整体经营模式

采用了开发商对物业整体出售方式，开发商采取这种模式主要是对商业经营不熟悉，也不准备进入该商业领域，其企业相对实力较弱，有一定的资金压力与风险。购买者往往是对商业投资运作非常熟悉、资金实力雄厚的公司。这一策略适合于规模较小、档次一般的物业，其优点是开发商能尽快收回投资，资金风险较小，但由于一次性投入过大，与购买者谈判有一定难度，所以往往整体售价较低。

这种模式采取先租后售、租金抵房款的方式进行。即在首付一定的现金之后，用每年的房租逐年抵算房款，实际上是种按揭分期付款的方式。与一次性付款相比，这种方式的优点在于能够和经营者共担一部分风险，因而会吸引更多的投资者，有利于谈判的进行；缺点是开发商承担了一部分风险，资金回笼慢，不利于开发商下一期项目的开发。

4. 整体出租、整体经营模式

这种模式主要适用于无商业开发经验的开发商、资金实力雄厚的开发商、经营相对保守的开发商和售后返租的产权式物业开发商。

开发商采取将项目整体出租的形式，不出售物业，资源获得方式是依靠开发商自身前期的筹资及后期的项目租金来完成，后期的商业运营采用的是由商业企业统一运营或整体运营。整体租赁是指开发商不将物业出售，而将开发项目整体出租给一家商业企业，由这家商业企业对项目进行整体商业规划及经营，开发商每年向商业企业收取约定的租金。采取这一模式的开发商往往实力较为雄厚，有一定的资金支持并且与国内外著名大型商业品牌特别是连锁超市在投资开发前就组成了战略联盟来进行商业定位。

这种方式的优点是不需设立专门的经营公司和配备专业的商业人员，节省了开发的项目后期费用，且交易简单，结算方便，物业可进行抵押贷款，有利开发新的项目，物业的升值空间潜力较大，带租约更方便于口后整体的销售与租赁。而缺点是收益低，其回报率在3%～5%，租期过长，物业就算升值，其套现的难度也会使得资金不容易实现；租户的经营失败而导致没法交租的风险较大，因此对租户的风险能力评估要求准确。

这一运营管理模式的另外一个变通模式是“租售”相结合。其特点是整个物业被拆成两部分，大部分以较低价格出租给商业巨头，以获得商业巨头的资金支持与品牌影响力，小部分则拆零高价销售、各自经营。主力商户的进入，利用其强大的影响力可带来极大的人流，以提高该地段的升值潜力，同时极大地提高其他物业的租金或售价。同时还存在着上述两种运营管理模式的结合体一层(或片)与散结合出租模式，即在确定了项目的定位后，采用分层(片)出租的模式引进若干主力店，之后再利用主力店的品牌效应与其自身的影响力，对各类中小店进行招租。目前国外多数大型购物中心采用此模式。

5. 零散出租、各自经营模式

这种运营管理模式是开发商不出售物业，而是采取零散出租的形式，资源获得方式是依靠开发商前期自身筹得的资金及后期获得的租金，后期的商业运营管理采用的是商户各自自主经营，专业管理公司进行指导。采用这种运营管理模式的商业地产类型主要为专业批发市场和商场等。

零散出租亦称分散出租、零租，开发商在确定某一主题功能下对各个铺位进行招租，租期相对较短，一般为 2～5 年；开发商帮助租户统一办理相关的营业执照、税务登记，甚至代开销售发票、财务结算等，以节省商户的运营成本，以吸引更多的商户。许多成功运用该模式的案例大多为大型专业批发市场，如深圳赛格电子配套市场，华强电子世界等。当然也有处于黄金地段，专门针对国内外著名品牌的高档次的零散出租项目。这种方式有其优点，如租金很高，开发商收益容易实现最大化；物业升值空间潜力较大，容易出售；租期短，容易改变商铺的功能或转变、调整经营模式。同时也有明显缺点，表现为需设立专业的经营管理公司负责经营管理，其所支出的成本较大；需充分重视前期的市场定位，功能定位的策划工作，以防止出现与预期的不一致性；对招商能力的要求较高；对日常经营能力的要求高；其经营风险一也较其他前几项大。

6. 融资基金、资产装入上市公司模式

这种运营管理模式是开发商不出售物业，而是采取零散出租的形式来进行资金的回笼，资金的获得方式是依靠开发商各种渠道的前期融资及后期的租金来完成，后期的商业运营采用的是统一经营管理，采用这种运营管理模式的商业地产类型主要为国外商业地产开发商在国内开发的大型购物中心和商场等。

商业地产项目尤其是购物中心的开发对资金要求很严格，通常情况下，开发商开发项目都是开发商自己进行一部分融资，向银行贷款一部分。但随着国家宏观调控政策的出台，使得商业银行对商业地产开发贷款的支持力度大幅下降。而房地产信托投资基金对商业地产的开放，给开发商们提供了更多的的融资渠道。这种新型模式也在逐步被大多数的开发商所接受认可，并受到了地产大鳄的广泛青睐，境外融资借信托投资基金上市是他们发展的重要手段之一。

案例分析 10-2

价值是地产行业的核心，所有的项目运营都会围绕着这个核心来运转。商业地产运营也不例外，如何提升价值，实现利润最大化是所有商业地产运营者最为关注的问题。商业地产运营关注的关键点在于经营和管理。这一点在商铺投资运营中非常明显，它也会决定商铺是否能成功取得预期价值的基础，抓好商业经营管理，是商业规律的需求，也是经营者、投资者的理性需求，从某种意义上说，商业经营就是商铺开发的根本。随着商业管理咨询市场的逐步成熟，现在越来越多的投资者开始关注商铺的经营管理，对经营管理公司的能力、经营推广费用的来源与支出，具体的推广思路等询问得非常仔细。打好经营管理这张牌，对于商场的招商、销售、经营有着极强的催化剂作用。

商业地产的管理还应该拥有专业的策划和推广，如今是信息时代，许多行业都要走信息化路线。所以除了住宅物业管理的保安、清洁等基本的工作外，更重要的是商场整体的经营推广，包括商场整体品牌形象的建立和宣传、经营分区的管理、商场经营推广计划的制订和执行、节假日促销活动的组织、商户经营品质的监管、商家的退租、转让、重新招租、租户售后服务的监督等。为保证商业项目的存活与持续的发展，应是运行项目前期从这五点入手：市场定位、项目规划、招商、购物环境、运营管理、业管理咨询，对商业项目有具体的认识，便于后期的把控。总之商业地产运营管理并不简单，它需要多方面配合，将每一项工作都做到尽善尽美，才能获得得更高的价值。而对于那些没有商业项目开发经验的开发商，就要选择有经验，有实力的商业管理公司进行合作，确保项目的运行过程中将风险降至最低。

思　考　题

1. 什么是不动产资产管理，不动产资产管理有何特点？
2. 国有建设用地的供应应该符合什么条件，有哪些供地方式？
3. 简述公司不动产资产管理的内容。
4. 以某企业为例，调查一下该公司如何进行不动产资产管理的。
5. 简述商业地产的运营管理模式。

第十一章　不动产资源的信息化管理

【章节介绍】本章介绍不动产资源信息化管理，内容包括信息化管理基础概念、不动产信息化建设、不动产信息化管理以及不动产信息化管理系统开发与应用。本章节所介绍的信息化建设主要是运用GIS技术，要求了解信息化管理体制与软件的设计，认识空间数据库、遥感影像数据库、数字高程模型数据库等的管理，掌握GIS软件的基本操作。

第一节　信息化管理基础概念

一、信息化管理概述

(一)信息化管理的概念

信息化管理是指对于信息化的战略规划、组织实施、工程监理、应用调控及基于信息化的管理创新和绩效评价的过程。信息化管理包括信息化建设管理和信息化应用管理两大领域。

信息化建设管理就是对信息化建设的全过程进行管理，即对是否进行信息建设，信息化建设达到什么目标，如何高效地进行信息化建设等实施规划、组织、监督和调控。信息化应用管理包括对信息化应用过程的管理和应用信息化建设成果进行管理。即在信息化项目建设完成投入使用后，对信息化项目或系统应用全过程进行管理，以保证信息化建设成果得到广泛、有效和安全的应用。信息化建设管理与信息化应用管理相辅相成，缺一不可。信息化建设管理是信息化应用管理的基础和前提，信息化应用管理是信息化建设管理的延续和深化。

(二)信息化管理的内容

信息化管理内容广泛。从信息化管理的对象来看，有信息基础设施建设与应用管理、信息系统与应用建设管理、信息资源建设与应用管理、信息化保障体系建设与运行管理；从信息化管理的范围来看，有国家信息化管理、地区信息化管理、行业信息化管理、社会组织信息化管理；从信息化管理的职能来看，有信息化战略规划、信息化组织实施、信息化工程监理、信息化应用调控、信息化管理创新、信息化绩效评价等；从信息化管理的手段来看，有行政手段(如信息化管理体制、信息化政策与制度)、法律手段(信息化法规、标准)、经济手段(信息化建设财政拨款、资金融通、税收调节)、技术手段(信息系统开发与应用)。

(三)信息化管理的作用

1. 优化投入结构，减少投资浪费

目前，我国信息化投入结构不尽合理，造成了一定的浪费。信息化建设中“重硬件轻软件”、“重网络轻数据”的倾向比比皆是。有些地区和单位往往把信息化简单地理解为计算机化加网络化，把硬件设备投入的多少作为信息化建设程度的衡量标准，片面追求国内一流甚至国际一流水平，却舍不得拿出几万元购置正版软件和投资软件开发，致使耗费巨资建设的计算机系统和网络因为没有多少实际内容的信息而没有起到应有的作用。

2. 加强协调共享，消除“信息孤岛”

在很多地区，部门之间的信息设计和实施一般都是在缺少总体规划的情况下分散开发，孤立设计的，大多数行业缺乏统一的信息化技术标准和服务规范，从而形成了区域之间、行业之间的宏观“信息孤岛”，数据难以统一协调，地区之间、行业之间难以实现信息资源共享。一些社会组织的信息系统大多都是在现有的管理模式上建立起来的，数据流程模仿手工业流程，信息编码也没有按照统一标准，形成了内部的“信息孤岛”，无法实现内部信息资源共享。

3. 缩短建设周期，提高建设质量

大多数信息化建设项目投资较大，建设周期较长，加之有些信息化建设工程目标不精确、任务边界模糊，在建设过程中又经常被更改，影响了工程进度，延长了建设周期。加强信息化管理，通过信息化组织实施中的人员组织和时间管理及信息化工程监理中进度控制，合理选择外包内容和方式，科学安排人员和时间，提高建设工作效率，避免消极怠工和时间浪费，保证按期完成建设任务，甚至缩短建设周期；通过信息化组织实施中的质量管理和信息化工程监理中的质量监理，可以全面掌握建设单位的建设要求和承建单位的设计意图，明确信息化项目的质量要求，随时纠正项目建设中的质量偏差，保证信息化建设项目的质量。

4. 充分有效应用，保证正常运行

“重开发轻维护”、“重建设轻应用”是前一阶段我国信息化发展中的主要问题，目前虽然这一状况有所改善，但信息基础设施和信息系统运行管理并没有得到应有的重视，甚至认为信息系统一量运行起来就万事大吉，信息化系统和信息资源利用程度及使用效益还不高，很多部门的计算机应用水平仅停留在办公自动化和收集信息、检索资料等阶段，造成了资源浪费。

5. 促进流程重组，失去管理创新

信息化建设和发展不仅仅是信息和网络技术的应用问题，更重要的是管理理念的转变、管埋方式的创新和业务流程的重组问题。我国现行的管理理念、组织结构和业务流程难以充分发挥信息化的作用和效果。例如，很多地方存在着片面强调提高工作效率的现象，只简单的把手工流程复制到计算机，忽视了根本的业务流程再造，导致高技术与低效率并存的结果。信息化应用与管理创新相辅相成。要真正发挥信息化的作用，必须把信息系统和信息技术作为改进管理方式方法的前提和基础，必须要改革现有的阻碍信息化效率发挥的管理理念、管理体制和业务流程。加强信息化管理，可引发和促进信息资源理念、开放共享理念等现代管理理念的形成，推进组织结构的扁平化和虚拟化及组织规模的小型化和精悍化，真正实现业务流程和管理流程的重组。

二、信息化管理体制

(一)信息化管理体制的概念与功能

1. 信息化管理体制的含义

信息化管理体制是指在一定范围内对信息化管理活动进行管理的管理机构设置、领导隶属关系和管理权限配置及保证信息化管理顺利进行而建立的一切规章制度的总称。信息化管理体制的含义包括以下几个要点。

1）信息化管理机构是信息化管理体制的载体或组织形式。如果没有一定的信息化管理机构，信息化管理人员就无法施行信息化管理职权，管理职能就不能发挥作用，信息化管理体制也就失去了存在的形式。因此，信息化管理体制的建立、改革和完善，总是伴随着信息化管理机构的建立、改革和完善而进行的。

2）信息化管理体制的核心是各级信息化管理机构的权力和职责的划分。任何信息化管理体制的建立、改革与完善，都是围绕着信息化管理机构职权的划分或分配进行的。所以，信息化管理职权是构成信息化管理体制的基本要素，信息化管理职权的划分或分配在信息化管理体制中占有重要地位。

3）一定的规章制度是信息化管理体制不可缺少的组成部分。没有一定的规章制度，信息管理职权就不能很好地行使，信息化管理机构就不能很好地运行，信息化管理体制也就失去了意义。因此，建立必要的规章制度是完善信息化管理体制不可缺少的一个环节。

2. 信息化管理体制的层次

信息化管理体制可分为宏观、中观和微观三个层次：第一个层次是宏观信息化管理体制，一般是指一个国家的信息化管理体制；第二个层次是中观信息化管理体制，包括地方信息化管理体制和行业信息化管理体制；第三个层次是微观信息化管理体制，指一个社会组织的信息化管理体制，如政府机构的信息化管理体制、企业信息化管理体制等。

3. 信息化管理体制的功能

①领导和指挥功能。通过管理体制，参与信息化管理的人员往往要代表国家行使权力，对信息化活动进行领导。②权力分配功能。通过适当的管理体制，参与信息化管理的各方按一定规则办事，明确各自的权利与义务，以此保证信息化活动的顺利进行。③分工协作功能，管理体制既是各种力量在信息化管理中发挥其作用的外在表现形式，也是彼此间分工协作的一种表现。④提高效率功能。讲究效率是衡量任何组织结构的基础，离开了效率，信息化管理体制的改革就变得毫无意义。

（二）信息化管理机构的类型及其职能

设置专门的信息化管理机构是信息化管理体制建设的重要内容。信息化管理机构有四种类型，不同的信息化管理机构有不同的功能。

1. 信息化管理决策机构

信息化管理决策机构是从事信息化管理的最高领导机构。其职能主要是负责解决、协调信息化建设中的重大问题，从信息化战略目标出发，进行信息化战略规划，通过分析，做出正确的决策；在信息化战略指导下，设计信息化建设方案和信息化管理制度，整合社会信息资源；督促检查工作，并建立科学的审议和评估机制。我国的国家信息化领导小组就是我国信息化宏观管理的最高领导机构。

2. 信息化管理执行机构

信息化管理执行机构是从事信息化管理的中层领导机构，是负责组织和管理信息化建设中某一专门事务的常设职能机构。其主要职能是在信息化管理决策机构的领导下将决策变为指令性信息，发布管理命令、指示，做出指令性计划。例如，我国的国务院信息化工作办公室是国家信息化领导小组的办事机构，是典型的信息化管理执行机构，具体承担国家信息化领导小组的日常管理工作。

3. 信息化管理咨询机构

政府部门不可能解决社会信息化建设中的所有问题，因而需要建立信息化管理咨询机构。信息化管理咨询机构的职能主要是为信息化管理决策机构提供各种建议。信息化专家委员会、信息化咨询委员会等都可以看作信息化管理咨询机构。例如，新加坡政府建立了电子政务咨询委员会，委员会由行政事务主管负责，成员来自国内各主要民间和公共机构，该委员会有两项职责：①从全球发展趋势及其对新加坡的影响角度向政府提供建议；②对电子政务工程实施的效果进行反馈并提出建议。

4. 信息化管理监督机构

信息化管理监督机构是对各种信息化管理机构及其管理活动进行监督检查的职能机构，如信息化法制委员会。信息化管理监督机构是建立健全信息化管理体制制衡机制的重要组成部分，是促使信息化管理机关及其工作人员依法管理、忠于职守的重要保障。

第二节　不动产信息化建设

我国不动产登记的职责分布在多个部门。许多城市实行房、地分开登记，国有建设用地使用权在土地管理部门登记，其上房屋则在房产管理部门登记；此外，我国统一进行的不动产登记包括国有建设用地使用权在土地管理部门的登记，房屋在房产管理部门的登记；草原、滩涂在农业部的登记；林业资源在林业局的登记；登记程序、标准等也各有不同。这种分散登记的局面是基于历史等各方面原因而形成的。随着经济社会的发展，特别是市场经济对归属清晰、权责明确的产权制度要求越来越高，这种做法逐渐产生了越来越多的弊端，越来越不适应经济社会发展的需要。

目前一些大中城市建立了许多与房产有关的GIS管理信息系统，如郑州、长沙、上海、北京等管理局建立了基于GIS的房产管理信息系统，以实现诸如房产测绘、房产档案、产权产籍、房地产交易等方面的管理与分析。如：广州市房地产测绘所和广州市欧克地理信息技术有限公司联合开发了基于GIS技术的房产测绘与业务管理信息系统，可方便、快速计算出商品房的套内面积、分摊公用建筑面积、统计套内各种信息、出面积统计表格及自动绘制出分层、分户平面图等，大大提高了配发房产证与预售楼面积计算的工作效率。

一、GIS简介

(一)基本概念

地理信息系统(geographical information system，GIS)是在计算机软硬件支持下，对整个或者部分地球表层(包括大气层)空间中的有关地理分布数据进行采集、存储、管理、运行、分析、显示和描述的技术系统。地理信息系统处理和管理的对象是多种地理空间实体数据及其关系，包括空间定位数据、图形数据、遥感图像数据、属性数据等，用于分析和处理一定地理区域内的各种想象和过程，解决复杂的规划、决策和管理。

（二）GIS 系统构成

完整的地理信息系统主要由四个部分组构成，即计算机硬件系统、计算机软件系统、地理空间数据和系统操作管理人员。其中计算机硬件、软件系统是 GIS 使用工具，空间数据库反映了 GIS 的地理内容，而管理人员和用户则决定系统的工作方式和信息表达方式。

1. 硬件系统

计算机硬件系统是计算机系统中电子的、机械的和光的元件或配置等的实际物理配置的总称，是 GIS 的物理外壳。GIS 由于其任务的复杂性和特殊性，必须由计算机设备支持。构成计算机硬件系统的基本组件包括计算机主机、数据输入设备、数据存储设备、数据输出设备等。计算机主机主要包括中央单元处理器、单元处理器等；数据输入设备主要包括数字化仪、扫描仪、数字摄影测量仪器等；数据存储设备主要包括磁盘、磁带、光盘等；数据输出设备主要包括激光打印机、笔式扫描仪、打印机等。这些硬件组件协同工作，向计算机系统提供必要的信息，使其完成任务。

2. 软件系统

GIS 运行所需的软件系统有三个。

1）计算机系统软件。由计算机厂家提供的，为用户开发和使用计算机提供方便的程序系统，通常包括操作系统、编程系统、编译系统、诊断系统、库程序，以及各种维护使用手册、程序说明等。这些是 GIS 正常运行工作所必需的基本软件。

2）地理信息系统软件和其他支持软件。包括通过地理信息系统工具专门开发的 GIS 软件包，也包括数据库管理系统、CAD、计算机图形软件包、计算机图像处理系统等，用于支持对空间数据的输入、存储、转换、输出与用户接口等操作。

3）应用分析程序。系统开发人员或用户根据地理专题或区域分析模型编制的用于某种特定任务的应用程序，是系统功能扩展与延伸。在 GIS 工具支持下，应用程序的开发应是动态的，与系统的物理存储结构无关，并能随着系统应用水平的提高不断优化和扩充。应用程序作用与地理专题或区域数据，构成 GIS 的具体内容，这是用户最为关心的真正用于地理分析的部分，也是从空间数据中提取地理信息的关键。用户进行系统开发的大部分工作是开发应用程序，而应用程序的水平在很大程度上决定系统应用的优劣和成败。

3. 地理空间数据

地理空间数据是地理信息系统的操作对象和管理内容。它是以地球表面空间位置为参照的自然、社会和人文经济景观数据，可以是图形、图像、文字、表格和数字等。它是由系统的建立者通过数字化仪、扫描仪、键盘、磁带机或其他系统通信设备输入 GIS，是系统程序作用的对象，是 GIS 所表达的现实世界经过模型抽象的实质性内容。不同用途的 GIS，其地理空间数据的种类、精度均不相同，主要包括空间数据和非空间的属性数据。

4. 系统开发、管理和使用人员

人是构成 GIS 的重要因素。地理信息系统是一个动态的地理模型，从其设计、建立、运行到维护的整个生命周期，处处都离不开人的作用。仅有系统软硬件和数据还不能构成完整的地理信息系统，它必须处于相应的机构和组织环境内，需要人进行系统组织、管理、维护和数据更新，以及系统扩充完善、应用程序开发、并灵活采用分析模型提取多种信息，为研究和决策服务。

（三）GIS 功能与应用

地理信息系统要解决的核心基本问题包括位置、条件、趋势、模式和模型。从数据准备到系统完成，必须经过各种数据转换，每个转换都可能改变原有的信息。因此，可以把 GIS 功能分为五个方面。

1. 数据采集与输入

数据采集与输入，即将系统外部原始数据传输到 GIS 系统内部，并将这些数据从外部各式转换到系统便于处理的内部格式的过程。对多种形式和来源的信息要经过综合和一致化的处理过程，主要数据输入方式有图形数据输入、栅格数据输入、测量数据输入和属性数据输入。数据采集与输入要保证地理信息系统数据库中的数据在内容与空间上的完整性、数值逻辑一致性与正确性等。一般而言，地理信息系统数据库建设的投资占整个系统建设投资的 70%或更多，并且这种比例在近期内不会有明显的改变。因此，信息共享与自动化数据输入成为地理系信息系统研究的重要内容。

2. 数据编辑与更新

数据编辑主要包括图形编辑和属性编辑。图形编辑主要包括图形编辑、图形整饰、图幅拼接、投影变换、误差校正和建立拓扑关系等；属性编辑主要与数据库管理结合在一起完成。数据更新则要求以新的数据项或记录来替代数据库中相对应的原有数据项或记录，是通过删除、修改插入等一系列才做来实现的。由于空间实体都处于发展进程中，人们获取的数据只反映某一瞬时或一定时间范围内的特征。随着时间推移，数据会随之改变，数据更新可以满足动态分析之需。

3. 数据存储和管理

数据存储即将数据以某种格式记录在计算机内部或外部存储介质上，其存储方式与数据文件的组织密切相关。数据存储与管理是地理信息系统数据库的关键步骤，涉及属性数据和空间数据的组织。栅格模型、矢量模型或栅格/适量混合模型是常用的空间数据组织方法。空间数据结构的选择在一定程度上决定了系统所能执行的数据与分析的功能，在地理数据组织与管理中，最为关键的是如何将空间数据与属性数据融为一体。属性数据管理一般直接利用商用关系数据库软件（Access、Server、SQL、Oracle 等）进行管理；空间数据管理是 GIS 数据管理的核心，各种图形或图像信息都以严密的逻辑结构存放在空间数据库中。

4. 数据查询与分析

空间查询是地理系信息系统和许多其他自动化地理数据处理系统应具备的最基本的分析功能，而空间分析是地理系信息系统的核心功能，也是地理系信息系统与其他信息系统的根本区别。它主要包括数据操作运算、数据查询检索与数据综合分析。模型分析是在地理系信息系统支持下，分析和解决现实世界中与空间相关的问题，它是地理系信息系统应用进一步深化的重要标志。

5. 数据显示与输出

数据显示是指中间处理过程和最终结果的屏幕显示。地理系信息系统为用户提供了许多表达数据的工具也可以是诸如报告、表格、图形等硬拷贝图件，通常用人机对话方式来选择显示对象的形式。尤其要强调的是地理系信息系统的地图输出功能，GIS 不仅可以输出全要素地图，还可以根据用户需要，输出各种数据、图表、专题图、统计图等。

地理信息系统的实用性、高效率及与其紧密联系的相关学科的推动使其适用性越来越强，成为国家宏观决策和区域多目标开发的重要技术支撑，也成为与空间信息有关行业的基本分析工具。其强大的空间分析功能及发展潜力使得GIS在测绘与地图制图、资源管理、城乡规划、灾害监测、环境保护、国防、宏观决策等方面得到广泛应用。

二、不动产数据的采集

(一) 数据源

1. 地图数据

地图是最基本、最主要的地理信息系统空间数据的来源，它不仅包含实体的类别和相关属性，而且含有实体间的空间关系。无论是哪种类型的图形，都具有相似的表达空间地物及其相互关系的方式，都是通过点(居民点、采样点、高程点、控制点等)、线(河流、道路、构造线等)、面(湖泊、海洋、植被)及注记(地名注记、高程注记、人口注记等)来实现的。地图数据主要通过对地图的跟踪数字化和扫描数字化方式获取。我国大多数GIS系统的图形数据大部分来自地图。

2. 遥感影像数据

遥感是遥感信息的获取、传输、处理以及分析判读和应用的过程。遥感数据是一种大面积的、动态的、近实时的、综合的数据源，包括航空相片和卫星影像，是地理信息系统的重要数据源。航空相片是指安装在飞机上的照相机沿着预定的航向，按照一定的飞行高度和重叠度摄取的地表影像。与地图比较，航空相片所包含的信息内容丰富、客观真实，它不加选择地、详细地记录了在拍摄时刻被摄地区的地表现象，而不像地图内容是经过了地图制图人员的选取和概括的产物。通过对航空相片的解释和野外调绘，可以获取有关地区生态环境各要素数据。卫星影像是通过装载在卫星上的各种遥感传感器探测地物发射或反射的电磁波信息，从而达到识别地物的目的。其优点为像幅面积大、宏观性强，成本低；不足之处为分辨率低、立体观察效果不好。

3. 实测数据和GPS数据

在没有所需的地图或遥感影像数据的情况下，就需要通过野外测量或使用GPS采集数据作为GIS的输入。通过在野外布设一定数量的控制点，利用全站仪、经纬仪、水准仪等对地物进行测量，确定测量区域内地理实体或地面各点的平面位置和高程，经过运算，将其平面坐标和高程坐标转换进入GIS的地理数据库，以便于进行实时的分析和进一步的应用。

全球定位系统(GPS)是一种采用距离交会法的卫星导航系统。GPS导航系统的基本原理是测量出已知位置的卫星到用户接收机之间的距离，然后综合多颗卫星的数据就可知道接收机的具体位置。通过测定测距信号的传播时间来间接测定距离，将无线电信号发射机从地面站搬到卫星上，组成一个卫星导航定位系统，较好地解决覆盖面与定位精度之间的矛盾。GPS有空间部分、地面控制系统和用户设备三部分组成。

GPS具有全球全天候定位、定位精度高、观测时间短等特点。近年来，GPS已经越来越多地应用于GIS数据的野外采集。普通GPS接收器的精度在10～25m，目前最高可达厘米级的精度。大多数GPS接收器将采集的坐标数据和相关的专题属性数据存储在内存中，可以下载到计算机利用相关程序作进一步处理，或直接下载到GIS数据库中，许多还可以将计算机的坐标数据直接转换成另一地图坐标系统或大地坐标系统。

4. 其他数据源

其他数据元包括：文本资料、统计资料、数字数据、原有系统的数据等。

1) 文本资料。文本资料是指各行业、各部门的有关法律文件、行业规范、技术标准、管理条例等，如边界条约等，这些也属于 GIS 的数据。

2) 统计资料。各种类型的统计报告、社会调查数据、基础设施建设等，是 GIS 属性数据的重要来源。

3) 数字数据。随着各种专题地图的制作和各种 GIS 系统的建立，直接获取数字图形数据和属性数据的可能性越来越强，因而数字数据也成为 GIS 数据源的重要一部分。但对数字数据的采用需注意数据格式的转换和数据精度、可信度等问题。

4) 原有系统的数据。GIS 还可以从其他已建成的信息系统和数据库中获取相应的数据。由于规范化、标准化的推广，不同系统间的数据共享和可交换性越来越强，这样拓展了数据的可用性，增加了数据的潜在价值。

各种来源的空间数据，要保证准确匹配在一起。例如，空间数据的地理参照系(地球的形状、坐标系、高程系)的不同，这样图幅往往不匹配，为此需要将一种投影的数字化数据转换为所需要投影的坐标数据，即进行投影转换。

(二) 多源数据的预处理

1. 建立统一的数据标准

不同地区使用的数据标准不一样，这给全国不动产的统一管理带来了一定难度，因而从顶层到底层统一标准有利于管理的实现。

2. 转换成可使用的 GIS 数据

通过对数据的处理,转化成为可以使用的 GIS 数据以更好地为不动产管理提供数据支持。

(三) 数据采集

1. 几何数据的采集

几何数据也叫图形数据，图形数据的输入实际上就是图形的数字化过程。在 GIS 的几何数据采集中，如果几何数据已存在与其他的 GIS 或专题数据库中，那么只要经过转换装载即可；对于由测量仪器获取的几何数据，就把测量仪器的数据传输到数据库中。

目前，较常使用的数字化方式有：手扶跟踪数字化、扫描数字化和屏幕数字化三种。

手扶跟踪数字化设备要求特定的手扶跟踪数字化仪，能处理简单图形要素，效率较高，也适于更新和补充少量内容。手扶跟踪数字化仪一般由感应板(又称数字化板)和定标器(又称游标)两部分组成，对于立式的数字化仪还有一个底座，用于架感应板。

手扶跟踪数字化一般采用点方式、流方式和增量方式。点方式是一种手控图形数字化方式。由操作员选取图形特征点，按动游标上记录点位的按钮获取点的坐标，输入点状地物要素是必须采用该方式。使用点方式，操作员可以根据图形的复杂程度确定特征点的选取密度，此操作就是地图概括的过程。流水方式是将数字化过程半自动化。流方式是一种时控图形数字化方式。数字化仪控制软件每隔预先设置的时间或距离间隔，自动记录游标十字丝交点所在的点位坐标。

扫描数字化设备要求有一定的扫描设备及配套的栅格编辑和矢量化软件；使用时速度较快、精度较高、劳动强度低。扫描数字化的基本思想是：首先通过扫描将地图转换为栅格数据，然后采用栅格数据矢量化的技术追踪出线和面，采用模式识别技术识别出点和注记，并根据地图内容和地图符号的关系，自动给矢量数据赋值属性。扫描仪主要有平板式扫描仪和滚筒式扫描仪两种。平板式扫描仪一般可扫描的幅面较小，主要是普通办公和家庭使用；滚筒式扫描仪可扫描的幅面较大，因此又称为工程扫描仪。

屏幕数字化需要扫描数字化设备以及屏幕数字化软件，当数据量不是特别大，精度要求不是特别高的时候可以采用这种方法。屏幕数字化大致过程如下：准备纸质地图；打开已有的图层或者建立新的图层并进行坐标系统、范围的设置；在纸质地图上建立控制点扫描；配准纸质地图；分层矢量化。屏幕跟踪矢量化流程：准备扫描图像→选择要数字化的地图→识别该图的投影和坐标系统→在图上选取至少 4 个控制点并获取控制点的实际地理坐标，然后将地图扫描成 GIS 软件可识别的栅格图像格式保存。如果没有现成的坐标系统，也可以在图上建立自己的坐标系统并读取相应的控制点的坐标。

2. 属性数据的采集

属性数据又称语义数据、非几何数据，是描述空间实体数据的属性特征的数据，是 GIS 中空间数据的重要组成部分。属性数据的录入和编辑一般是在属性数据处理模块中进行的。

属性数据的录入主要通过键盘直接输入，有时也可以借助辅助字符识别的软件。当属性数据的数据量较小时，可以在输入几何数据的同时键盘输入；当数据量较大时，一般与几何数据分别输入，并检查无误后传入到数据库中。

为了把空间实体的几何数据与属性数据连接起来，必须在几何数据和属性数据之间建立公共标识符。标识符可以在输入几何数据或属性数据时手工输入，也可以由系统自动生成。只有当几何数据与属性数据有共同的数据项时，才能将几何数据与属性数据自动连接起来。当几何数据与属性数据之间没有公共标识码时，就要通过人机交换的方法进行。当空间实体的几何数据与属性数据连接起来后，就可以进行各种 GIS 的操作与运算了。

对于要直接记录到栅格或矢量数据文件中的属性数据，则要对其进行编码，即将各种属性数据变为计算机可以接受的数字或字符形式。属性数据编码一般基于以下原则：编码的系统性和科学性；编码的一致性；编码的标准化和通用性；编码的简捷性；编码的可扩展性。属性编码一般包括三个方面的内容：登记部分；分类部分；控制部分。较常用的编码方法有层次分类编码法与多源分类编码法。

三、不动产数据库创建

（一）数据库概述

在计算机中，一个完整的数据库系统应该由数据库、数据库管理系统和数据库应用系统三个部分组成。数据库是由所有相关文件的总和构成，是按照一定的结构组织在一起的相关数据的结合，是最高一层的数据组织，是信息系统的一个重要组成部分。数据库管理系统是处理数据存储、进行各种管理的软件系统。数据库应用系统是为了满足特定用户数据处理的需求而建立起来的具有数据库访问功能的软件。

同理，空间数据库系统一般由空间数据库、空间数据库管理系统、空间数据库应用系统组成。其中，空间数据库是 GIS 在计算机物理介质存储的、与应用相关的地理空间数据的总和，一般是以一系列特定结构的形式组织在存储介质之上的。空间数据库管理系统的实现是建立在常规的数据库管理系统之上的；空间数据库管理系统是指能够对物理介质上存储的地理空间数据进行语义和逻辑上的定义，提供必需的空间数据查询检索和存取功能，以及能够对空间数据进行有效维护和更新的一套软件系统。它除了完成常规数据库管理所必需的功能外，还要提供空间数据的管理功能。实现该功能一般有两种方法，其一是直接对常规数据库管理系统进行功能扩展，加入一定数量的空间数据存储和管理功能，如具有代表性的 Oracle；另外一种方法是在常规数据库管理至上添加一层空间数据库引擎，以获取常规数据库管理系统功能之外的空间数据存储和管理能力，如 ESRI 中的 SDE（spatial database engine）。由地理信息系统的空间分析模型和应用模型所组成的软件可以可做是空间数据库系统管理模型。

地理数据库（geodatabase）是提供对要素类及其拓扑关系建模的支持，并将几何数据和属性数据统一存储在数据库管理系统中的矢量数据模型。其按照层次型的数据对象来组织地理数据，这些数据对象包括对象类（object classes）、要素类（feature classes）和要素数据集（feature dataset）。

（二）不动产地理数据库创建的一般过程

建立地理数据库的第一步，是设计地理数据库将要包含的地理要素类、要素数据集、非空间对象表、几何网络类、关系类及空间参考系统等；地理数据库的设计完成之后，可以利用目录开始建立数据库：首先建立空的地理数据库；然后建立其组成项，包括建立关系表、要素类、要素数据集等；最后向地理数据库各项加载数据。

在关系表和要素类中加入数据后，可以在适当的字段上建立索引，以便提高查询效率。建立了地理数据库的关系表、要素类和要素数据集后，可以进一步建立更高级的项。例如，空间要素的几何网络、空间要素或非空间要素类之间的关系类等。

1. 地理数据库设计

地理数据库的设计是一个重要的过程，应该根据项目的需要进行规划和反复设计。在设计一个地理数据库之前，必须考虑以下几个问题：在数据库中存储什么数据、数据存储采用什么投影、是否需要建立数据的修改规则、如何组织对象类和子类、是否需要在不同类型对象间维护特殊的关系、数据库中是否包含网络、数据库是否存储定制对象。回答了上述问题后，就可以开始地理数据库的建立。

2. 地理数据库建立

借助 ArcCatalog，可以采用三种方法来创建一个新的地理数据库，选择何种方法将取决于建立地理数据库的数据源、是否在地理数据库中存放定制对象。实际操作中，经常联合几种或全部方法来创建地理数据库。

1）从头开始建立一个新的地理数据库。有些情况下，可能没有任何可装载的数据，或者已经有的数据只能部分地满足数据库设计，这时，可以用 ArcCatalog 建立一个新的地理数据库。

2）移植已经存在数据到地理数据库。对于已经存在的多种格式的数据：Shapefile、Coverage、INFO Table、dBASE Tables、ArcStrom、Map LIBARISN、ArcSED 等，可以通过 ArcCatalog 来转换并输入到地理数据库中，并进一步定义数据库，包括建立几何网络

(Geometric Networks)、子类型(Subtypes)、属性域(Attribute Domains)等。

3)用 CASE 工具建立地理数据库。可以用 CASE 工具建立新的定制对象，或从 UML(unified Modeling Language，一种标准的图形化建模语言，它是面向对象分析与设计的一种标准表示)图中产生地理数据库模式。

3. 建立地理数据库的基本组成项

一个空的地理数据库的基本组成项包括关系表、要素类、要素数据集。当数据库中建立了以上三项，并加载了数据之后，一个简单的地理数据库就建成了。

4. 向地理数据库各项加载数据

可以在 ArcMap 中建立新的对象，或调用已经存在的 Shapefiles、Coverages、IN—FO Tables 和 dBaseTables 向地理数据库中加载数据。

5. 进一步定义地理数据库

对于数据库中加载的数据，可以在适当的字段上建立索引，以便提高查询效率。并可以在建立数据库的基本组成项后，进一步建立更高级的项。例如，空间要素的几何网络、空间要素或非空间要素类之间的关系类等。一个地理数据库只有定义了这些高级项，才能显示出 geodatabase 在数据组织和应用上的强大优势。

(三)向数据库中加载数据

新建数据库之后，可以向数据库里面加入数据。在 ArcCatalog 新建的数据库中点击右键，在导入(Import)中可以选择需要添加数据的类型；之后根据提示往下操作就可以成功加载数据。该过程可以选择需要加载进数据库的数据，也要指定路径和名称。

四、空间分析

(一)缓冲区分析

缓冲区分析是地理信息系统中使用非常频繁的一种空间分析，是对空间特征进行度量的一种重要方法。

缓冲区是在某一类地理实体(如点、线、面实体)周围建立一定距离的带状区域，以识别这类实体的影响范围，或分析它们邻近区域内其他地理实体的分布。换言之，任何目标所产生的缓冲区总是一些多边形，这些多边形将构成新的图层。根据地理实体不同可以分为点缓冲区、线缓冲区、面缓冲区和复杂缓冲区。一个点状实体的缓冲区是以该点为中心，缓冲区距离或宽度为半径的圆；一个线状实体的缓冲区是围绕其两侧的点组成的多边形条带，该多边形边界上的每个点到它的垂直距离等于缓冲带的宽度；一个面状实体的缓冲带是围绕该实体的内侧或外侧的形成的环带，环带的宽度为缓冲带宽度。复杂的缓冲区，则须经过复杂的计算和判断离生成一个复杂多边形或多边形组合。缓冲带的宽度可以根据用户的需要进行定义。

栅格数据的缓冲区与矢量数据类似，即缓冲区分析既可以利用矢量数据运算，也可以基于栅格数据进行。

2. 叠置分析

叠置分析是指在统一空间参照系统条件下，把同一地区、同一比例尺的两层或两层以上的专题要素图层进行叠加，以产生空间区域多重属性特征或建立地理要素之间空间对应关系。根据处理方法的不同，可以分为合成叠置和统计叠置。矢量图层叠置分析有三种类型：点与多边形叠置、线与多边形叠置、多边形与多边形叠置。

(1)点与多边形叠置

点与多边形叠置分析实际上是计算多边形对点包含的关系，即判断一个点位于某一区域之内还是之外。如判断某一水源位于哪一行政区内，查询某一区域范围内城镇的分布情况等。

点与多边形叠置最常见的方法是从判断点引出某一方向的射线，通过判断该射线与被判断区域多边形边界相交的次数来确定点与区域的包含关系。在射线不通过多边形顶点的情况下，当该射线与区域边界相交奇数次时，则该点位于此区域之中；当该射线与区域边界相交偶数次时，则该点位于此区域之外。

通过点与多边形叠置，可以计算出每个多边形类型里有多少个点，不但要区分点是否落在多边形内，还要描述在多边形的点的属性信息。点与多边形叠置的结果通常是一个点状实体矢量图层，每个点既包含了其输入的属性数据，又包含了它所在多边形的区域特征数据。

(2)线与多边形叠置

线与多边形叠置是指在给定的线图层与多边形图层中，比较线上坐标与多边形坐标的关系，确定线与区域的位置关系，其目的是判断一条线状实体是否位于某一区域内。计算过程通常是计算线与多边形的交点，只要相交，就产生一个结点，将原线打断成一条条弧段，并将原线和多边形的属性信息一起赋给弧段。叠加的结果产生了一个新的数据层面，每条线被它所穿过的多边形打断成新弧段，同时产生了一个相应的属性数据表用于记录原线和多边形的属性信息。根据叠置结果可以确定每条弧段落入哪个多边形内，查询指定多边形内指定线穿过的长度。线与多边形叠置分析输出的结果包含了多种图层的属性。若将一幅拟建道路图层与一幅土壤图层叠置起来作包含分析，其结果是产生一个新的拟建道路图。

(3)多边形与多边形叠置分析

多边形与多边形叠置是 GIS 中最常用的空间分析功能之一，也是叠加分析中最典型的分析形式。多边形叠置分析是将多幅面状实体矢量图层叠置起来产生新的矢量图层，基本原理是将两个或多个多边形的图层进行几何相交，即首先求出多边形边界的交点，再根据这些交点重新组织多边形，为每个多边形赋予唯一标识码，建立拓扑关系。输出矢量图层上的多边形是输入图层上图形相交、分割的结果，每个输出多边形的属性是所有输入图层上与其相叠置的多边形的组合。

多边形叠置采用两两叠置的方法，也即具体进行多边形叠置时，每次只能在两幅图之间进行。两幅原图叠置后，将所得的叠置图与第三幅原图叠置，在所得的叠置图上，再叠置第四幅原图，如此下去，直到最后一幅原图被叠置。只有在所有原图叠置完毕后，才进行信息的综合分析。信息的综合分析是在叠置图的基础上，根据事先所确定的分析和评价方案，或根据一定的数学模型进行。

多边形叠加可以用来对数据进行一定区域的裁剪。下面分别介绍 union、intersect、symmetrical difference、identify 等四种常用的叠置，方法其中斜线部分表示输出的图形。

union 保留了来自输入图层中的所有多边形。union 要求两幅输入图层均为多边形图层，输出图层的区域范围对应于两幅输入图层合并后的区域范围。

intersect 仅保留两个图层的公共区域。多数情况下，输入图层可包含不同要素类，一个(输入图层）是点、线或多边形图层，另一个（叠置图层）是多边形图层。intersect 常常是叠置分析的首选方法，因为输出图层的任何要素都同时具有两个输入图层的属性数据。例如，森林管理计划可能需要了解河滨带的植被类型。在类似这种情况下，与 union 相比，intersect 是更有效的叠置方法，因为输出图层仅含有河滨带和河滨带的植被类型。

symmetrical difference 仅保留输入图层各自独有的区域范围内的要素。换言之，对称差异在输出的区域范围上与 intersect 正好相反。并且对称差异要求两个输入图层都是多边形图层。

identify 仅仅保留落在由输入图层定义的区域范围内的要素。另一层称为识别图层。输入图层可含点、线或多边形，而识别图层是多边形图形。

当一幅叠置图产生以后，要消除误差多边形。在原图叠置完成并消除了叠置图上的误差多边形之后，就可以根据所选择的分析方案，以多边形为分析单元，进行多要素综合分析，如统计计算、相关分析、聚类分析、线性组合和因素组合等，从而获得每一多边形的统计属性值，并以此作为多边形分类的标准。在生成的合成图上，可能产生一些具有相同综合属性值的相邻多边形，同时，还会产生许多小的多边形。

GIS 中的地图叠置分析技术实现了空间信息综合分析手段的自动化，避免了手工地图叠置分析过程中可能产生的错误和误差，它将分析、制图、统计和计算等几个环节自动地连接了起来，这是常规方法所无法实现的。它和地理数据库相结合，还可以将分析结果运回到数据库中，为数据库补充新的数据。

栅格数据结构空间信息隐含性信息明显的特点，可以看做是最典型的数据层面，能够极为便利的进行同地区多层面空间信息的自动复合叠置分析。与矢量数据多边形叠置相比，栅格数据具有更易处理，简洁有效，不存在破碎多边形等优点，是栅格数据叠置分析在各领域运算极为广泛。因此，栅格数据通常被用来进行综合地学分析、环境质量评价、区域适应性评价、资源开发利用、规划等多因素分析研究工作。

3. 网络分析

网络分析是空间分析的一个重要方面，是依据网络拓扑关系（线性实体之间、线性实体与节点之间、节点与节点之间的连接连通关系），并通过考察网络元素的空间、属性数据，对网络的性能特征进行多方面的分析计算。网络分析是在线状模式基础上进行的，由于矢量数据结构能更好地描述线状要素间的连接形式，因而一般的地理信息系统中的网络分析功能都是以矢量数据来实现。网络分析是运筹学的一个基本模型，其根本目的是研究、筹划一项网络工程如何安排并的到最好的运行效果，如一定资源的最佳配置、从一地到另一地的运输费用最低等。

对地理网络（交通网）、城市基础设施网络（电力线、电话线、给排水管线等进行地理分析和模块化，是 GIS 网络分析的目的。

在实际工作中，网络数据随着应用的目的、范围、对象而变化，相互间的拓扑关更是动态、复杂而且数量庞大。对于基于矢量数据的网络分析系统而言，还要事先做好显示数据，组织各项点数据，然后取得所有两结点之间的路径长度，再通过 Dijkstra 或其算法取得全部顶点两两之间的路径长度；一旦一个数据变化，全部组织需要重新进行。网络分析主要有路径分析和服务区分析。

现有的 GIS 软件所提供的服务范围分析功能虽在网络数据模型、功能大小、运算效率、应用范围上都有较大的不同，但一般都可利用网络数据结构中所定义的网络特征数据进行计算。例如，对于道路网，网络的特征数据可以包括路段的长度、限速、规定的行驶方向、转弯方向等，这些特征数据对于最短路径的计算、服务范围的划分都有很大的影响。通过运用网络的特征数据进行网络分析，可以更加真实地描述和模拟网络中资源、物质、能量或信息的流动，为规划和决策提供可靠的数据。

第三节　不动产信息化管理

一、空间数据库管理方式

空间数据组织管理主要是确定地理信息系统中的管理方法。GIS 中数据管理方法是随着 GIS 和数据库技术的发展而不断发展。目前，主要有五种数据管理方法：文件管理、文件与关系数据库混合管理、全关系型数据库管理、面向对象数据库管理和对象-关系数据库管理。

（一）文件管理

GIS 中数据分为空间数据和属性数据两类，空间数据描述空间实体的地理位置及其形状；属性数据则描述空间实体有关的应用信息。操作系统实现的文件组织形式，可以分为顺序文件、索引文件、直接文件和倒排文件。顺序文件时最简单的文件组织形式，对记录按照主关键字的顺序进行组织；索引文件除了存储记录本身以外，还建立了若干索引表，记录关键字和记录在文件中的地址；直接文件存储是根据记录关键字的值，通过某种转换方法得到的一个物理存储位置，然后把记录存储在该位置上；倒排文件时带有索引的文件，其中的索引是按照一些辅助关键字来组织索引的。文件管理是将 GIS 中所有的数据都存放在自行定义的空间数据结构及其操纵工具的一个或者多个文件中，包括非结构化的空间数据、结构化的属性数据等。空间数据和属性数据两者之间通过标识码建立联系。

（二）文件与关系数据库混合管理

混合管理模式是目前绝大多数使用 GIS 软件所采用的数据管理方案，并且已经得到广泛应用。在早期，几何数据与属性数据在这种管理模式中，除了 OID（标识）作为连接的关键字段外，两者几乎各自独立组织、管理和检索。就几何数据而言，GIS 系统采用高级语言编程可以直接操纵数据文件，图形用户界面与图形处理是一体的；而属性的用户界面与图形处理界面是分开的，这种情况下经常需要同时启用两个系统（GIS 图形系统和关系数据库管理系统），给使用者带来很大的不便。随着数据库技术的发展许多数据库管理系统提供了更高级的接口在推出开放式数据库连接协议（ODBC）之后，大部分数据库厂商都遵循了该标准，GIS 软件商只要开发与 ODBC 相连接的软件，就可以很好地解决属性数据的问题。

（三）全关系型数据库管理

在全关系型数据库管理方式中，使用统一的关系型数据库管理空间数据和属性数据。用关系型数据库管理系统管理有两种模式：一种是按照关系型数据库组织的基本原则，对变长的几何数据进行关系范式的分解，分解成定长记录的数据表进行存储，该方法比较耗时；另一种是将图形数据的变长部分处理成 Binary 二进制 Block 块字段。目前，大部分关系数据库管理系统都提供了二进制块的字段域以适应管理多媒体数据或可变长文本字段。在GIS软件中，通常把图形的坐标当作一个二元制块交由关系型数据库进行存储管理。这种存储方式虽然省去了大量的关系连接操作，但是二进制块的读写效率比定长的属性字段要低很多。

(四)面向对象数据库管理

面向对象是指无论怎么复杂的实体都可以准确地由一个对象表示，这个对象是一个包含了数据集和操作集的实体。该方法是分析问题和解决问题的新方法，其基本出发点是尽可能按照人们认识世界的方法和思维方式进行分析和解决问题。其基本思想是对问题领域进行自然分割，以更接近人类思维的方式建立问题领域的模型，一边可观的信息实体进行结构模拟和行为模拟，从而是设计出的系统尽可能直接的表现问题求解的过程。为了克服关系型数据库管理空间数据的局限性，提出了面向对象数据模型，并依此建立了面向对象数据库。应用面向对象数据库管理空间数据，可以通过在面向对象数据中增加处理和管理空间数据功能的数据类型以支持空间数据，包括点、线、面等几何体，并且允许定义对于这些几何体的基本操作，包括计算机距离、测量空间关系等，甚至缓冲区分析，叠加分析等稍微复杂的运算也可以进行。对象数据库管理系统提供了对于各种数据的一致的访问接口以及部分空间服务模型，不仅实现了数据共享，而且空间模型服务也可以共享，使GIS软件将重点放在数据表现以及开发复杂的专业模型上。

(五)对象-关系数据库管理

直接采用通用的关系数据库管理系统的效率不高，而非结构化的空间数据又十分重要，因而许多数据库管理系统的软件商纷纷在关系数据库系统中进行扩展，使之能直接存储和管理非结构化的空间数据。例如Ingres、Informix和Oracle等都推出了空间数据管理的专用模块，定义了操纵点、线、面、圆、长方形等空间对象的API函数。这些函数，将空间对象的数据结构进行了预先的定义，用户使用时必须满足它的数据结构要求，用户不能根据GIS要求(即使是GIS软件商)再定义。例如，这种函数涉及的空间对象一般不带拓扑关系，多边形的数据是直接跟随边界的空间坐标，那么GIS的空间对象管理模块主要解决了空间数据变长记录的管理，由于有数据软件商进行拓展，效率要比前面多描述的二进制块的管理高得多，但是它仍然没有解决对象的镶嵌问题，空间数据结构也不能由用户任意定义，使用上仍然受到一定限制。

二、遥感影像数据库管理

传统GIS作为采集、处理、存储、管理、分析与表现地理空间数据及其属性数据的综合性信息系统，所管理的空间数据主要是矢量数据。随着GIS应用的深入，影像和DEM数据在整个GIS领域的应用越来越广泛。影像数据具有信息丰富、覆盖面广和经济、方便、快速获取等优点，DEM数据表现了整个覆盖区域的高程，可以广泛用于地理分析。目前，多数商业化GIS软件都可以将影像数据、DEM数据作为背景影像与矢量数据进行叠加显示输出。而在像公路、铁路、电力勘测设计、江河湖泊整治的GIS应用中，以图幅(图像文件)为对象的处理难以满足实际应用的需要。

目前，遥感影像数据的管理有两种模式：基于文件的遥感影像数据库管理系统和基于关系数据库的遥感影像数据库管理系统。由于遥感影像的数据特点和系统性能等方面因素的制约，目前大部分 GIS 软件和遥感图像处理软件都采用文件方式来管理遥感影像数据。由于遥感影像数据库并不是仅仅包含图像数据本身，还包含大量的图像元数据信息（如图像类型、摄影日期、摄影比例尺等），遥感图像数据本身还具有多数据源、多时相等特点，另外，数据的安全性、并发控制和数据共享等都将使文件管理无法应付。

关系数据库是目前数据库发展的主流。Oracle、SQL Server、Informix 等大型关系数据库已成功用于海量信息管理领域。这些数据库都具有良好的安全措施和数据恢复机制。随着信息内容的复杂性，传统的关系数据库已经不能满足目前复杂数据类型的需要。近年来，随着复杂数据的引入，如多媒体数据、空间数据等，对数据管理又提出了新的要求。由于这些数据信息含量丰富、结构及关系复杂、数据量巨大，因此采用关系型数据库进行海量遥感影像数据管理是必然的发展趋势。目前，如国外 ERDAS 公司的 ImageCatalog、ESRI 公司的 ArcSDE 栅格数据管理模块，国内武汉吉奥信息工程有限公司推出的 GeoImageDB、武汉中地公司推出的 MSIDB 等都是大型的遥感影像数据管理系统。

三、数字高程模型数据库管理

随着地理信息系统的发展，国家测绘局已经对 4D 产品之一的 DEM 进行了多尺度数据建库工作，包括 1∶100 万、1∶25 万、1∶5 万，1∶1 万这四种比例尺的 DEM，形成了海量的 DEM 数据库。

随着社会的进步，星载合成孔径雷达、三维信息实时获取与实时处理技术等取得了一定的成果，在信息处理方面，可以快速获取准确位置的地形编码图像，生成数字高程模型。网络数字高程模型属于一种典型的栅格数据，其数据量大小和分辨率大小密切相关。对于小范围的较低分辨率的 DEM，一般数据量不会很大，通过一个数据文件就可以对所有 DEM 进行管理；然而当 DEM 覆盖范围较大，其数据量往往超过数百兆字节甚至高达几十吉字节。即在一定范围内，随着分辨率的增高，数据量呈几何级数增长。数字高程模型数据的海量特征，对数据库设计的体系结构、数据组织方法、元数据和数据库功能都有较大的影响。随着数据覆盖范围的扩大，数字高程模型在投影特性、坐标参考系、高程系等方面的差异也显示出来。DEM 数据库的实现主要有两种方式，一是基于文件系统和空间索引的方式，二是基于关系型数据库的方式。为了能够管理大范围的海量数字高程模型数据，数字高程模型数据库的管理与遥感影像数据库的管理有很多类似的地方，都要涉及地理数据跨带处理和金字塔是数据管理等方面的问题。

四、信息系统的安全管理

随着信息技术的发展，信息系统在运行操作、管理控制、经营管理计划、战略决策等社会经济活动各个层面的应用范围不断扩大，发挥着越来越大的作用。信息系统中处理和存储的既有日常业务处理信息、技术经济信息，也有涉及企业或政府高层计划、决策的信息，其中相当部分是属于极为重要并有保密要求的。信息系统的任何破坏或故障都将对用户以至整个社会产生巨大的影响。信息系统的九大特性是系统开放性、资源共享性、介质存储高密性、数据互访性、信息聚生性、保密困难性、介质剩磁效应性、电磁泄漏性、通信网络的脆弱性等。上述特性对信息系统安全构成了潜在的危险。若信息系统的安全性弱点被不法分子利用，则信息系统的资源就将会受到很大损失，甚至关系到社会组织的生死存亡。因此，信息系统的安全日显重要，加强对信息系统的安全管理十分必要。

信息系统安全是指信息系统资源和信息资源不受自然和人为有害因素的威胁和危害。信息系统安全的内容包括系统安全和信息安全两个部分，在此主要简单介绍一下系统安全。系统安全主要指各种网络设备、操作系统、数据库管理系统和应用软件的安全。

信息系统安全的基本要求可归纳为五个方面。①机密性。机密性是指将敏感数据的访问权限制在一定的实体上，确保未授权实体无法查看数据。机密性通常采用加密技术，即使攻击者进入系统，也不明白关键信息的含义。②可用性。可用性是指得到授权的实体在需要时可以访问信息系统，并按其要求运行的特性；破坏信息网络和信息系统的正常运行就是这种类型的攻击，人们通常采用相应技术措施或网络安全设备来实现这些目标。③完整性。完整性是指网络信息未经授权不能进行改变的特性，即信息在存储或传输过程中保持不被偶然或蓄意地删除、修改、伪造、插人等破坏和丢失的特性；为了确保数据的完整性，数据的接收方必须能够检测出未经授权的数据修改，从而证实数据没有被改动过。④可控性。可控性是指对信息的传播及内容具有控制能力，保证信息和信息系统的授权认证和监控管理。⑤不可否认性。不可否认性也叫不可抵赖性，即防止实体否认自身的行为，包括接收者不能否认收到了信息，发送者也不能否认发送过信息。

第四节　不动产信息化管理系统与应用

一、系统目标的确定

GIS 是一个应用性强的系统。要实现一个功能齐全、适合不动产管理特点、性能好、效率高、容易普及的信息系统，必须经过较长时间的努力。只有充分掌握了各种有关信息，并进行综合分析处理以后，才能准确地确定系统的目标。在确定系统目标时可以主要考虑以下因素：用户需求、技术条件和系统建设的时间限制等。一个完整的不动产管理 GIS 系统的建立需要一定的时间，可以分阶段设立系统的近期目标和远期目标。

近期目标可以是建立一个以不动产信息的规范化管理为基础，以信息的存储、处理查询与分析技术为基础功能，为各级不动产管理部门的管理工作服务的计算机信息系统，实现不动产信息统一管理的目标。远期目标的系统建设采用更先进的技术，容易进行更广泛、更快捷的信息采集与处理，对不动产信息资源进行更深度利用，为不动产开发、管理和决策支持服务。

二、系统开发原则

1) 针对性原则。不同的使用人员对软件的要求有所不同，提高不动产管理工作的效率，在一定范围或条件下便于查询，为决策者提供准确有效的信息等，软件在设计时要充分考虑使用者的具体需要

2) 实用性原则。大多数不动产管理单位都难以在短期内建成一个完善的系统，为充分发

挥软件的社会效益，在开发时要注重实用性，其直接影响系统的运行效果。不动产管理信息系统的主要用户是各级不动产管理部门的工作人员，在功能上要适应各级不动产管理机构在不动产管理方面的特点。

3）规范性原则。为保证系统的科学性与实用性，规范性、标准化不仅是不动产管理的要求，也是一个理想的信息系统建设的基础，是系统兼容和进一步扩充的根本保证。不动产信息系统的建设涉及国家各级管理部门，规范的数据精度和符号系统都需要遵循国家、行业的规范标准。

4）先进性原则。在系统的设计上，既要采用先进的管理理念、计算机技术和方法，又要注意软件系统、硬件设备、开发工具、软件产品的相对成熟。从设计思路、开发原则、系统架构、网络拓扑、实施软件系统、硬件设备、开发工具等各种角度考虑整体解决方案的先进性。采用国际上先进的且成熟的技术，选择国内外同类的主流产品，严格按照软件工程的标准面向对象的理念进行设计、管理和开发，以保证系统开发的高起点。

5）稳定性原则。不动产资源信息的服务对象又是政府和社会公众，里面涉及到大量关系到个人隐私甚至国家安全的数据，其软件产品要有很高的稳定性。这就要求系统在正式提交运行前应该经过反复测试，一般的人为和外部的异常事件不会引起系统的崩溃；同时系统有较高的可用性，当系统出现问题后能在较短的时间内恢复，而且系统的数据是完整的，不会引起数据的不一致，防止造成重大损失。

6）高效性原则。不动产管理信息系统建设的目的是为了提高不动产管理工作效率的同时也便于普通平民百姓的查询，实现国家、省、市、县、乡镇各级不动产管理部门不动产信息的自动化以提高效率。

7）预见性。国务院已经明确提出建立不动产统一登记制度，不动产管理由一个部门承担。软件设计时要充分考虑国家对不动产管理的方针与政策，在满足现在的同时也要预留一定的空间以满足今后的发展。系统的功能、系统管理的数据和系统的应用领域均可扩展。

8）可补充性原则。系统的建设是一个不断完善的过程，在设计时需要考虑到应用及系统不断扩展的要求，以形成一个易于管理、可持续发展的体系结构。随着信息化进程的推进，系统会出现部分的不适应状况，在信息编码、坐标系统选定和数据库设计等方面尽可能留有余地，充分预留系统之间、模块之间的接口，以达到系统功能的可控制、可配置。未来业务的扩展只需在现有机制的基础上，增加新的应用与服务模块。

三、不动产信息化管理系统开发与应用

1. 结构化开发方法

（1）结构化开发方法的基本思想

结构化系统开发方法的基本思想是：用系统工程的思想和工程化的方法，按用户至上的原则，结构化，模块化，自顶向下地对系统进行分析与设计。

（2）结构化开发方法将系统生命周期划分的阶段与主要任务

1）系统规划阶段。这是管理信息系统的起始阶段。以计算机为主要手段的管理信息系统是其所在组织的管理系统的组成部分，它的新建、改建或扩建服从于组织的整体目标和管理决策活动的需要。主要任务是对企业的环境、目标、现行系统的状况进行初步调查，明确问题，确定信息系统的发展战略，明确组织总的信息需求，对建设新系统的需求做出分析和预

测，研究建设新系统的必要性和可能性。

2)系统分析阶段。主要工作是进行需求分析和可行性分析，其任务是根据系统已经确定的范围，对现行系统进行详细调查分析，分析现行系统的各要素的关系，指出现行系统的局限性和不足之处，确定新系统的基本目标和逻辑功能要求，即提出新系统的逻辑模型。

3)系统设计阶段。系统设计阶段根据用户的需求，考虑实际条件，具体设计实现逻辑模型的技术方案，可分为总体设计和详细设计两个阶段。总体设计阶段的主要任务是构造软件的总体结构，如系统空间布局设计、系统模块结构的设计和系统软硬件结构设计。详细设计阶段的主要任务是数据库设计和数据文件的设计、编码设计、输入/输出设计、模块逻辑设计等。

4)系统实施阶段。系统实施阶段的目的是使系统部件能协调运转已达到投入使用的阶段。其任务包括购置计算机硬件、系统软件，并安装和调试，程序的设计编写和调试，操作人员培训，数据文件转换等。

5)系统运行和维护阶段。工作主要包括系统评价和系统维护。系统评价的主要任务是在系统运行期间，评价系统的工作质量和社会效益，为系统维护及其更新再建设提供依据。系统维护的主要任务是记录系统运行具体情况，在原有系统的基础上进行修改和完善，使系统能够不断适应新环境和满足新需要。

2. 原型法

(1)原型法的基本思想和定义

原型法的基本思想通过开发者和用户合作，是在投入大量的人力，物力之前，在短期内用最经济的方法开发出一个最基本的可实际运行的系统模型，在运行使用整个原型过程中，对原型不断进行修改，反复评价，使原型逐步完善，直到完全满足用户的需求为止。原型法是指在获取一组基本的需求定义后，利用高级软件工具可视化的开发环境，快速地建立一个目标系统的最初版本，并把它交给用户试用、补充和修改，再进行新的版本开发。

(2)原型法的开发过程

1)确定用户的基本需求。开发人员对系统进行初步的调查，了解用户对系统的基本要求，如功能、界面的基本形式、所需要的数据、应用范围、运行环境等，开发者根据这些要求建立简明的系统模型。

2)构造初始原型。系统开发人员在对系统功能、性能初步了解的基础上，通过计算机模型，以尽可能快的速度和尽可能多的开发工具来建造一个结构仿真模型，即快速原型构架。由于要求快速，这一步骤要尽可能使用一些软件工具和原型制造工具，以辅助进行系统开发。

3)修改原型。原型框架建造成后，就要将现成的产品交给用户投入试运行，各类人员对其进行使用、检查分析效果。由于构造原型过程中速度比较快，其中一定存在许多不合理的部分。在试用时开发人员和用户要进行充分的沟通，对用户提出的不满意的地方进行认真细致的反复分析、修改和完善。

4)形成最终的管理信息系统。如果用户和开发者对原型各方面都比较满意，则将其作为正式原型。经过双方继续进行细致的交流沟通，把开发原型过程中存在的细节问题逐个修改、完善、求精，最后形成一个适用的信息管理系统。

3. 面向对象的开发方法

面向对象方法是一种把面向对象的思想应用于软件开发过程中，指导开发活动的系统方法，是建立在“对象”概念基础上的方法学。面向对象的方法把数据和过程封装成为对象，以对象为基础对信息系统进行分析与设计，为认识事物提供了一种全新的思路和办法。面向对象开发方法的开发过程：①系统调查和需求分析：对系统将要面临的具体管理问题以及用户对系统开发的需求进行调查研究，即先弄清要干什么的问题。②分析问题的性质和求解问题：在繁杂的问题域中抽象地识别出对象以及其行为、结构、属性、方法等。一般称之为面向对象的分析。③整理问题：对分析的结果作进一步的抽象、归类、整理，并最终以范式的形式将它们确定下来。一般称之为面向对象的设计。④程序实现：用面向对象的程序设计语言将上一步整理的范式直接映射(即直接用程序设计语言来取代)为应用软件。一般称之为面向对象的程序。

4. 不动产信息化管理系统的应用

“海量”房地产信息和相关数据的处理是目前房地产管理信息系统设计和开发中常遇到的难题，GIS 作为一种有效的管理和辅助决策工具，将在房地产管理信息系统开发中发挥重要作用。

(1)在地籍建库中的应用

在城镇建库的实际操作过程中，要想实现全面的掌握土地情况，例如，相关的土地信息、使用情况、分配情况以及土地之间的联系等，就需要加强对拓扑的使用。拓扑是加强地理要素之间空间联系的关键，通过对它的使用，可以在很大程度上确保获取数据的质量，并且可以进一步将地理信息表达出来，加强城镇地籍建库工作者对土地空间分布的分析能力。在 ArcGIS 平台当中的 geodatabase 为数据库提供了更加全面并且更加新颖的拓扑工具，数据库中的大部分数据都是以 geodatabase 为数据模型来对土地信息的相关数据资料进行统一存储的。因此，我们要依据城镇地籍建立的实际需要来建立相应的拓扑规则，通过拓扑来对数据以及图像进行空间分析，检测出错误的空间关系。

(2)在房地产管理中的应用

1)房地产信息管理与查询。科学合理有效的房地产信息管理是进行房地产管理和决策的必要前提条件，GIS 可以在房地产信息数据库中对房地产信息提供存储、编辑、检索、查询、运算、显示和更新，利用空间的拓扑关系显示与查询制定范围内的主要开发楼盘的地理位置和分布范围，评估其开发结果对周边人口分布、产业布局变动、环境生态影响、地区经济发展所产生的作用，为区域房地产布局和地区经济发展对策提供决策支持。房地产管理部门可以通过 GIS 了解房地产具体规划和现状布局情况，实时掌握房地产开发速度和进度。

2)房地产信息专题制图。GIS 具有很强的图形和文本编辑功能，数据维护也非常便捷，可大大降低出图成本，避免传统制图的繁琐工序。GIS 中图形数据库是分层存储的，如行政区划图、道路交通图、人口分布图、用地现状图、产业分布图等，因此它不仅可以为用户输出全要素图，而且可以根据用户需要分层或叠加输出各种专题图。可以将城市人口分布图、道路交通图、学校、商场、医院等服务设施分布图和地形图叠加，可以提供一幅详细的城市房地产小区分布及所属物业管理所能够服务的功能分区图。对城市同一房地产楼盘的多个不同的社会经济影响因素及其特性进行特征叠加，以建立分析专题地图。

3)辅助房地产管理决策。房地产管理是运用经济、法律、技术、行政、教育等手段，来合理组织房地产的规划、建设、开发等各个环节要素。通过全面规划管理，使城市房地产发展与城市自然、社会、人口要素相协调，达到合理有效地发展城市经济。房地产信息所具有的空间地理特性，使得 GIS 的空间分析功能将在房地产管理和决策中发挥重大作用，这可以在房地产规划中的成熟应用得到验证。利用 GIS 的拓扑叠加功能，通过房地产开发区域的自然地理各个要素层，如地形、地质、气候和内外交通等，与楼盘小区的环境评价图叠加，来分析确定城市中的最适宜房地产居住区，优先进行环境治理以利于房地产开发；利用 GIS 的网络分析功能，分析房地产开发区域内的交通噪声污染分布和适宜居住生态环境分区；利用 GIS 的缓冲区功能，如即在专题地图上围绕点、线或面等要素，划出一定宽度的“影响地带”，可以确定房地产物业基础设施的服务和影响范围等。

案例分析 11-1

广州作为一个发达城市，其相关网站的建设也走在全国前列，广州市国土资源和房屋管理局房地产登记网站具有信息、服务、管理、交互四位一体的特点。

一、信息公开全面规范及时。

二、网上办理方便快捷利民：①网上办理——提供网上预受理、在线申报等服务。②一站式服务——涵盖办事指南、办理依据、表格下载、示范文本、在线申报、办案查询及在线咨询等信息导航。③场景式服务——按市民、企业办事习惯构建模拟真实办事场景导航信息。

三、网上监督实时公开透明：①阳光用地专栏——全面公开用地审批、土地交易、供后监管等信息，实行土地供应网上挂牌。②阳光家缘专栏——提供商品房、存量房、限价房、保障房等各类房源信息，实行房屋交易网上签约。

四、网络问政广泛深入市民征集意见、公众留言、在线交流、网上信箱、领导接访、网上调查——集“问政于民、问需于民、问计于民”三项政府问政新思路为一体。

思 考 题

1. 信息化管理内容有哪些？
2. 地理信息系统的功能有哪些？
3. 数据源的组成部分有哪些？
4. 试述多边形叠置的方法和各种操作的区别。
5. 收集不动产管理的资料，了解当前国家使用的平台，并指出其优缺点。

参 考 文 献

1. Martin J Miles. The West-Poeke Real Estate Advisor. NewYork: Prentice Hall, 1989.
2. 查尔斯·H. 温茨巴奇, 迈克·E. 迈尔斯, 苏珊娜·埃思里奇·坎农. 现代不动产. 任淮秀, 庞兴华, 等译. 北京: 中国人民大学出版社, 2001.
3. 牛建高. 不动产投资分析. 北京: 北京师范大学出版社, 2008.
4. 张鹏. 都市形态的历史根基. 上海: 同济大学出版社, 2008.
5. 林左裕. 不动产投资管理. 北京: 中国人民大学出版社, 2005.
6. 王新军, 王霞. 房地产经营与管理. 上海: 复旦大学出版社, 2005.
7. 金俭. 中国不动产特权法: 原理·规则·适用. 北京: 法律出版社, 2008.
8. 周京奎. 城市土地经济学. 北京: 北京大学出版社, 2007.
9. 邢恩深. 基础设施建设项目投融资操作实务. 上海: 同济大学出版社, 2005.
10. 刘卫东, 罗吕榕, 彭俊. 城市土地资产经营与管理. 北京: 科学出版社, 2004.
11. 刘胜华, 刘家彬. 土地管理概论. 武汉: 武汉大学出版社, 2005.
12. 张泓铭. 中国城市房地产管理——原理、方法与实践. 上海: 上海社会科学院出版社, 2006.
13. 江合. 养老不动产投资与管理. 北京: 社会科学文献出版社, 2011.
14. 周介铭. 城市土地管理. 北京: 科学出版社, 2010.
15. 刘亚臣. 房地产经济学. 大连: 大连理工大学出版社, 2009.
16. 谢经荣, 等. 房地产经济学(第二版). 北京: 中国人民大学出版社, 2008.
17. 黄安心. 物业管理原理. 重庆: 重庆大学出版社, 2009.
18. 罗玮. 房地产法规. 北京: 北京理工大学出版社, 2012.
19. 沈建忠. 房地产基本制度与政策. 北京: 中国建筑工业出版社, 2007.
20. 邹晓燕. 房地产法律制度. 北京: 化学工业出版社, 2010.
21. 楼江. 不动产市场营销理论与实务. 上海: 同济大学出版社, 2005.
22. 董藩, 丁宏. 不动产经济学. 北京: 清华大学出版社, 2012.
23. 周小平, 熊志刚. 不动产投资分析. 北京: 清华大学出版社, 2011.
24. 刘洪玉. 房地产开发经营与管理. 北京: 中国建筑工业出版社, 2011.
25. 柴强. 房地产估价. 北京: 首都经济贸易大学出版社, 2012.
26. 王泽鉴. 民法总则. 北京: 中国政法大学出版社, 2001: 233.
27. 魏振瀛. 民法(第四版). 北京: 高等教育出版社, 2010.
28. 梁慧星. 中国物权法草案建议稿. 北京: 社会科学文献出版社, 2000.
29. 王国力, 林志伟. 房地产开发、产权、产籍与法律制度. 北京: 机械工业出版社, 2008.
30. 谭峻, 林增杰. 地籍管理. 北京: 中国人民大学出版社, 2008.
31. 简德三. 地籍管理. 上海: 上海财经大学出版社, 2006. 7.
32. 谭峻. 房地产产权产籍管理. 北京: 中国人民大学出版社, 2012.
33. 程啸. 不动产登记法研究. 北京: 法律出版社, 2011.
34. 郧文聚. 土地整治规划概论. 北京: 地质出版社, 2011.
35. 史京文. 土地利用总体规划的变迁与演进. 广州: 广东经济出版社, 2012.
36. 王万茂, 韩桐魁. 土地利用规划学. 北京: 中国农业出版社, 2002.
37. 倪绍祥, 谭少华. 近年来我国土地利用/覆盖变化研究的进展. 见: 中国地理学会自然地理专业委员会. 土地覆被变化及其环境效应. 北京: 星球地图出版社, 2002.
38. 陆红生. 土地管理学总论. 北京: 中国农业出版社, 2007.
39. 中国房地产估价师与房地产经纪人学会. 房地产基本制度与政策. 北京: 中国建筑工业出版社, 2011.
40. 胡利明. 地产学基础概论. 武汉: 武汉大学出版社, 2012.

41. 周寅康. 房地产估价. 南京: 东南大学出版社, 2006.
42. 陈共. 财政学(第七版). 北京: 中国人民大学出版社, 2012.
43. 谢伏瞻. 中国不动产税制设计. 北京: 中国发展出版社, 2006.
44. 王玉华, 赵宇, 曲顺兰. 中国税制. 北京: 经济科学出版社, 2003.
45. 王建红. 房地产投资分析. 北京: 电子工业出版社. 2007.
46. 杰弗里・费舍, 等. 收益性不动产评估技术. 袁煌等译. 北京: 经济科学出版社, 2001.
47. 于瑾. 投资分析. 北京: 对外经贸大学出版社, 2009. 8
48. 任纪军. 不动产经营. 北京: 经济管理出版社, 2006. 09
49. 王德起. 土地资产管理. 北京: 首都经济贸易大学出版社, 2009.
50. 陈龙高, 但承龙. 不动产经济学. 南京: 东南大学出版社, 2011.
51. 毕宝德. 土地经济学(第六版). 北京: 中国人民大学出版社, 2011.
52. 董藩, 徐青, 刘德英, 等. 土地经济学. 北京: 北京师范大学出版社, 2010.
53. 李凌, 孙广云, 唐欣. 建设用地管理. 北京: 化学工业出版社, 2008.
54. 娄策群. 信息化管理理论与实践. 北京: 清华大学出版社, 北京交通大学出版社, 2010.
55. 余明, 等. 地理信息系统导论. 北京: 清华大学出版社, 2009.
56. 王亚民, 等. 地理信息系统及其应用. 西安: 西安电子科技大学出版社, 2006.
57. 汤国安, 等. ArcGIS 地理信息系统空间分析实验教程. 北京: 科学出版社, 2012.
58. 张新长, 等. 地理信息系统数据库. 北京: 科学出版社, 2010.
59. 汤国安, 等. 数字高程模型教程. 北京: 科学出版社, 2010.
60. 吴信才. 空间数据库. 北京: 科学出版社, 2009.
61. 郑新奇. 土地管理地理信息系统. 武汉: 武汉大学出版社, 2008.
62. 张康聪, 等. 地理信息系统导论. 北京: 科学出版社, 2009.
63. 柯平等. 信息管理概论. 北京: 科学出版社, 2002.

附录　不动产登记暂行条例

第一章　总　　则

第一条 为整合不动产登记职责，规范登记行为，方便群众申请登记，保护权利人合法权益，根据《中华人民共和国物权法》等法律，制定本条例。

第二条 本条例所称不动产登记，是指不动产登记机构依法将不动产权利归属和其他法定事项记载于不动产登记簿的行为。

本条例所称不动产，是指土地、海域以及房屋、林木等定着物。

第三条 不动产首次登记、变更登记、转移登记、注销登记、更正登记、异议登记、预告登记、查封登记等，适用本条例。

第四条 国家实行不动产统一登记制度。

不动产登记遵循严格管理、稳定连续、方便群众的原则。

不动产权利人已经依法享有的不动产权利，不因登记机构和登记程序的改变而受到影响。

第五条 下列不动产权利，依照本条例的规定办理登记：

(一)集体土地所有权；

(二)房屋等建筑物、构筑物所有权；

(三)森林、林木所有权；

(四)耕地、林地、草地等土地承包经营权；

(五)建设用地使用权；

(六)宅基地使用权；

(七)海域使用权；

(八)地役权；

(九)抵押权；

(十)法律规定需要登记的其他不动产权利。

第六条 国务院国土资源主管部门负责指导、监督全国不动产登记工作。

县级以上地方人民政府应当确定一个部门为本行政区域的不动产登记机构，负责不动产登记工作，并接受上级人民政府不动产登记主管部门的指导、监督。

第七条 不动产登记由不动产所在地的县级人民政府不动产登记机构办理；直辖市、设区的市人民政府可以确定本级不动产登记机构统一办理所属各区的不动产登记。

跨县级行政区域的不动产登记，由所跨县级行政区域的不动产登记机构分别办理。不能分别办理的，由所跨县级行政区域的不动产登记机构协商办理；协商不成的，由共同的上一级人民政府不动产登记主管部门指定办理。

国务院确定的重点国有林区的森林、林木和林地，国务院批准项目用海、用岛，中央国家机关使用的国有土地等不动产登记，由国务院国土资源主管部门会同有关部门规定。

第二章　不动产登记簿

第八条 不动产以不动产单元为基本单位进行登记。不动产单元具有唯一编码。

不动产登记机构应当按照国务院国土资源主管部门的规定设立统一的不动产登记簿。

不动产登记簿应当记载以下事项：

(一)不动产的坐落、界址、空间界限、面积、用途等自然状况;

(二)不动产权利的主体、类型、内容、来源、期限、权利变化等权属状况;

(三)涉及不动产权利限制、提示的事项;

(四)其他相关事项。

第九条 不动产登记簿应当采用电子介质,暂不具备条件的,可以采用纸质介质。不动产登记机构应当明确不动产登记簿唯一、合法的介质形式。

不动产登记簿采用电子介质的,应当定期进行异地备份,并具有唯一、确定的纸质转化形式。

第十条 不动产登记机构应当依法将各类登记事项准确、完整、清晰地记载于不动产登记簿。任何人不得损毁不动产登记簿,除依法予以更正外不得修改登记事项。

第十一条 不动产登记工作人员应当具备与不动产登记工作相适应的专业知识和业务能力。

不动产登记机构应当加强对不动产登记工作人员的管理和专业技术培训。

第十二条 不动产登记机构应当指定专人负责不动产登记簿的保管,并建立健全相应的安全责任制度。

采用纸质介质不动产登记簿的,应当配备必要的防盗、防火、防渍、防有害生物等安全保护设施。

采用电子介质不动产登记簿的,应当配备专门的存储设施,并采取信息网络安全防护措施。

第十三条 不动产登记簿由不动产登记机构永久保存。不动产登记簿损毁、灭失的,不动产登记机构应当依据原有登记资料予以重建。

行政区域变更或者不动产登记机构职能调整的,应当及时将不动产登记簿移交相应的不动产登记机构。

第三章　登 记 程 序

第十四条 因买卖、设定抵押权等申请不动产登记的,应当由当事人双方共同申请。

属于下列情形之一的,可以由当事人单方申请:

(一)尚未登记的不动产首次申请登记的;

(二)继承、接受遗赠取得不动产权利的;

(三)人民法院、仲裁委员会生效的法律文书或者人民政府生效的决定等设立、变更、转让、消灭不动产权利的;

(四)权利人姓名、名称或者自然状况发生变化,申请变更登记的;

(五)不动产灭失或者权利人放弃不动产权利,申请注销登记的;

(六)申请更正登记或者异议登记的;

(七)法律、行政法规规定可以由当事人单方申请的其他情形。

第十五条 当事人或者其代理人应当到不动产登记机构办公场所申请不动产登记。

不动产登记机构将申请登记事项记载于不动产登记簿前,申请人可以撤回登记申请。

第十六条 申请人应当提交下列材料,并对申请材料的真实性负责:

(一)登记申请书;

(二)申请人、代理人身份证明材料、授权委托书;

(三)相关的不动产权属来源证明材料、登记原因证明文件、不动产权属证书;

(四)不动产界址、空间界限、面积等材料;

(五)与他人利害关系的说明材料;

(六)法律、行政法规以及本条例实施细则规定的其他材料。

不动产登记机构应当在办公场所和门户网站公开申请登记所需材料目录和示范文本等信息。

第十七条 不动产登记机构收到不动产登记申请材料，应当分别按照下列情况办理：

(一)属于登记职责范围，申请材料齐全、符合法定形式，或者申请人按照要求提交全部补正申请材料的，应当受理并书面告知申请人；

(二)申请材料存在可以当场更正的错误的，应当告知申请人当场更正，申请人当场更正后，应当受理并书面告知申请人；

(三)申请材料不齐全或者不符合法定形式的，应当当场书面告知申请人不予受理并一次性告知需要补正的全部内容；

(四)申请登记的不动产不属于本机构登记范围的，应当当场书面告知申请人不予受理并告知申请人向有登记权的机构申请。

不动产登记机构未当场书面告知申请人不予受理的，视为受理。

第十八条 不动产登记机构受理不动产登记申请的，应当按照下列要求进行查验：

(一)不动产界址、空间界限、面积等材料与申请登记的不动产状况是否一致；

(二)有关证明材料、文件与申请登记的内容是否一致；

(三)登记申请是否违反法律、行政法规规定。

第十九条 属于下列情形之一的，不动产登记机构可以对申请登记的不动产进行实地查看：

(一)房屋等建筑物、构筑物所有权首次登记；

(二)在建建筑物抵押权登记；

(三)因不动产灭失导致的注销登记；

(四)不动产登记机构认为需要实地查看的其他情形。

对可能存在权属争议，或者可能涉及他人利害关系的登记申请，不动产登记机构可以向申请人、利害关系人或者有关单位进行调查。

不动产登记机构进行实地查看或者调查时，申请人、被调查人应当予以配合。

第二十条 不动产登记机构应当自受理登记申请之日起30个工作日内办结不动产登记手续，法律另有规定的除外。

第二十一条 登记事项自记载于不动产登记簿时完成登记。

不动产登记机构完成登记，应当依法向申请人核发不动产权属证书或者登记证明。

第二十二条 登记申请有下列情形之一的，不动产登记机构应当不予登记，并书面告知申请人：

(一)违反法律、行政法规规定的；

(二)存在尚未解决的权属争议的；

(三)申请登记的不动产权利超过规定期限的；

(四)法律、行政法规规定不予登记的其他情形。

第四章　登记信息共享与保护

第二十三条 国务院国土资源主管部门应当会同有关部门建立统一的不动产登记信息管理基础平台。

各级不动产登记机构登记的信息应当纳入统一的不动产登记信息管理基础平台，确保国家、省、市、县四级登记信息的实时共享。

第二十四条 不动产登记有关信息与住房城乡建设、农业、林业、海洋等部门审批信息、交易信息等应当实时互通共享。

不动产登记机构能够通过实时互通共享取得的信息，不得要求不动产登记申请人重复提交。

第二十五条 国土资源、公安、民政、财政、税务、工商、金融、审计、统计等部门应当加强不动产登记有关信息互通共享。

第二十六条 不动产登记机构、不动产登记信息共享单位及其工作人员应当对不动产登记信息保密；涉及国家秘密的不动产登记信息，应当依法采取必要的安全保密措施。

第二十七条 权利人、利害关系人可以依法查询、复制不动产登记资料，不动产登记机构应当提供。

有关国家机关可以依照法律、行政法规的规定查询、复制与调查处理事项有关的不动产登记资料。

第二十八条 查询不动产登记资料的单位、个人应当向不动产登记机构说明查询目的，不得将查询获得的不动产登记资料用于其他目的；未经权利人同意，不得泄露查询获得的不动产登记资料。

第五章　法 律 责 任

第二十九条 不动产登记机构登记错误给他人造成损害，或者当事人提供虚假材料申请登记给他人造成损害的，依照《中华人民共和国物权法》的规定承担赔偿责任。

第三十条 不动产登记机构工作人员进行虚假登记，损毁、伪造不动产登记簿，擅自修改登记事项，或者有其他滥用职权、玩忽职守行为的，依法给予处分；给他人造成损害的，依法承担赔偿责任；构成犯罪的，依法追究刑事责任。

第三十一条 伪造、变造不动产权属证书、不动产登记证明，或者买卖、使用伪造、变造的不动产权属证书、不动产登记证明的，由不动产登记机构或者公安机关依法予以收缴；有违法所得的，没收违法所得；给他人造成损害的，依法承担赔偿责任；构成违反治安管理行为的，依法给予治安管理处罚；构成犯罪的，依法追究刑事责任。

第三十二条 不动产登记机构、不动产登记信息共享单位及其工作人员，查询不动产登记资料的单位或者个人违反国家规定，泄露不动产登记资料、登记信息，或者利用不动产登记资料、登记信息进行不正当活动，给他人造成损害的，依法承担赔偿责任；对有关责任人员依法给予处分；有关责任人员构成犯罪的，依法追究刑事责任。

第六章　附　　则

第三十三条 本条例施行前依法颁发的各类不动产权属证书和制作的不动产登记簿继续有效。

不动产统一登记过渡期内，农村土地承包经营权的登记按照国家有关规定执行。

第三十四条 本条例实施细则由国务院国土资源主管部门会同有关部门制定。

第三十五条 本条例自 2015 年 3 月 1 日起施行。本条例施行前公布的行政法规有关不动产登记的规定与本条例规定不一致的，以本条例规定为准。